21世纪普通高等院校实训教材

商务谈判与推销技巧实训教程

杨小川 ◎ 编著

西南财经大学出版社
Southwestern University of Finance & Economics Press

图书在版编目(CIP)数据

商务谈判与推销技巧实训教程/杨小川编著.—成都:西南财经大学出版社,2015.5(2020.8重印)
ISBN 978-7-5504-1908-7

Ⅰ.①商… Ⅱ.①杨… Ⅲ.①商务谈判—高等学校—教材②推销—高等学校—教材 Ⅳ.①F715.4②F713.3

中国版本图书馆CIP数据核字(2015)第100778号

商务谈判与推销技巧实训教程

杨小川 编著

责任编辑:林 伶

封面设计:何东琳设计工作室

责任印制:朱曼丽

出版发行	西南财经大学出版社(四川省成都市光华村街55号)
网 址	http://www.bookcj.com
电子邮件	bookcj@foxmail.com
邮政编码	610074
电 话	028-87353785
照 排	四川胜翔数码印务设计有限公司
印 刷	郫县犀浦印刷厂
成品尺寸	185mm×260mm
印 张	17
字 数	395千字
版 次	2015年5月第1版
印 次	2020年8月第3次印刷
印 数	4001—5000册
书 号	ISBN 978-7-5504-1908-7
定 价	35.00元

前言

商务谈判是国内和国际商品、劳务的供应者与需求者之间，为了各自的经济利益而进行的洽谈，旨在最终达成参与各方都满意的协议的整个过程，是商品交换总体过程中一个不可缺少的重要环节。推销是企业在让产品向消费者流通的“最后一米”，整个推销过程就是一个不折不扣的谈判过程，推销技巧也需要大量使用谈判技巧。所以现在越来越多的高校将原来的商务谈判课程直接扩展为商务谈判与推销技巧课程。笔者根据多年教学和科研工作的体会，特别是在教学中不断尝试教学模式与方法改革，考试改革过程中不断征求学生意见，在此基础上编写了本教材。此次编写特别注意将学生意见纳入其中，真正做到以市场需求为准则。

目前和商务谈判相关的教材已经有数十本，其中不乏有丰富独到的理论和一些值得借鉴的案例和资料，本次编写也进行了一些借鉴，先表示感谢。但是结合学生实际情况，以及现在教育部对普通本科院校以及职业技术学院等高等学校定位于实践技能操作的现状，笔者认为，商务谈判的理论知识学生可以自学，只需要稍微加以辅导即可。但是企业需要的是有一定实践经验，有一定技能基础的综合性高素质人才，所以如何通过不断训练，在练习中总结，提高综合素质，才是作为一个商务谈判课程教学的老师应该做的工作。

本书在编写过程中，遵循理论知识自学，实践能力培养自练，综合素质提高互动的原则，主要有几个特点：①实际性。从我国的企业发展实际情况出发，国内商务谈判和国际商务谈判结合，介绍商务谈判的基本理论不求高深，只求够用。②实用性。编写时面对的使用对象主要是普通院校本科和高职院校学生，以培养实际的商务谈判能力和推销中操作能力为主，重点知识在训练中领会。③实践性。商务谈判组织准备、谈判计划、谈判策略、谈判技巧等内容，以及推销准备、信息收集、推销模式等都在实践中，先由学生自己总结，然后结合老师指导，让学生自己领悟，并能够将所学知识联系到自身的实际工作中，从而学以致用、提高自己的商务谈判与推销水平。④通俗性。本书编写文字通俗易懂，使读者易于系统掌握本学科的理论体系，并学会将所学知识应用于商务谈判的实际。作者参阅了国内外有关商务谈判的部分著作，从中借鉴了一些有益的东西并进行了变通，这样才更容易让学生吸收和理解。

本书由乐山师范学院旅游与经济管理学院杨小川担任主编，高文香、张仁萍担任副主编。全书共分为商务谈判实训、推销技巧实训、综合模拟实训三个部分，十个培训项目，97个训练模块。杨小川为本书的编写设计总体思路，并主要编写项目一、二、三、四、五、六；高文香编写项目六、七；张仁萍编写项目九、十，全书由杨小川负责统稿并修改。课时安排大约48学时，以训练为主，理论知识学习为辅。

本书在编写过程中引用和参考了大量国内外各方面的资料，详见参考文献，同时也得到了西南财经大学出版社、乐山师范学院的大力支持，也得到了郑元同教授等同志的大力支持，在此表示衷心感谢。部分参考案例和资料编写灵感来源于网络，由于没有具体作者名字，不便具名感谢，再次一并表示谢意。

由于作者的水平有限，书中难免存在偏颇、疏漏之处，诚请同行专家和读者批评指正。

目 录

第二部分　推销技巧部分实训

课前自测

在学本课程前，请各位同学自行完成该自测题，然后对照分数参考标准给自己一个初步评价，将结果和同学进行交流。

1. 你是如何认识谈判的？

（1）是一门艺术 +5

（2）是一种交际手段 +3

（3）是解决难题的一种方式 +2

（4）是两方以上的谈话 0

2. 你愿意成为一名谈判专家吗？

（1）非常愿意 +5

（2）愿意 +2

（3）难以达到 −2

（4）不喜欢这种工作 0

3. 你是否认为善于交际应是谈判人员具备的主要特点？

（1）必须具备 +5

（2）应该具备 +2

（3）不知道 0

（4）不认为 −5

4. 你认为谈判经验对谈判成功的影响重要吗？

（1）非常重要 +5

（2）比较重要 +3

（3）不太重要 0

（4）根本不重要 −5

5. 你喜欢做冒险的生意吗？

（1）非常喜欢 +5

（2）喜欢 +2

（3）不喜欢 0

（4）根本不喜欢 −5

6. 通常遇到问题，你喜欢采取什么样的解决方式？

(1) 与别人协商解决 +5

(2) 自己琢磨，思考、解决问题 +3

(3) 请示领导，等待指示 0

(4) 采取能拖就拖的办法 −5

7. 你认为别人是怎样看待谈判的？

(1) 只要努力，大多数人都能成功 +5

(2) 难度较大，一般人很难胜任 0

(3) 是迫不得已的做法 −3

(4) 没有多少人喜欢它 −5

8. 你同意“谈判可以解决任何问题”的观点吗？

(1) 同意 +5

(2) 有保留意见 +3

(3) 不清楚 0

(4) 不同意 −5

9. 你认为谈判的主要作用是什么？

(1) 加强和改善了人们之间的关系 +5

(2) 满足了人们的要求 +3

(3) 解决了复杂问题 +2

(4) 可以更好地讨价还价 0

10. 你交易时喜欢通过谈判方式进行吗？

(1) 非常喜欢 +5

(2) 比较喜欢 +3

(3) 说不清 0

(4) 不喜欢 −5

11. 你所参与的谈判，准备程度如何？

(1) 重要谈判认真准备 +2

(2) 每次都认真准备 +5

(3) 时常不准备 −5

(4) 大多数情况都准备 +2

12. 谈判之前，你认为是否应该与其他成员讨论谈判的要点问题？

(1) 充分谈论 +5

(2) 适当讨论 +2

(3) 主要问题讨论 +3

(4) 不讨论 −5

13. 拟定谈判程序是指：

（1）拟定谈判日程	+5
（2）确定谈判内容	0
（3）制订谈判计划	0
（4）明确谈判主题	0

14. 你认为谈判的实质内容是什么？

（1）协调双方利益	+5
（2）维护己方利益	−5
（3）满足需要	+3
（4）达到某种目的	0

15. 你是怎样看待谈判后备人员的？

（1）不得已时更换谈判人员	0
（2）作为一种战术运用	+5
（3）没有必要配备后备人员	−5
（4）满足不同谈判阶段的需要	+3

16. 谈判小组成员的归属感是指：

（1）小组成员的群体利益认识	+5
（2）谈判者个人能力发挥	−5
（3）小组成员在群体中扮演的角色	0
（4）成员自我认识的群体形象	+2

17. 你认为在谈判进程中，哪一阶段比较重要？

（1）开局阶段	+2
（2）讨价还价阶段	+3
（3）报价阶段	+2
（4）签约阶段	+5

18. 要想获得理想的谈判结果，最重要的是：

（1）谈判策略的运用	+5
（2）谈判时机的选择	+2
（3）谈判地点的确定	0
（4）谈判者协调能力的高低	+3

19. 谈判日程安排，应主要考虑：

（1）日程安排的伸缩性	+3
（2）兼顾谈判各方的需要	+5
（3）一切应有利于我方安排	−5
（4）作为一种谈判策略	+2

如果你的答案在60~90分，无疑你是一个优秀的谈判者或是具有优秀谈判者素质的人；如果你的答案在35~60分，说明你对谈判有一定的认识，并具有谈判者的潜能；如果你的答案在35分以下，说明你对谈判缺乏基本的认识和社会实践，要努力加强。谈判能力与素质并非天生具备，需要在后天持续锤炼、积累、总结，方能不断提高。课前自测仅仅是对目前谈判素养和认知定性的、粗线条的测试，为同学们在以后学习中指引方向。

第一部分
商务谈判实训

实训项目一　商务礼仪实训

【实训目的与要求】

1. 了解在商务谈判中的基本礼仪和待人接物常识。
2. 掌握日常商务谈判礼仪的准备工作。
3. 掌握谈判过程中的礼仪技巧。
4. 学会在不同场合注意自己的仪容仪表。
5. 掌握日常生活和工作中的位次礼仪，不至于在以后工作中犯忌。
6. 掌握日常的餐桌礼仪，让普通的“吃”变成展示自己素质的平台。
7. 注意礼貌用语，掌握敬语、雅语等用法。
8. 掌握电话礼仪，改正过去接电话和打电话中存在的不足。

【实训学时】

本项目建议实训时长：4 学时。

【背景素材】

安徽省桐城市“六尺巷”由来

清朝康熙年间，官至文华殿大学士兼礼部尚书的张英在安徽省桐城的祖居与吴姓人家为邻。对方欲越界盖房，家人遂驰书京华禀告，张英写了一首诗作复：

一纸修书只为墙，让他三尺又何妨？
长城万里今犹在，不见当年秦始皇。

家人见诗，让地三尺；吴姓人家深感其义，也退让三尺，这样就诞生了著名的“六尺巷”。

思考：

1. 换成你是张英，你会怎么做？
2. 本案例给我们什么启示？

【实训内容】

在教师指导下，根据设定的训练项目，结合具体教学班级和专业要求，选择性地对商务谈判中将会遇到的礼仪常识、仪容仪表、服饰装扮、形体、位次、迎送、餐桌、电话和语言等礼仪要求进行实训，以完成教学目标和要求。

【实训模块1】礼仪常识

练习

将全班分成3个小组，分别讨论“生活中关于礼仪的重要性”“生活中如何践行礼仪”“生活中常见的无礼行为”。讨论时间10分钟，讨论后每组派代表上台简要阐述本组讨论结果，限时2分钟。最后由老师进行点评和总结。

【知识点】

一、礼仪概念

中国历来是礼仪之邦，谈判者的礼仪在一定程度上反映了一个国家、一个民族的文明程度、社会风尚和一个人的文明、文化素养。

礼的本意是敬奉神明，还有恭敬、秩序、次序、身份、地位、道理、原则、规范等含义在其中。常见的礼，包括礼貌、礼节、礼仪等。

礼貌是指在人际交往中通过动作、语言、表情表示对对方的尊重、恭敬的一种行为规范。礼节是人们在交际中表现出来的尊敬、祝福、应来送往、问候、致意、慰问等惯用的规则和形式，是礼貌在语言和行为上的体现。礼仪是指人们在社会交往中由于受历史传统、风俗习惯、宗教信仰、时代潮流等因素而形成，既为人们所认同，又为人们所遵守，是以建立和谐关系为目的的各种符合交往要求的行为准则和规范的总和。总而言之，礼仪就是人们在社会交往活动中应共同遵守的行为规范和准则。在正式场合，礼仪为表示敬意、尊重、重视等所举行的合乎社交规范和道德规范的仪式。从个人修养角度来看，礼仪可以说是一个人内在修养和素质的外在表现；从交际角度来看，礼仪可以说是人际交往中适用的一种艺术，一种交际方式或交际方法，是人际交往中约定俗成的示人以尊重、友好的习惯做法；从传播的角度来看，礼仪可以说是在人际交往中进行相互沟通的技巧。

在西方国家，通常认为礼仪应该从3个方面来体现（3A：Accept，Appreciate，Admire），即接受、重视、赞美对方。意思是在交往中你是否能表现出较好的礼仪主要是看你能否接受对方的习惯、言行，能否从心理和行为上重视对方，能否真诚用心赞美对方。

二、礼仪的重要性

亚里士多德曾经说过：“一个不和他人打交道的人，不是神就是兽。”这说明无论是过去还是现在，无论是在生活中还是工作中，无论是正式场合还是非正式场合，作为一个社会人，我们离不开他人。要想很好地与人相处，就必须了解礼仪，掌握礼仪，运用好礼仪。礼仪是打开交际之门的钥匙，是促进事业成功的手段，是形成完美人格的途径。

优雅到位的礼仪将极大地提高个人形象价值，反之个人形象价值将反映或体现个人的礼仪程度。个人形象可以真实地体现他的个人教养和品味，客观地反映了他的个人精神风貌和生活态度，如实地展现了他对待交往对象所重视的程度，更代表着其所在单位的整体形象的一部分。个人形象靠什么来体现呢？当然是个人的仪表及言谈举止。

三、礼仪的原则

（一）尊重、诚信原则

1. 尊重自己

社交礼仪中“尊重原则”首先就要求尊重自己，一个连自己都不尊重的人，无法想象能得到别人多少尊重。要尊重自己，就要求我们不自大、不自卑，要有充分自尊。

2. 尊重他人

学习礼仪的关键不在于学到了多少社交技能，而在于你自身的品质能否赢得他人的尊重。自身品质中很重要的一环就是要尊重他人。尊重他人不分贵贱，否则会给人造成不好的印象。

我们要尊重一切值得尊重的人。尊重上级是一种天职，尊重同事是一种本分，尊重下级是一种美德，尊重客人是一种常识，尊重对手是一种风度，尊重所有人是一种教养。

当我们尊重别人时，难免有时会有委屈，甚至感觉很憋屈。此时需要从思想上多下功夫，明白善待别人就是善待自己的道理，正所谓“赠人玫瑰，手有余香”；不妨多以对方为中心，以礼相待，换位思考，做到“己所欲，推己及人；己所不欲，勿施于人”。

3. 真诚诚信

诚，为人之本，成人之道。真诚和诚信是为人的根本，当一个人失去了信用，那他就再也没有什么可以值得失去的东西了。

“狼来了”的故事一直被作为国内幼儿诚信教育的典型模板，告诫我们不能骗人。不诚信的人会被抛弃，受到惩罚；反之讲诚信的人和企业都会得到丰厚的回报。

【小案例】

明朝徽商唐祁的故事

明代徽商唐祁的爸爸曾经向别人借钱做生意，留下借据一张。不料，债权人不小心把借据弄丢，担心这笔借款的安全，向其父要债，唐祁毫无二话，将借款偿还。某人拾得该借据，又来向其父要债，由于借据中语焉不详，无法回拒，唐祁又向其偿还了一次债务。旁人笑他傻，唐祁却说“前者有其事，后者有其据”。后来大家都愿意同这位“宁亏自己不亏别人”的傻瓜做生意，一时间唐祁成为当地知名的商业巨贾。

（二）合作、感恩原则

在当今社会，由于工作环境越来越现代化，生产、管理和生活中科技含量越来越高，独立完成一项任务难度越来越大，大量的管理事务既需要分工，更需要合作。所以社交礼仪和商务谈判礼仪中需要充分体现出谈判团队合作。

感恩是一个人与生俱来的本性，是一个人不可磨灭的良知，感恩是学会做人的支点，也是现代社会成功人士的必备品性，一个连感恩都不知晓的人必定拥有一颗冷酷绝情的心。感恩是一种美德，报恩是一种责任。当遇到谈判对手价格刁难的时候需要感谢对方给予的压力会使己方更加努力提高技术含量，降低成本；而当对方在价格、服务、运输等诸多方面给予优厚条件时，更需要感恩，应当以最好的产品质量、按时交货和优质服务来回报。

（三）谦和、宽容原则

由于在谈判中和对手各为其主，为了不同的利益和共同的目标，寸土必争，采用一些策略和计谋在所难免。此时不能上纲上线，不能轻视对手的品格。有分歧，有委屈，当思“退一步海阔天空，忍一时风平浪静”；当己方条件太为荷刻时当思“得饶人处且饶人”；当对方做出让己方郁闷的事情和决策时，一定要“宰相肚里能撑船”，不能轻易生气，“生气是用别人的过错来惩罚自己”。在谈判中要有礼有节，千万不要有理变成无礼。

在谈判中需要己方的团队合作，不能产生内讧，如果有失误，也要宽容，宽容他人就是解放自己，要理解他人，换位思考，学会积极宣泄。在谈判中坚持大事讲原则，小事讲风格。

（四）适度、从容原则

在谈判中需要注意把握好礼仪的度。既不能自行惭秽，也不能卑躬屈膝。适度为美，过度失春；适度为福，过度为灾；适度为宝，过度为草；万事皆有度，无度则失衡。

【实训模块2】 仪容仪表

练习1 仪容仪表训练

在全班同学中选出5位男生和5位女生，分成男生组和女生组面对面站立对视，对视距离保持在2米左右，时间为2分钟。然后让每位同学对对面的同学的仪容仪表进行点评。评价的深度和准确度计入平时成绩。

教师最好选择班上比较有特点的同学参与。包括妆容、形象、性格和气质各不相同的同学。被评为最佳仪容仪表的同学不妨跟大家一起分享一下自己的经验。

练习2 微笑训练

教师自行设计一些桥段，预制5种场景——表现谦恭、表现友好、表现真诚、表现谄媚、表现阴险。选择10个人参与训练，如果时间和地点足够，也可以全班分组进行。每两个同学选择一种场景，面向全班进行微笑表演式训练，这样可以进行对比。表演后没有参与的同学先进行点评，然后老师进行总评，并提出建议。

在微笑训练中需要注意：

（1）微笑与眼睛的结合。

（2）微笑与语言的结合。

（3）微笑与形体的结合。

【知识点】

在生活和工作中，有很多人都不太在意自己的外表和装扮，认为这是自己的事情，和别人没有关系。但是商务谈判是比较正式的，能影响自己和所在企业生存的一件大事，如果因为自己的一些不拘小节而造成不可挽回的损失，这无论是谁都不能原谅。仪容仪表是否讲究直接决定了给谈判对手的第一印象，在心理学上称为“首因效应”，一旦形成，很不容易改变。

化妆修饰时需要注意淡雅、简洁、适度、庄重、避短。其禁忌为离奇出众、技法出错、惨状示人、岗上化妆、指教他人。

一般情况下，谈判者的仪容仪表不妨从四个方面来注意：

第一，注意面部修饰。形象端正、适当、规范修饰、洁净、卫生、自然。

第二，注意局部修饰。眉部注意描眉形；眼部注意打粉底、画眼线、施眼影；耳部注意洁净，不戴不合时宜的耳环、耳坠、耳钉等饰品；鼻部注意鼻内外清洁，男士要注意剪除露出鼻孔的鼻毛；女士注意使用端庄典雅的口红，男士需要清理或修饰周边胡须，不能给人以不修边幅的邋遢形象，注意口内牙齿清洁卫生。

第三，注意发部修饰。发部的修饰一般要求确保发部的整洁，慎选发部的造型，注意发部的美化。发廊里的新潮发式可能会提高你走在马路上的回头率，但出入在写字间却可能让人浮想联翩。女性上班族的发式要领是单一黑色直发，俗曰“清汤挂面式”，但操作形式多样，至少上班时应将披肩长发加以“约束”，最好挽成发髻。

第四，注意保持适度微笑。微笑是世上最美的语言，是含义深广的体态语言、世界上通用的语言、自信的象征、礼貌的表示、和睦的反映、心理健康的表露，微笑是一种交际手段。笑容可以调节情绪，可以消除隔阂、获取回报，有益身心健康。

【实训模块3】 服饰礼仪

练习1 模特点评

教师制作并播放时装秀片段或与服装展示相关的PPT课件，同学们分别对不同的展示进行点评。

思考模特的时装风格、品味与工作中服饰的异同。

练习 2　时装秀

有条件的院系和开设该课程相关专业的同学可以自创时装秀，与营销策划等活动结合在一起，自编自导自演。选出评委进行点评，参与的同学谈谈自己的感受。

【知识点】

俗话说“人靠衣装，佛靠金装”，在商务谈判中，必须要考虑谈判者的衣着打扮，正如莎士比亚所说：一个人的穿着打扮，往往就是一个人身份、地位与教养的最形象写照。服饰既是一种文化，又是一种文明。

一、服装穿着符合“六合”

在商务活动中，对服装的总体要求有六个方面：

1. 合身。合乎身材、合乎年龄、合乎职业身份。

2. 合意。合乎自己心意，一般不穿休闲装。不能让自己过于难受，否则会感觉整天都不舒服，影响心情，进而影响工作效果和效率。

3. 合时。合时有两层意思，第一是具有时代色彩，不要有古板、食古不化、陈旧迂腐的感觉，也不要过于超前，将职业装扮模特化；第二是注意时间，装扮要符合此时的季节和时间。

4. 合礼。服装穿着要体现一种礼貌，衣冠整洁，规范搭配是起码尊重。

5. 合俗。符合本民族特色、地域特色，与社交环境相适合。

6. 合规。许多特殊行业有自己的行业职业装，应该按照规定着装。比如消防支队采购消防器材的谈判，由于消防支队属于武装警察编制，所以穿军装才是正装。类似的特殊职业只有配上职业装才是最尊重对手和重视谈判的行为。

二、商务谈判中男士基本着装要求

1. 着装色彩遵守“三色”原则：全身的服饰搭配不超出三种颜色，而且最好还有一种是属于无彩色系（黑、白或灰）。

2. 款式遵循 TPO（Time，Place，Occasion）原则：一切以时间、地点、场合为转移；谈判时必须身着正装，但是谈判后的晚宴可以相对随意。

3. 内衣遵循有领原则：有领原则说的是，正装必须是有领的。无领的服装，比如 T 恤，运动衫一类不能成为正装。

4. 男士西装要注意八忌：西裤过短，衬衫放在西裤外，不扣衬衫扣，西服袖长于衬衫袖，领带太短，西服上装两扣都扣上，西服的衣、裤袋内鼓鼓囊囊，西服配便鞋。

5. 男士必要佩饰原则：一般情况下领带夹能不用则不用，必要时可带领带夹，领带夹的位置应在 6 颗扣衬衫从上向下数第 4 颗扣的地方；出差可带能换洗的衬衫；职场男士不适宜戴卡通手表和劣质手表，手表从某种意义上说是表明男士身份的装饰；职场人士配钱夹是一种惯例，不能用卡通钱夹、布钱夹以及民族风的纪念品式样钱夹替代；一般而言，职场人士的公文包也是皮的，有足够的空间，便于携带。

三、职场商务场合女士着装要求

1. 基本商务着装要求：整洁、利落；注意“六不允许”和“六不露”，即套装不允许过大或过小、不允许衣扣不到位、不允许不穿衬裙、不允许内衣外穿、不允许随意搭配、不允许乱配鞋袜，不暴露胸部、肩部、腰部、背部、脚趾、脚跟。

2. 职业套装是职业女性首选的装束，它包括裙式套装和裤式套装。穿裙式套装时裙子的长度不得短于膝盖三寸以上的地方。

套裙的选择要注意面料、色彩、图案、点缀、尺寸、造型、款式。虽然面料一般公认以纯毛、纯麻、纯棉、纯丝、纯皮五纯为佳，但最好不要穿皮短裙上班；套裙的穿法要注意长度适宜、穿着到位、考虑场合、协调装饰、兼顾举止。

3. 注意裤子和套裙穿着的几个禁忌：尽量不穿着无袖的衣服；不穿着凉鞋、运动鞋或露趾的拖鞋；不穿黑皮裙；不在裙子下加健美裤；不穿半截的袜子；佩饰少而精。可以适当喷香水和背适合自己身份的皮包。

四、职场穿衣之忌

在整个商务场合穿衣要注意避免以下行为：穿非自然材料、寒酸衣服，廉价鞋，廉价首饰；穿破旧、过时的衣服；懒散、不修边幅；用过多小装饰；夸大身体的缺陷（太胖、太瘦、太高、太矮）；佩戴不适宜的装饰物、不合适的搭配（把昂贵和廉价的服饰搭配在一起）。

【实训模块 4】 形体礼仪

练习 1　女生站姿训练

将女生分成 3 组，每组按照以下要求练习一个姿态，5 分钟后依次轮换：

1. 背靠墙立正姿势。
2. 两人背靠背站立姿势。
3. 头顶书本原地站立姿势。

先由观摩同学点评，再由老师点评。平时可以在宿舍里面进行对镜训练，对自己的弱势项目进行强化训练，达到优美姿态的效果。

练习 2　女生坐姿训练

将 10 张座椅依次排开，每两张之间间隔 10 厘米，选择 10 个女生（也可以视女生人数多少进行平均分组，两组即可），按照自己熟悉的习惯姿势坐下，两分钟后先同学后教师对坐姿进行点评。

练习 3　女生蹲姿训练

按照坐姿分组，女生们按照自己习惯的蹲姿下蹲两分钟后，先由观摩同学再由指导教师进行点评。

练习4　男生站姿训练

将男生排成两排，面对面立正姿势站立，两分钟后双手交叉在身后呈跨列姿势，两分钟后双手交叉在身前站立。再两分钟后结束站姿。教师进行点评。

练习5　男生走姿训练

男生排成前后两排，间隔1米左右，场地足够的可以间隔两米，听指导老师口令同向前行、立定、后退、转身走回来。两分钟后结束，教师点评。

注意：为不影响其他同学上课，以及增加训练效果，该训练适合在形体房或室外场地进行。教师配置随身带麦克风。

【知识点】

培根曾经说过：相貌的美高于色泽的美，而秀雅适宜的动作美，又高于相貌的美，这是美的精华。优雅的体态是人有教养，充满自信的完美表达。即使是最昂贵、最漂亮合体的服装，也无法掩饰一个萎靡不振的躯体所给人的不良感观。形体礼仪主要通过站、蹲、坐和走的不同姿态来体现。

一、站姿

站立是人们生活交往中的一种最基本的举止。站姿是人静态的造型动作，优美、典雅的站姿是发展人的不同动态美的基础和起点。优美的站姿能显示个人的自信，衬托出美好的气质和风度，并给他人留下美好的印象。男士要求“站如松”，刚毅洒脱，站得挺拔、端庄、平稳；女士则应秀雅优美，亭亭玉立。

（一）规范的站姿要求

站姿总体要求，从侧面看，做到五点一线：耳—肩—腰—膝—踝。具体而言需要做到：

1. 头正。双目平视，嘴唇微闭，下颌微收，面部平和自然。
2. 肩平。双肩放松，稍向下沉，身体有向上的感觉，呼吸自然。
3. 臂垂。双臂放松，自然下垂于体侧，手指自然弯曲。
4. 躯挺。躯干挺直，收腹、挺胸、立腰。
5. 腿并。双腿并拢立直，两脚跟靠紧，脚尖呈V型分开45~60度，男子站立时，双脚可分开，但不能超过肩宽。身体重心主要支撑于脚掌、脚弓上。

在接待中，直立时可以右手搭在左手上，叠放于体前；或双手叠放于体后，右手搭在左手上，贴于臀部；或一手放于体前一手背在体后。男女有别，以美观精神为佳。

（二）站立注意事项

站立时，切忌东倒西歪，无精打采，懒散地倚靠在墙上、桌子上；不要低着头、歪着脖子、含胸、端肩、驼背；不要将身体的重心明显地移到一侧，只用一条腿支撑着身体；身体不要下意识地做小动作；在正式场合，不要将手叉在裤袋里面，切忌双手交叉抱在胸前，或是双手叉腰；男子双脚左右开立时，注意两脚之间的距离不可过大，不要挺腹翘臀；不要两腿交叉站立；身体不要抖动或晃动。

二、坐姿

坐姿文雅、端庄，不仅给人以沉着、稳重、冷静的感觉，而且也是展现自己气质与修养的重要形式。“坐如钟”，即坐得像钟一样端正沉稳，同时还要注意坐姿的娴雅自如。坐姿优雅不但是对谈判对方的尊重，同时也是给对方的一种心理暗示，表明己方的心态和态度。

（一）规范的坐姿要求

入座时要轻稳。尽量从他人背后或座位左侧，毫无声息、以背部接近座椅入座。入座后上体自然挺直，挺胸，双膝自然并拢，双腿自然弯曲，双肩平整放松，双臂自然弯曲，双手自然放在双腿上或椅子、沙发扶手上，掌心向下。离座时，要自然稳当。离座前一般先有表示或暗示，注意顺序先后，起身缓慢、站好再走、从左离开。

头正，嘴角微闭，下颌微收，双目平视，面容平和自然。坐在椅子上时，应坐满椅子的2/3，脊背轻靠椅背。

双手规范摆位，平放在双膝上，掌心向下；或双手叠放，放在一条腿的中前部，此时双腿可交叉，或一手放在扶手上，另一手仍放在腿上或双手叠放在侧身一侧的扶手上，掌心向下。此时身体微微倾向于谈话对象。

注意双腿正确摆放。

标准式。双腿正向平放，大腿保持平行，小腿并拢保持向下直立，双手叠放在两腿之间，右手在上，上身保持挺拔状态。此时如小腿向后收拢，只有脚尖着地，称为后点式。

侧腿式。小腿向左或右斜，并拢侧放，双腿不交叉，其他与标准式相同。当只有脚尖着地时，又称为侧点式。两腿脚尖没有同时着地，一只明显在上，又称为侧挂式。

重叠式。双腿交叉，大腿叠放，右手在上，双手叠放在上面那条腿的前部。小腿保持竖直向下紧贴，不能上翘。

前交叉式。双腿正向平放，大腿保持平行，小腿向前伸出，并拢交叉，双手叠放在两腿之间，右手在上，上身保持挺拔状态。

（二）坐的注意事项

坐时不可前倾后仰，或歪歪扭扭；双腿不可过于叉开，或长长地伸出；坐下后不可随意挪动椅子；不可将大腿并拢，小腿分开，或双手放于臀部下面；高架“二郎腿”或“ 4 ”字型腿；腿、脚不可不停抖动；不要猛坐猛起；与人谈话时不要用手支着下巴；坐沙发时不应太靠里面，不能呈后仰状态；双手不要放在两腿中间；脚尖不要指向他人；不要脚跟落地、脚尖离地；不要双手撑椅；不要把脚架在椅子或沙发扶手上，或架在茶几上。

三、走姿

走姿是展现人的动态美的重要形式，是站姿的延续。走路是展现自己身体状况、平时心理惯势和性格的有效方式。习惯要求是“行如风”，即指走姿轻盈而稳健，避免掷地有声，但要有节奏感。整个行姿礼仪要求：头正肩平、躯挺步直、方向明确、步幅适度、速度均匀、重心放准、身体协调、造型优美。使整个行走过程变得从容，轻盈，稳重。

（一）规范的走姿要求

前行步。保持身体端正、收腹、挺胸，不低头，目光平视，忌斜视看人。遇师长、领导、客人应礼让问候或微笑点头致意，及时礼让，不可争挤。

后退步。向他人告辞时，应先向后退两三步，再转身离去。退步时，脚要轻擦地面，不可高抬小腿，后退的步幅要小。转体时要先转身体，头稍候再转。

侧身步。当走在前面引导来宾时，应尽量走在宾客的左前方。髋部朝向前行的方向，上身稍向右转体，左肩稍前，右肩稍后，侧身向着来宾，与来宾保持两三步的距离。当走在较窄的路面或楼道中与人相遇时，也要采用侧身步，两肩一前一后，并将胸部转向他人，不可将后背转向他人。

（二）不雅的走姿

方向不定，忽左忽右。横冲直撞、悍然抢行、阻挡道路；步态不雅、体位失当，摇头、晃肩、扭臀；扭来扭去的“外八字”步和“内八字”步；左顾右盼，重心后坐或前移；与多人走路时，或勾肩搭背，或奔跑蹦跳，或大声喊叫制造噪音等；双手反背于背后或双手插入裤袋。

四、蹲姿

正确的蹲姿要一脚在前，一脚在后，两腿向下蹲，前脚全着地，小腿基本垂直于地面，脚后跟提起，脚掌着地，臀部向下。

蹲姿注意事项：不要突然下蹲；不要距人过近；不要方位失当；在人身边下蹲，侧身相向；不要毫无遮掩；不要蹲着休息；不要蹲在椅子上。

【实训模块5】 位次礼仪

练习1　座次表排列训练

假定某集团公司（某事业单位或某政府机构）将召开年终总结及表彰大会，由指导教师设定来宾人数、职位及本公司参加的人员名单，详细罗列出职位、年龄、职称、性别等。请同学们安排出一张合理的座次表，然后阐明理由。最后由老师进行点评。

练习2　我国位次礼仪训练

指导老师展示媒体公开的某次众所周知的高级别政治会议集体合影照片或会场照片，然后表明有哪些职务的人参加，请同学们对比照片指出参加人的身份。练习目的是让同学们了解我国在政治生活中的位次礼仪。对错误的，老师给予及时指正，并解释理由。

【知识点】

位次排列有时亦称座次排列，它涉及位次的尊卑问题。这个问题在日常生活和工作中无所不在。不同位次对参与的人来讲，影响是很微妙的。

哪些场合需要考虑座次礼仪?

组织会议时，你需要考虑会场座次；接送客人时，你需要考虑乘车座次；

和人交谈时，你需要考虑会客座次；上下楼梯时，你需要考虑行进次序；

出入电梯时，你需要考虑先后次序；商务谈判时，你需要考虑谈判座次；

双边签约时，你需要考虑签字座次；参加宴会时，你需要考虑就餐座次。

一、行进位次礼仪

（一）平地行进位次

并排行进的要求是中央高于两侧，内侧高于外侧，一般情况下应该让客人走在中央或者内侧；与客人单行行进，即成一条线行进时，标准的做法是前方高于后方，以前方为上，如果没有特殊情况，无引导要求时应该让客人在前面行进；出入房门时，若无特殊原因，位高者先出入房门。若有特殊情况，如室内无灯，陪同者宜先入。

步行时注意五个需要忌讳的细节：忌行走时与他人相距过近，避免与对方发生身体碰撞，万一发生，务必要及时向对方道歉；忌行走时尾随于他人身后，甚至对其窥视、围观或指指点点，在不少国家，此举会被视为侵犯人权；忌行走时速度过快或者过慢，以免妨碍周围人的行进；忌一边行走一边连吃带喝，或是吸烟不止，那样不仅不雅观，而且还会有碍于人；忌与已成年的同性在行走时勾肩搭背、搂搂抱抱。

（二）上下楼（滚梯）位次

在客人不认路的情况下，陪同引导人员要在前面带路。行进时，身体侧向客人，完全背对客人，是不礼貌的行为，应该让客人走在内侧，陪同人员走在外侧。

上下楼道是在商务交往中经常遇到的情况，简单地说，上下楼时应单行行进，以前方为上。但需要注意一点，男女同行上下楼时，宜女士居后。上下楼时因为楼道比较窄，并排行走会妨碍其他人，因此没有特殊原因，应靠右侧单行行进。如果陪同接待女性宾客的是一位男士，而女士又身着短裙，上下楼时，接待的陪同人员要走在女士前面。以免短裙“走光”，避免尴尬。

（三）电梯位次

很多写字楼都配有电梯，进入有人值守和无人值守的电梯时，需要遵守不同的礼仪规则。

无人值守的升降式电梯：标准做法需要陪同人员先入后出，并控制好按钮。但如果感觉电梯里可能会超员的时候，就要请客人先上，如果自己上电梯后超员的铃声响起，自己应迅速出来。此外，如果有个别客人迟迟不进入电梯，影响了其他客人，在公共场合也不应该高声喧哗，可以利用电梯的唤铃功能提醒他。

有人值守的电梯：陪同人员后进后出，让客人先进先出，人较多时后进先出；把选择方向的权利让给地位高的人或客人，这是走路的一个基本规则。当然，如果客人初次光临，对地形不熟悉，还是应该为其指引方向。

二、乘坐交通工具位次礼仪

（一）小轿车

如有司机驾驶时，则以后座右侧为首位，左侧次之，中间座位再次之，前座右侧为最末。如驾驶者是主人，则以驾驶座右侧为最大，后座右侧次之，左侧再次之，而以后座中间座最末。一般情况下，上下轿车时，应该让客人先上车，后下车。当然，如果很多人坐在一辆车中，谁最方便下车谁就先下车。

根据常识，轿车的前排，特别是副驾驶座，是车上最不安全的座位。因此，按惯例，在社交场合，该座位不宜请女性或儿童就座。在公务活动中，副驾驶座，特别是双排五座轿车上的副驾驶座被称为“随员座”，循例专供秘书、翻译、警卫、陪同等随从人员就座。

职业司机驾车，接送高级官员、将领、明星等知名公众的人物时，主要考虑乘坐者的安全性和隐私性，司机后方位置为汽车的上座位，通常也被称为 VIP 位置。

（二）吉普及其他车辆

搭乘吉普车或越野车时，不论驾驶者为主人还是其他人，驾驶座右侧的位置最大，后座右侧次之，左侧再次之。故上车时，前座先上，后座后上；下车时，前座先下，后座再下。越野车功率大，底盘高，安全性也较高，但通常后排比较颠簸，而前排副驾的视野和舒适性最佳，因此为上座位置。

其他商务车辆以司机之后座侧门开启处的第一排座位为尊，后排座位次之，司机座旁边的座位为末，同排以右为尊。

（三）乘车注意事项

按国际惯例，除宾客只有女宾一人外，女士不坐副驾驶位置；主人亲自驾车时，若宾客只有一人，则应陪坐于主人之侧；坐小轿车后座位者，上车时应依三二一的秩序上车，下车时则依一二三的秩序下车。如有女士在座，应该礼让女士优先；主人夫妇同车而主人驾车时，主人夫妇坐前座，宾客夫妇坐后座。如主人驾车搭载友人夫妇，则应邀请友人坐前座，友人之配偶坐后座。前座如果是男士，其后座为女士；反之亦然。交叉座次是因为西方人认为这样才能引起话题。

三、会客位次礼仪

会见客人时，对于让座的问题应予以重视。具体而言，在会见客人时，让座于人有两点需要注意：一方面，必须遵守有关惯例；另一方面，必须讲究主随客便。总体上讲，会客时，应当恭请来宾就座于上座。会见时的座次安排，大致有如下五种主要方式：

（一）相对式

具体做法是宾主双方面对面而坐。这种方式显得主次分明，适用于公务性会客，通常又分为两种情况：

1. 双方就座后，一方面对正门，另一方背对正门。此时讲究面门为上，面对正门之座应请客人就座；背对正门之座由主人就座。

2. 双方就座于室内两侧，并且面对面地就座。此时讲究进门后以右为上，即进门后右侧之座应请客人就座；左侧之座由主人就座。

（二）并列式

基本做法是宾主双方并排就座，以暗示双方“平起平坐”、地位相仿、关系密切。主要用于会见朋友宾客或较为轻松的场合。具体也分为两类情况：

双方一同面门而坐。此时讲究以右为上，即主人要请客人就座在自己的右侧。其他人员可分别在主人或主宾的一侧，按身份高低依次就座。

双方一同在室内的右侧或左侧就座。此时讲究以远为上，即距门较远之座为上座，应当让给客人；距门较近之座为下座，应留给主人。

（三）居中式/中心式

所谓居中式排位，实为并列式排位的一种特例。它是指当多人并排就座时，讲究居中为上，即应以居于中央的位置为上座，请客人就座；以其两侧的位置为下座，由主方人员就座。

这样就座犹如众星捧月，具有较明显的尊卑关系；适用于主题庆祝、给重要人物或长辈过生日、老师和专家小范围讲学等场合。

（四）主席式

主要适用于正式场合，由主人一方同时会见两方或两方以上客人。一般应由主人面对正门而坐，其他各方来宾则应在其对面背门而坐。这种安排犹如主人正在主持会议，故称之为主席式。

（五）自由式

自由式的座次排列，即会见时有关各方均不分主次、不讲位次，而是一律自由择座。自由式通常用在客人较多，座次无法排列，或者大家都是亲朋好友，没有必要排列座次时。进行多方会面时，此法常常采用。

四、谈判位次礼仪

（一）双边谈判

在一般性的谈判中，双边谈判最为多见。双边谈判的座次排列主要有两种形式可供酌情选择，一种叫横桌式，一种叫竖桌式。横桌式即谈判桌在谈判厅里横着摆放；竖桌式即谈判桌在谈判厅里竖着摆放。二者有相同之处，也有操作上的具体差异。

1. 横桌式。横桌式座次排列是指谈判桌在谈判室内横放，客方人员面门而坐，主方人员背门而坐。除双方主谈者居中就座外，各方的其他人士则应依其具体身份的高低，各自先右后左、自高而低地分别在己方一侧就座。双方主谈者的右侧之位，在国内谈判中可坐副手，而在涉外谈判中则应由译员就座。

2. 竖桌式。竖桌式座次排列是指谈判桌在谈判室内竖放。具体排位时以进门时的方向为准，右侧由客方人士就座，左侧由主方人士就座。在其他方面，则与横桌式排座相仿。

当宾主双方都不止一个人，有必要进行并排排列，比如需要会见、合影时，仍需遵守以右为尊的原则。合影时，一般男主人居中，男主宾在主人右边，主宾夫人在主人左边，主人夫人在男主宾右边，其他人员穿插排列。但应注意，最好不要把客人安排在最边上的位置，应让主方陪同人员在边上。

（二）多边谈判

多边谈判的座次排列，有两种形式：

1. 自由式。自由式座次排列，即各方人士在谈判时自由就座，而无须事先正式安排座次。

2. 主席式。主席式座次排列，是指在谈判室内，面向正门设置一个主席位，由各方代表发言时使用。其他各方人士则一律背对正门、面对主席之位分别就座。各方代表发言后，亦须下台就座。

五、签字仪式位次礼仪

签字仪式位次礼仪需要体现双赢和承诺。签字仪式可分为双边签字仪式和多边签字仪式。签字仪式通常是指订立合同、协议的各方在合同、协议正式签署时所正式举行的仪式。举行签字仪式，不仅是对谈判成果的一种公开化、固定化，也是有关各方对自己履行合同、协议所做出的一种正式承诺。

从礼仪上来讲，举行签字仪式时，最基本的礼仪当属举行签字仪式时座次的排列方式。一般而言，举行签字仪式时，座次排列的具体方式共有 3 种基本形式，可根据不同的具体情况来选用：

1. 并列式。签字桌在室内面门横放，双方出席仪式的全体人员在签字桌之后并排排列，双方签字人员居中面门而坐，客方居右，主方居左。

2. 相对式。相对式签字仪式的排座与并列式签字仪式的排座基本相同。二者之间的主要差别只是相对式排座将双边参加签字仪式的随员席移至签字人的对面。

3. 主席式。主要适用于多边签字仪式。其操作特点是：签字桌仍须在室内横放，签字席设在桌后，面对正门，但只设一个，并且不固定其就座者。举行仪式时，所有各方人员，包括签字人在内，皆应背对正门、面向签字席就座。签字时，各方签字人应以规定的先后顺序依次走上签字席就座签字，然后退回原位就座。

签字仪式上，由于文件需要长久保存，签字时应用黑色的钢笔或签字笔，不宜用圆珠笔或其他色彩的笔。

公务人员在具体操作签字仪式时，可以依据下述基本程序进行运作：

1. 宣布开始。此时，有关各方人员应先后步入签字厅，在各自既定位置上正式就座。

2. 签署文件。依照礼仪规范，每一位签字人在己方所保留的文本上签字时，应当名列首位。因此，每一位签字人均须首先签署将由己方保存的文本，然后再交由他方签字人签署。此种做法，通常称为“轮换制”。它的含义是在文本签名的具体顺序上，应轮流使有关各方均有机会居于首位一次，以示各方完全平等。

3. 交换文本。各方签字人此时应热烈握手、互致祝贺，并互换刚才用过的签字笔，以示纪念。全场人员应热烈鼓掌，以表示祝贺之意。

4. 饮酒庆贺。有关各方人员一般应在交换文本后饮上一杯香槟酒，并与其他方面的人士一一干杯。这是国际上所通行的增加签字仪式喜庆色彩的一种常规做法。

六、会议位次礼仪

（一）会议排位的基本原则

1. 以右为上（遵循国际惯例）。
2. 居中为上（中央高于两侧）。
3. 前排为上（适用所有场合）。
4. 远门为上（远离房门为上）。
5. 面门为上（良好视野为上）。

（二）大型会议

大型会议应考虑主席台、主持人和发言人的位次。主席台的位次排列要遵循三点要求：前排高于后排，中央高于两侧，右侧高于左侧。主持人之位可在前排正中，也可居于前排最右侧。发言席一般可设于主席台正前方或者其右方。

大型会议在会场上要分设主席台和群众席。主席台要认真排座，群众席座次可排可不排。

1. 主席台排座。主席台一般面对会场主入口和群众席。主席台成员的桌上要放置正反两面的桌签。主席台排座具体又分为主席团排座、主持人坐席、发言者席位三个问题。

主席团排座。主席团是指在主席台上正式就座的全体人员。主席团位次有三个基本规则：一是前排高于后排，二是中央高于两侧，三是左侧高于右侧。

主持人坐席。会议主持人（即大会主席）的具体位置为：一是居于前排正中央；二是居于前排的两侧；三是按其具体身份排座，但不应就座在后排。

发言者席位。发言者席位又叫发言席。在正式会议上，发言者发言的时候不宜坐在原处。发言席的常规位置有二：一是主席团的正前方，二是主席台的右前方。

2. 群众席排座。在大型会议上，主席台下的一切座席都是群众席。群众席的排座方式有二：一是自由式择座。即不进行统一安排，大家各自择位而坐。二是按单位就座。它指的是与会者在群众席上按单位、部门或者地位、行业就座。它的具体依据，既可以是与会单位、部门的汉字笔画的多少，汉语拼音字母的前后，也可以是其平时约定俗成的序列。按单位就座时，如果分为前排后排，以前排为高，以后排为低；如果分为不同楼层，楼层越高，排序越低。

在大型会议中进行位次排列，一定要掌握规则，灵活变通。规则是死的，具体情况则千变万化，要善于变通，而不是囫囵吞枣、生搬硬套。应注意：

第一，内外有别。座次排列适用于正式的公关活动中，是对外交往中用的，是正式场合用的，内部交往中则可进行变通。

第二，中外有别。座次排列讲究以右为尊，但中国人和外国人的做法不大一样（实际上我国不同历史时期的做法也不尽相同）。比如，我国政务活动中，根据规定，遵循我国传统礼仪：左为上，右为下。当领导同志人数为奇数时，1 号首长居中，2 号首长排在 1 号首长左边，3 号首长排 1 号首长右边，其他依次排列；当领导同志人数为偶数时，1 号首长、2 号首长同时居中，1 号首长排在居中座位的左边，2 号首长排右边，其他依次排列。但公关活动遵循的是国际惯例，以右为上，所以涉外活动中，外国客人是在首长的右侧的。这里讲的左和右，都是当事人自己的左和右。这是定位标准。

（三）小型会议

小型会议一般指参加者较少、规模不大的会议。全体与会者都应排座，不设主席台。小型会议的排座有三种形式：

自由择座：不排定固定的具体座次，而由全体与会者完全自由地选择座位就座。

面门设座：一般以面对会议室正门的是会议主席座位。其他的与会者在其两侧自左而右地依次就座，以右为尊。

依景设座：会议主席的具体位置不必面对会议室正门，而是应当背依会议室之内的主要景致所在，如字画、讲台等。其他与会者的排座则略同于前者。

（四）茶话会

茶话会的座次排列方式主要有以下四种：

环绕式：不设立主席台，把座椅、沙发、茶几摆放在会场的四周，不明确座次的具体尊卑时，与会者在入场后自由就座。这一安排座次的方式与茶话会的主题最相符，也最流行。

散座式：散座式排位常见于在室外举行的茶话会。座椅、沙发、茶几自由组合，甚至可由与会者根据个人要求而随意安置。这样就容易创造出一种宽松、惬意的社交环境。

圆桌式：在会场上摆放圆桌，请与会者在周围自由就座。圆桌式排位又分两种形式：一是适合人数较少的，仅在会场中央安放一张大型的椭圆形会议桌，而请全体与会者在圆桌前就座。二是在会场上安放数张圆桌，请与会者自由组合就座。

主席式：在会场上，主持人、主人和主宾被有意识地安排在一起就座。

【实训模块6】 迎送礼仪

练习1　迎送礼仪训练

将全班分成四组，其中两组分别站在两边，扮演礼仪人员角色。另外两组扮演客户角色，由礼仪小组引导进教室，安排就座。然后进行送别演练，一直送到教室外。事毕，交换角色，再相互点评。

练习2　见面介绍训练

按照练习1分组，事先给每位同学确定职务。两组同学和对面同学握手，并做自我介绍。然后由每组组长引导对方小组成员和本组成员见面，并依次做介绍。

整个过程中，旁观的小组注意观察，并找出训练小组存在的问题。然后进行点评，老师做最后总评。

【知识点】

一、常规迎送礼仪常识

1. 确定迎送规格。在迎送中要求地位基本对等和对口，正职无法出席可以由副职代劳或变通处理，但必须加以解释。除非特殊情况，不必破格接待，以免给人厚此薄彼的口实。

2. 掌握抵达和离开时间。接人在人到来之前到达，送人在人离开之前到达，人走之后才离开。

3. 介绍。一般是中高层迎接者或长者或工作人员先将迎接的人介绍给来者（客人）。主人应该主动寒暄，表示热情。如果被介绍者性别不同，则一定要先介绍女性。

4. 陪车。客人一般在主人右侧，如有翻译则翻译在司机旁边。上车时一般让客人从右边上车，主人从左边上车，避免从客人前面（挤）过，如果客人坐了主人的位置，则不必纠正，尊重客人。

5. 其他。派专人办理出入境和行李托运等手续；客人抵达后一般不要主动安排过多，给予适当的休息时间（尊重客人意见），多头安排则规格相当，活动要连续。

二、迎送中握手礼仪

标准的握手姿势需要两人的手掌相向，握住对方的手掌并上下轻轻摇晃。年轻者对年长者，身份低者对身份高者则应稍稍欠身或趋前，双手握住对方的手，以示尊敬。男性与女性握手时，往往只握一下女性的手指部分。握手的时间通常以3~5秒钟为好。一般情况的握手时间可短些。握手的力度应适度，要不轻不重，恰到好处。要做好握手礼仪，需全面了解握手类型、顺序及常见禁忌。

（一）握手的类型

1. 乞讨型握手。掌心向上，表明被动、软弱、劣势；也表明此人谦和。

2. 控制型握手。掌心向下，表明优势、主动和支配的性格或心态。

3. 无力型握手。也叫“死鱼式握手”，表明懦弱、优柔寡断、没有气魄、缺乏热情、容易被控制。

4. 力量型握手。表明性格热情主动，有朝气和活力。

5. 抓指尖握手。纵然诚恳也给人冷淡感觉，个性缺乏自信，保持距离。

6. 施舍型握手。伸出四个指头给对手握，表明缺乏修养、傲慢、不平易近人。

7. 夸张型握手。老远就伸直手臂，五指张开，伴随语言，表示热情豪爽。

8. 自在型握手。陌生场合与别人一一握手，有旺盛的自我表现力（歌星等），主人如此则表明礼貌。

9. 手套型握手。两只手抓住对方，表热情或谢意或有求于对方。

10. 潮湿型握手。对对方紧张，精神性发汗。

（二）握手顺序

男士与女士握手，女士先伸手；上级与下级握手，上级先伸手；主人与客人握手，主人先伸手；年长者与年轻者握手，年长者先伸手。先伸手的人要主动，避免尴尬。

（三）握手时的注意事项

1. 洁净、专注、礼貌；在握手同时要看着对方的眼睛，握手有力但不能握痛，大约持续三秒钟，只晃两三下。开始和结束要干净利落。

2. 男性在握手前应先脱下手套、摘下帽子。

3. 握手一定要伸右手，伸左手是不礼貌的。

4. 不能一一握手，可以用点头礼、注目礼、招手礼代替。

5. 握手不是全球性礼节。东南亚一些国家是双手合十致敬，日本人是鞠躬，欧洲国家是拥抱。在缅甸，一般情况下，女子未主动伸手，男子不能表示要和女方握手，更不能主动伸出手去。

6. 握手的一些常见失礼现象：跨门槛握手；多人时交叉握手；在介绍过程中一直握着对方的手不放，特别是与异性握手时；目光游移不定，心神不宁；握手时忽视或冷淡别人；坐着握手。

【实训模块7】餐桌礼仪

练习1　餐桌座次排列训练

在班上选出10位同学参加训练，其中5位同学所在单位邀请另外5位同学共进晚餐。给每个同学设定相应职务，然后将实验桌当成餐桌，让同学们自己排定座次，并说出理由。

思考：是否只有一种座次排列方式，说出理由。

练习 2　全班讨论“中西餐桌礼仪的异同”

教师对练习进行点评。

【知识点】

一、宴会餐桌礼仪

（一）中式宴会的位次排列：桌次和座次

1. 桌次。在宴会桌次排列礼仪中，并行横排两个桌位，则以右为尊；并行三个、五个桌位则居中为尊；如进门后竖排桌位，则以远为尊，即离房间正门越远，表明该桌位客人地位越高。

2. 宴会座次。进房门后，同一桌位上，面门居中者为尊，坐在房间正门中央位置的人一般是主人，称为主位。主人右侧的位置是主宾位。面门居中位置为主位；主宾左右分两侧而坐；或主宾双方交错而坐；桌位较多时，越接近首席，位次越高；同等距离，右高左低。

排列宴会桌位、席次，宴会厅内摆放圆桌时，通常应以面对正门的方法进行具体定位。如果只设两桌，横向排列以右桌为主桌，纵向排列以离门远的那一桌为主桌；如果设置多桌，同样是居中为上、以右为上、以远为上。

在同一张宴会桌上确定席次时，一般以面对宴会厅正门的位置为主位，由主人就座。主宾大都应当就座在主人的右手。其他人的位次，一般客人都坐在主人的右侧，而主方人员都坐在主人的左侧，距离主位越近，位次越高；当和主位距离相同时，位于主位右侧的位次高于位于主位左侧的位次。但一般的宴请中，往往只需要确认主人和主宾的位置，其他人就未必那么拘于形式，弄得吃饭像谈判，也不得轻松。通常是宾主、男女、生人熟人交错排列，方便沟通交流。

不过凡事无绝对，倘若宴会厅有优美的景致、高雅的演出，则观赏角度最好的座位理应作为上座，这时面门为上的规则就退位让贤了。

（二）西餐座次原则

1. 女士优先原则。一般有女主人时，女主人坐主位，男主人在第二主位。

2. 恭敬主宾原则。同样是客人，但是一样有主次之分，男女之分，在座位上男女主宾分别仅靠女主人和男主人。

3. 以右为尊原则。所谓以右为尊，是指最尊贵的宾客坐在右边，男主宾坐于女主人右侧，女主宾坐于男主人右侧。

4. 距离定位原则。同样一桌，距主位越近，地位越高。

5. 面门为上原则。面对门口地位高于背对门口，一般来说背对门口安全性低于面对门口，所以把危险留给自己，把安全留给别人就是对其最大的尊重。

6. 交叉排列原则。在这点上中西方有差距，西方国家为了尊重女士，一般将男女分开，交叉坐，这样方便男女交谈，生人和熟人也可以交叉便于更好交流。如果是比较熟悉的人群聚会，则可以男女分桌或男女分边来坐。

二、日常餐桌礼仪

（一）入座的礼仪

先请客人入座上席，再请长者于客人旁依次入座；入座时要从椅子左边进入，入座后不要动筷子，更不要弄出什么响声来，也不要起身走动；如果有什么事要向主人打招呼。入座后姿势端正，脚踏在本人座位下，不可任意伸直，手肘不得靠桌缘，或将手放在邻座椅背上。

在中方餐桌上，客齐后导客入席，以左为上，视为首席，相对首座为二座。

而在西方，一般说来，面对门的离门最远的那个座位是女主人的，与之相对的是男主人的座位。女主人右手边的座位是第一主宾席，一般是位先生；男主人右边的座位是第二主宾席，一般是主宾的夫人。女主人左边的座位是第三主宾席，男主人左边的座位是第四主宾席。

（二）进餐时的礼仪

中方筵席中暂时停餐，可以把筷子直搁在碟子或者调羹上。如果将筷子横搁在碟子上，那是表示酒足饭饱不再进膳了。吃饭、喝汤时不要发出声响，用汤匙一小口一小口地喝，不宜把碗端到嘴边喝，汤太热时不要一边吹一边喝，等凉了以后再喝。

进餐时不要打嗝，也不要出现其他声音。如果出现打喷嚏、肠鸣等不由自主的声响时，就要说“真不好意思”“对不起”“请原谅”之类的话，以示歉意。

给客人或长辈夹菜，最好用公筷。也可以把离客人或长辈远的菜肴送到他们跟前，按我们中华民族的习惯，菜是一个一个往上端的，如果同桌有领导、老人、客人的话，每当上来一个新菜时就应请他们先动筷子，或者轮流请他们动筷子，以表示对他们的重视。

吃到鱼头、鱼刺、骨头等物时，不要往外面吐，也不要往地上扔。要慢慢用手拿到自己的碟子里，或放在紧靠自己的餐桌边，或放在事先准备好的纸上。要适时地抽空和旁人聊几句风趣的话，以调和气氛。不要光顾着吃饭，不管别人，也不要狼吞虎咽地大吃一顿，更不要贪杯。最好不要在餐桌上剔牙，如果要剔牙，就要用餐巾或手挡住自己的嘴巴。

吃西餐时右手拿刀，左手拿叉。使用刀叉时，左手用叉用力固定食物，同时移动右手的刀切割食物。用餐中暂时离开，要把刀叉呈八字形摆放，尽量将柄放入餐盘内，刀口向内；用餐结束或不想吃了，刀口向内、叉齿向上，刀右叉左地并排纵放，或者刀上叉下地并排横放在餐盘里。餐巾分正反面，通常印有该店 Logo 的为正面，要用反折的内侧来擦，如果整条布都擦得脏兮兮的，就请服务生再换一条。

通常主菜未上桌前，服务生会先提供餐包，放的位置一定是在主菜左侧，所以餐具左侧的面包是属于你的，不要拿错。吃面包时，直接在面包盘上剥开，涂抹奶油，否则离开面包盘，面包屑容易掉得满桌都是，不易收拾。无论是香肠或排类，要切成一口大小食用，由左至右切，且要吃时再切。

用餐时，肘臂不可张开也不可放置在桌上，以免妨碍他人进食。口布乃用于擦口与手指，不是手帕，不可用于擦脸及头发。用餐前应先将餐巾布打开置放于大腿上，以承挡可能掉落的食物，切忌围在脖子上，塞在领口或皮带内。汤匙用完不要留在汤杯、汤碗或汤盘中，应放在盘上或托碟上。食用沙拉应用小叉；食用面条时，可用叉子卷食，切不可一部分入口，一部分吸食。

用餐需注意的事项：

用餐时不要把手肘放在桌子上；要保持安静，切勿抖腿、踢脚；在餐桌上不可化妆或梳理头发；在餐桌上不可宽衣解带；避免口中含有食物时说话或饮用酒水；不要在餐桌上打呵欠；用过的刀、叉等器具不要再放回桌上；食物残渣或骨头等不能弃置在桌上，应该放在盘子里；忌讳用自己的餐具为他人夹菜。

【实训模块8】 电话礼仪

练习1　电话礼仪的实力测评

1. 听到电话铃响，应尽快在三声内就接听。
2. 在电话中，客户无法知道我们的表情和肢体语言。
3. 通话时，对方不小心切断电话，应耐心等对方拨回。
4. 应将电话内容维持在商务范围之内。
5. 听对方讲话时，应保持安静。
6. 当处理完客户问题后，通常会以提问来结束。
7. 在电话中介绍产品应适可而止。
8. 在电话中若需让对方等待片刻，应用手盖住话筒。
9. 即使在电话中没有获得任何客户讯息，也应作记录。
10. 午餐时间，通常客户不再为公务忙，适宜打商务电话。

注：请判断正误，答案在相应知识点中，请自学查找。

练习2　客服沟通技巧讨论

你认为这些观点是否正确？若不正确请说明理由。

1. 客服人员应尽快说明所有客户所需事项，所以语速可以较快，只要说完整即可。
2. 当客户的认知有错误时，应该及时指出。
3. 作为客服人员，只需一直倾听便可，不用管客户说什么，也不用去控制时间长短。
4. 客户永远是正确的，客户不了解产品肯定是售前人员的过失。
5. 与客户沟通时，只需把事情讲清楚就可以了。
6. 与客户沟通时，只要敷衍一下，维护公司利益就可以了。
7. 客户抱怨时不用理他，等气消了就好了。

【知识点】

在管理中离不开电话这一便捷的通信工具，当你的声音通过话筒传向各地时，你是否能做到彬彬有礼？当你在工作时，你在电话中给对方留下的印象将使对方把你的表现自然而然地与公司的形象联系起来！

不管在任何地方、任何时间、任何情况下，也不管你的心情有多坏，你都不能将这种消极的情绪带给电话另一端的人！因为你无权这样做，更重要的是你代表着整个公司的形象！卡耐基曾经说过："你不可能有第二次机会来重建自己的第一印象！"

一、基本电话礼仪

1. 电话铃响在三声之内接起，电话响起数声没有来得及接时，该向客户表达歉意。
2. 根据不同的电话号码，讲不同的问候语，态度友好。尽量不要使用简略语、专用语。
3. 打电话前先整理电话内容，后拨电话，适当向对方表示感谢，并等对方先挂电话。
4. 尽可能不要让客户在电话中等待。
5. 在电话机旁准备好纸笔，随时准备记录，确认记录下的时间、地点、对象和事件等重要事项。
6. 在电话中保持最优美的声音。最优美的声音来源于恰当的速度、音调、音量和笑容。
7. 接听电话时确认对方身份，听不清时应告诉对方。
8. 接电话时保持微笑，不要不耐烦并打断对方的讲话。
9. 在电话中不要喝水，吃东西。
10. 接电话结束后，应说："谢谢您打来电话。"应在客户挂断后，再轻挂电话。
11. 不要与被激怒的客户对抗，如果客户打来几次电话都没有找到人，应先向客户道歉，不要做过多假设。
12. 公私分明，不要长时间打私人电话。
13. 为留住重要客户，必要时可以留下私人电话给他们。
14. 如果客户要找的人不在，要试探对方来电目的。必要时重复一次电话中的重要事项，以确认对方的目的和相关信息。
15. 除非是骚扰电话，在电话中应该主动告知对方自己的姓名，这样可取得对方信任和方便对方以后联系。

二、电话用语注意要点

1. 注意礼貌用语恰当。
2. 注意开头语、结束语。
3. 当客户提出有益意见时，注意致谢语。

4. 当出现问题或客户不满时，注意致歉语。

5. 遇到粗言秽语、内容猥琐，应平静对待、礼貌回答。

6. 客户对回复不认可时，注意回答及解决方式。

7. 对方没反应时注意别立即挂断。

8. 客户咨询到不肯定或不会回答的问题时，注意委婉回答，立即寻求支援，解决客户难题。

9. 注意服务禁语。

三、电话礼仪基本服务用语

1. “您好!”（是“您”不是“你”）
2. “请放心。”
3. “我会尽快处理您的问题。”
4. “请您稍等。”
5. “十分抱歉。”
6. “给您添麻烦了。”
7. “我会尽快将您的意见进行反馈。”
8. “感谢您所提的宝贵意见。”
9. “这是我应该做的。”

四、电话礼仪禁语

1. “这事不归我做。”
2. “我不懂。”“不知道，不晓得。”
3. “你爱找谁找谁去。”
4. “这好像不关我的事。”
5. “我做不了主。”
6. “我就这水平了，不行，你另请高明吧。”
7. “我这样服务已经很不错了，还想怎样?”
8. “这个很简单，你自己拆装一下就可以，我来教你。”
9. “这只能这样。”

【实训模块9】 语言礼仪

练习1　赞美语言训练

同学之间按照要求用真诚的态度互相赞美。

要求：

1. 赞美对方优点，至少三点，多多益善。
2. 适合对方，符合实际。

3. 时间三分钟。

方法：

1. 临近的两人一组。
2. 每人在训练卡上作答，分别写出赞美对方的语句。
3. 请双方吻合度高的小组宣读答案。
4. 可采用适当的奖励方法。

练习 2　雅语和敬语训练

（1）请各位同学在五分钟之内写出以“拜”“高”“贵”“惠”“令”为字头的敬语，表现突出的给予平时成绩绩点奖励。

敬语字头	拜	高	贵	惠	令
敬语举例					
举例数量					

（2）请各位同学在 5 分钟之内写出自己所知道的雅语表达方式。

练习 3　幽默语言训练

把事先拟好的角色写在一些卡片上，请每个同学从这些卡片中抽取一张。给大家几分钟时间思考准备，然后让每个人用新颖幽默的语气来介绍自己所抽中的角色。游戏结束后同学之间相互点评。

教师对学生所有训练效果进行最终点评。

【知识点】

一、社交中的语言礼仪要点

语言礼仪重在以礼待人。任何人都希望得到别人的尊敬。如果遭到他人言辞上的无礼挑衅或诋毁攻击，通常会程度不同地运用语言来自卫和还击。按照我们的生活经验，在日常交往中所造成的不和大多也与出言不逊有关（祸从口出）。因此，在与人交往时，言语有礼是很重要的。

古人云：“诚于中而形于外”。要做到言辞上以礼待人，其核心就是对他人的真诚尊重。包括：

1. 不说脏话，不语恶言。脏话、恶言最容易把人激怒，与人结怨，君不闻：“利刀割体痕易合，恶语伤人恨难消。”所以，我们与他人谈话时，要用温和之语、真正关心他人之语。

2. 不道人短，不耀己长。《弟子规》言：“人有短，切莫揭，人有私，切莫说。”寻错揭短会使对方非常难堪。人非圣贤，孰能无过，抓住别人的一点过错、短处不放，数落、埋怨，会因此与人结怨，失去人缘。言谈时，沉湎于夸耀自己的长处、优势，不仅无益于达成良好的交谈气氛，还可能会招致对方的反感。

3. 融洽和谐，好话好说。口是心非乃做人的大忌，心是口非是交谈的大忌。好话好说，就能免除许多误会和不快，使对方如沐春风。

4. 善控情绪，免造口祸。《弟子规》言："言语忍，忿自泯。"我们千万要控制不满情绪，免造口舌之祸。不妨采取倒杯水、到户外走一走等方法舒缓情绪，让自己平静下来，免造口舌之祸。

5. 使臣以礼，平等相待。这就是说，当自己的职务比对方高，工龄比对方长，或者事理在自己这方时，慎勿以势压人。而应把自己摆在与对方同等的位置上，以商讨的口气，温和的语调，用容易被对方接受的言辞与对方交谈。

6. 不争强胜，谦和为怀。在交谈中争强好胜，不服输往往会把交谈变成争辩，争辩发展为抬杠、强词夺理，甚至是人身攻击。这是刻薄、有伤仁厚的表现。谚云："天不言自高，地不言自厚。"平时注重涵养谦和之心，言语之时，自会谦光流露。

7. 主动检讨，真诚相待。如果发现自己有过错，能主动地、实事求是地检讨自己，求得对方的谅解，是尊重对方人格的切实表现。同时也能唤起对方的谅解和同情，继而达成友好合作。言谈时，要说实话，道真情，才能得到对方的理解和帮助。孔子云："己所不欲，勿施于人。"一定要以心换心，说真话、讲实话。人心都是相通的，以诚敬相待才是最上之道。

二、使用称呼语的注意事项

在社交中，我们总是和不同的人周而复始地交流，对不同的人要使用不同的称呼，甚至对相同的人在不同场合也要采用不同的称呼，由于中国传统文化博大精深，完全了解称呼的用法也许比较难，但是掌握一些注意事项还是必要的。

1. 准确记住别人的姓名。在交往中能准确叫出对方的姓名，一定会给人好感，至少让对方感知到原来他在你心中的地位之高和印象之深。

2. 体力劳动者和脑力劳动者的称呼不可混淆。特别是对使用脑力劳动的知识分子更要注意称呼，知识分子好为人师，渴望得到别人的承认和尊重，所以在称呼上一定要有所体现，要有针对性。

3. 在公共场合不可对人用贬义的称呼，特别是外号之类，避免伤人自尊。

4. 注意复姓。现在的姓名千奇百怪，和传统意义上不太一样，特别要注意对复姓的辨别，弄不清楚的可以直接询问。

5. 慎称"老"。年龄特别大的人，喜欢别人称呼其"老"，他认为这是对他几十年人生经历的一种认同，他会因为年龄大积累经验多等原因乐于接受"老"。但是目前全国居民平均年龄已经大大提高，所以过去的老年人现在正被称为"壮年"。而对于女性来说，更要慎用"老"。

6. 准确判别对方的身份。看对方的身份一定不能单纯看穿着、座驾、妆饰，如果不好直接问，不妨通过交谈来慢慢了解。最安全的称呼是玩笑性质的把对方地位提高，如"某某总"之类，这样既不会得罪人，又避免给人以看不起的感觉。实在难以把握称呼时多用尊称——"您"。

三、敬语、雅语和征询语

所谓敬语，是指在和对方说话的时候彬彬有礼，热情而庄重的语言；所谓雅语则是用好听、含蓄的语言代替忌讳语言；而征询语则是在谈话中多注意语言温和，采用商量式、征求意见式、建议式、可选择式的方法进行，避免用直接式、指示式，更不要用反问式语言类型。

（一）常见敬语

1. “拜”字。拜读：读对方作品。拜会：和对方见面。拜望：看望或探望对方。拜托：请对方帮忙。

2. “奉”字。奉告：告诉对方。奉还：对方的物品归还。奉送：赠送对方礼物。

3. “高”字。高就：询问对方在哪里工作。高龄、高寿：老人家年龄。高见：对方的见解。高攀：和他人交朋友或结成亲戚。高堂：对方父母。高足：对方的学生或徒弟。

4. “贵”字。贵姓：询问对方的姓。贵庚：询问对方的年龄。贵恙：称对方的病。

5. “惠”字。惠赠：对方赠予（财物）。惠存：多用于送对方相片、书籍等纪念品。惠顾：顾客到来。惠临：对方到自己这里来。惠允：对方允许自己做某事。

6. “令”字。令堂：尊称对方的母亲。令尊：尊称对方的父亲。令郎：尊称对方的儿子。令媛：尊称对方的女儿。令爱：尊称对方的女儿。

（二）常见雅语

请人原谅说“包涵”，求人帮忙说“劳驾”，向人提问说“请教”；无暇陪同说“失陪”，请人勿送说“留步”，归还物品说“奉还”；需要考虑说“斟酌”，对方到场说“光临”；未及迎接说“失迎”，请人接受说“笑纳”，祝人健康说“保重”，接受好意说“领情”；接受祝贺说“托福”；为别人放弃心爱的东西或接受馈赠而表示谢意说“割爱”；古代为上厕所做掩饰说“更衣”；用尊敬或客气的口气向人提意见叫“进言”或“向您进一言”“大胆进言”（斗胆进言）。在新时代还有更多的雅语出现，不妨多学习多积累，与时俱进。

四、礼貌服务用语

某实践经验丰富的专家曾经说过“效益包含在礼貌语言中”，可见礼貌语言的重要性。礼貌用语在日常工作中要有“五声”：迎客声，称呼声，致谢声，道歉声，送客声。要杜绝“四语”：蔑视语、烦躁语、否定语和斗气语。

（一）使用礼貌用语的正确方法

1. 注意说话的仪态。要用关注的目光注视对方。注视方位：鼻眼三角区。会谈时注视上三角区；服务于他人时注视下三角区。注视胸部及身体部位则表示着亲密关系。忌在说话的时候闭目、凝视、斜视、扫视等。

2. 注意说话的声音。情感的交流是通过不同的语调和语速表现出来的。

3. 避免“祸从口出”。庄子说：人在处世中最难在言语。阿拉伯箴言说“你压抑在唇边的话是你的奴隶，你说出的话则成了你的主人。”这足以说明失言可能会造成不可挽回的损失，所以我们在语言表达中要尽量做到实事求是、言辞谨慎、摆正位置、语言得体。

（二）善用语气转换、人称转换

语言的魅力就在于同样的意思可以用不同的语言来进行演绎，作为解释、解围和补充。比如：

习惯用语：“您的名字叫什么？”专业表达：“请问您的姓名是？”“请问贵姓？”

习惯用语：“您必须……”专业表达：“希望您能够……”

习惯用语：“您错了，不是那样的！”专业表达：“抱歉，可能您误会我的意思了。”

【小案例】

有一位教徒问神甫：“我可以在祈祷时抽烟吗？”他的请求遭到神甫的严厉斥责。而另一位教徒又去问神甫：“我可以吸烟时祈祷吗？”后一个教徒的请求却得到允许，悠闲地抽起了烟。

这两个教徒发问的目的和内容完全相同，只是谈判语言表达方式不同，但得到的结果却相反。由此看来，表达技巧高明才能赢得期望的谈判效果。

（三）培养幽默感

所谓幽默，即指言语行为的生动有趣、滑稽可笑。从审美价值的角度看，它能够引发喜悦，带来欢乐，或以愉悦的方式使别人获得精神上的快感。英国《新长克西顿百科全书》指出：“幽默还含有宽恕、调和与均衡之意。”

幽默是智慧和力量的象征，是乐观的生活态度，是人生和文化的积淀，它有化腐朽为神奇，化尴尬为风度的力量。幽默是健康的良药，长寿的仙丹。幽默源出于拉丁文——Humor（原意是动植物里起润滑作用的液汁），今引申为语言交谈的润滑剂。

【小案例 1】

有一次，特级教师钱梦龙应邀到南通大学上示范课。快上课了，学生和观课的老师都在静心地等待着，课堂气氛显得过于严肃、紧张。钱老师从容地走上讲台，面带微笑，亲切地对学生说：“我出个谜语给你们猜猜，好不好？”学生们高兴地回答：“好。”钱老师说：“虽然发了财，夜夜想成才。打一人名，你们认识的人。”课堂上静得出奇。

一会儿，一位女学生举手，她站起来，信心十足地回答：“钱梦龙。”顿时，全场欢笑起来，课前的紧张气氛被扫除得一干二净。

【小案例 2】

一位物理教师在讲分子运动时，发现一个学生在偷吃柑子，便故作惊讶地提问：“请同学们注意，教室里有股什么味？”很快就有学生判断出是柑子味。

这位教师风趣地说：“不知是哪位学生想让大家体验分子扩散的现象。不过，像这样的实验，还是应该在课后进行。”学生们都笑了，那个违纪的学生也悄悄收起了柑子。

（四）多使用赞美语言

赞美讲究艺术，诚恳热情、真实自然，善于发现对方的“闪光点”“兴趣点”，投其所好，但不曲意逢迎；要求感受性，不要评比性。

【问题思考】

1. 如何理解西方礼仪中的3A（Accept，Appreciate，Admire）原则，即接受、重视、赞美对方？

2. 为什么在礼仪原则中将尊重和诚信放在首位？

3. 如何做到在礼仪中受到委屈也要感恩？为什么要感恩？

4. 如何理解服饰礼仪中的“六合”？

5. 引导客户走楼梯和电梯时究竟是应该“争先恐后”还是“争后恐先”？请具体阐述。

6. 中外位次礼仪有何异同？

7. 当需要使用敬语和雅语时，究竟该追求敬语、雅语领先还是该幽默风趣领先？

实训项目二 商务谈判准备实训

【实训目的与要求】

1. 学习并掌握谈判含义、特征、原理、要素、类型。
2. 掌握商务谈判信息的收集、整理。
3. 掌握商务谈判计划方案的制订。
4. 掌握谈判团队组建的原则。
5. 掌握谈判环境的分析。
6. 掌握商务谈判的原则、程序。
7. 掌握商务谈判成败的标准。

【实训学时】

本项目建议实训时间：4 学时。

【背景素材】

大渡河大峡谷景区开发

大渡河大峡谷全长约 26 千米，整个峡谷地跨四川省雅安市汉源县、凉山州甘洛县、乐山市金口河区。无论从峡谷上端还是下端进入，虽然两岸本已是山峦起伏，但逼近峡口时，却明显有一种异样的气势。在峡谷上口左岸，有一个突出的崖台——苏古坪，在峡口形成一个天然的石门，使峡谷至此骤然收窄，远望峡口内的云雾与峭壁，更显得深邃莫测；在峡谷下口的大沙坝附近，正当大渡河的陡然转弯处，眺望峡口，高差达一千多米的悬崖与尖峭的山峰迎面耸立，似乎河谷中断、江流无路，令人森然。

大渡河大峡谷是四川境内最长、最险、最窄、最深、最雄、最齐、最幽的大峡谷，最深处比世界著名的美国科罗拉多大峡谷深 542 米，最窄处两岸相距仅 10 米，比原来公布的世界最窄的大峡谷——虎跳峡窄 20 米，是不可多得的探险、旅游胜地。2005 年 10 月 23 日，大渡河大峡谷被评为“中国最美十大峡谷”之一。

该峡谷主要地段分属乐山和雅安两个地区，苦于相对落后的交通，从乐山市——峨边县——金口河区为县域公路，从金口河区——大渡河大峡谷——雅安市汉源县为跨境公路，由于道路险峻，长期没有公交车通过，该景区几乎处于原始状态，一直没有得到很好的开发。预计整体开发需投资超过 10 亿人民币。

乐山市政府和金口河区政府希望能通过招商引资，对景区进行适度开发。要求投资开发的企业能做到：①保证开发后景区失地农民必要的补偿，解决景区适龄待业人员充分就业；②不得在景区设置采矿等破坏生态的产业，不得进行私家别墅建设等房地产开发项目；③产权国有；④企业免税时限不能超过3年；⑤改善景区交通，但不得借此收取过境车辆任何费用；⑥景区门票实行市民票价，惠及本地市民。

【实训内容】

在掌握相应知识点基础上，以开发商身份与乐山市政府进行模拟谈判准备，通过给定谈判素材，按照模块设定，确定谈判主题，对谈判环境、力量对比进行分析，设定谈判目标，构建谈判团队，制订合理的谈判方案。

【实训模块1】 谈判主题确定

谈判主题是谈判的主要目的和目标所在。谈判没有主题就没有方向，就不能有科学可行的计划和正确的策略。

练习

学生从给定背景素材中，分别选择代表某一方，经过5分钟讨论练习提炼出各自小组的谈判主题。要求用一句话简要概括，尽量不要成为多目标主题，避免分散。

指导教师对每个小组提炼的主题进行点评。

【知识点】

一、谈判的概念

狭义的谈判，一般是指在正式专门场合下安排和进行的谈判，谈判具有一定的程序，较为正式的议题。

广义的谈判，包含各种形式的“交涉”“洽谈”“磋商”“商量”等。这种谈判诸如日常生活中购物的讨价还价，日常工作中与同事的协商，在对外工作中与合作伙伴的合作等。对谈判，不同专家有不同定义。一般认为所谓谈判就是指不同的组织或个人，为了各自的目的，满足自己的利益需求，而相互协商求同存异，争取达成一致的行为活动。

谈判可以分为“谈”和“判”两个环节。“谈”就是表达自己的意愿和阐述目的的观点，当事人要明确阐述自己的意愿和所追求的目标，充分发表各方应承担和享有的责权利等看法；而“判”则是分辨和评定，当事各方努力寻求各项权利和义务的共同一致意见，并期望通过协议的方式予以确认。“谈”是“判”的前提和基础，而“判”则是“谈”的结果和目的。

谈判的特点包括：目的性、相互性、协商性、得失性、说服性、冲突性。谈判的特点决定了谈判各方均有各自的需求、愿望和目标，在谈判过程中无论实力大小一概地位平等，既不能只得不失，也不能毫无所得，双方为了谋求各自利益在冲突中合作，达到互惠共赢的结局。

二、谈判的基本要素

谈判主体，即谈判当事人，指谈判各方的参与人员。包括台上的谈判人员：一线当事人，通常包含谈判负责人——直接责任领导；主谈——主要发言人，组织者和主攻手；陪谈——专业技术人员，记录和翻译等，当然也可能是单兵作战，各种角色集中于一人。

谈判议题，即谈判需要商议的具体问题，是谈判活动的中心，是各方都关心的问题。议题几乎没有限制，正如谈判桌上的话——“一切都可以谈判!”

谈判背景，指谈判所处的客观条件，也是约束条件。主要包括环境背景，如政治背景，经济背景，文化背景以及地理、自然等客观环境因素等；组织背景，如资信状况、市场地位、谈判目标和谈判时限等；人员背景，如当事人的职级地位、教育程度、个人阅历、工作作风、心理素质、谈判风格、人际关系等。

三、商务谈判的概念及特征

（一）概念

商务谈判指存在利益差异和利益互补关系的商务活动双方（或多方）为了实现交易目标而相互协商或磋商的活动。商务谈判包括商务（目的和内容）和谈判（运作过程和方式）两部分内容。对于商务谈判的概念，不同的专家有不同的理解，但是大同小异，不必拘泥于某个概念阐述，关键在于每个学习商务谈判课程的人应该有自己的理解。

（二）商务谈判的特征

（1）普遍性。商务谈判涉及经济、政治、文化等各种社会组织，与人们息息相关，普遍存在。

（2）交易性。商务谈判是针对商品交易的谈判，最终目的就是达成交易。谈判的种类有多种，一般来说不为交易的谈判就不是真正的商务谈判，没有达成最终交易的商务谈判就是失败的谈判。

（3）利益性。任何谈判都有利益追求，但是商务谈判更注重经济利益，这种利益可以看成是“合作的利己主义”。商务谈判不仅仅追求经济利益，还有政治利益和社会效益也是值得重点关注的。

（4）价格性。价格是商务谈判议题的核心。尽管谈判过程中需要谈诸多内容，但是其他的条件都可能会因为价格调整而产生巨大变化，谈判的实质总是直接或间接围绕价格展开的。

综合而言，商务谈判的主体组织具有普遍性；内容性质具有交易性；目的追求具有利益性；议题核心具有价格性。

四、商务谈判成败的标准

一般而言，商务谈判成败的标准主要有三个方面。

首先，经济利益是首要标准，但不是唯一标准。

其次是谈判成本，包括费用成本和机会成本。费用成本主要是指谈判全过程的费用消耗，而机会成本则包括为此放弃了与其他合作伙伴的合作机会和效果以及使用这些谈判成本应该产生的收益。需要注意机会成本是必然的，但却难以准确计量，因为一旦失去机会就很难再回头，所谓的机会仅仅是一种假设。在谈判中提到机会成本这样的“虚招”要谨慎。

最后是社会效益，指谈判产生的社会效果和社会反应，包含有形和无形的、可以计量和不可计量的、直接和间接的所有其他效益等。

【实训模块2】 谈判原则与程序

练习

在谈判中营造良好的气氛，遵循基本原则可以使整个谈判始终处于融洽状态。本模块背景资料中，由于景区方有比较多的要求和顾虑，而且是引资方，自己的姿态显得比较重要，所以不妨分组讨论，模拟景区招商方和投资方进行谈判初步练习。特别注意运用开局的一些关键要素和程序的连贯性。

先让练习小组同学谈谈感受，再由观摩的同学和教师进行点评。

【知识点】

一、商务谈判的基本原则

掌握并在谈判中遵循商务谈判的基本原则，有助于从思想深处把握好整个谈判开局的动向。在商务谈判中，双方均应遵循七个原则：

自愿原则——商务谈判的前提。谈判各方必须具有独立行为能力，能按照自己意愿谈判，保证平等、满意和合作。非自愿参加谈判会造成最终协议高质量地履约难上加难。

平等原则——商务谈判的基础。无论规模、实力、地位差距都要平等，保证互相信任、合理有度的竞争。不平等的谈判双方就算初衷可能很好，但是过程一定充满歧视。

互利互惠原则——商务谈判的目标。谈判各方各取所需，各有所得，互利互惠才能达成双赢或多赢的目标。

求同原则——商务谈判的关键。很少有商务谈判是完全达成一致的，既然不能完全认同对方，不妨在面对利益分歧时，服从大局，寻求共同利益，求同存异。

效益原则——商务谈判成功的保证。谈判中要重视双方效益和社会效益，不搞马拉松，也不危害社会利益。最佳效益是扩大总体利益——先做大蛋糕再分蛋糕。

合法原则——商务谈判的根本。包括主体合法（当事人具有合法资格）、谈判议题合法和谈判手段合法（公平、公正和公开，不搞不正当行为）。

对人和对事分开原则——商务谈判成功的常识。谈判本身问题与谈判者之间人际关系要区别对待和分开处理，不能意气用事。一般要求“对事不对人”，即便参与谈判的双方之前有过节或误会，但是现在不是代表个人意见和利益，而是代表不同的组织利益，所以应当摒弃之前的不愉快，就事论事。当然原本特别亲密的关系也不应无原则出卖企业利益。

二、商务谈判的程序

商务谈判共分为准备、谈判和履约三个阶段。

（一）准备阶段

1. 选择对象。从若干候选谈判对象中选取可行的、实用的对手。既不能嫌弃中小实力的对手，也不必盲目追逐所谓的大公司、大品牌和大资金。适合自己的才是最好的，能互相看“对眼”是最佳选择结果。

2. 背景调查。要对谈判对手进行背景调查，做好信息准备，知己知彼才能百战不殆。注意不能眼光只向外，对涉及的各方都应进行调查。

3. 组建班子。组建班子团队需要考虑三个因素：第一要求成员个体素质优化。至少每个成员在其所分配任务方面具有特长；第二要求成员结构和规模适当。人员太少不能有效互助，而太多观点难统一；第三要求团队能做到有效管理。谈判团队负责人负责组织、协调工作，使得人人有事做，事事有人做，不推不抢。

4. 制订计划。计划是所有行动的参考依据，所以在谈判之前必须有科学、合理的谈判计划，就谈判目标、方略（包括提纲、分工、职责等）和相关事项进行安排。

5. 模拟谈判。如果实力强、时间足，不妨多进行模拟谈判的推演。如果实力及时间有限，则至少要先进行纸上模拟推演。模拟谈判需要注意多备选、多假设、多总结、多反思、高仿真、高期望、高要求。

（二）谈判阶段

谈判阶段包括开局、磋商和协议三个部分。

1. 开局。开局是否顺利直接影响到后续谈判是否造成僵局及对僵局进行化解的效果，合理的“破冰”会带来意想不到的效果。该环节需要完成至少三个任务：

一是营造气氛。可以通过相互致意寒暄、交谈等来制造气氛，特别是曾经有过不愉快合作经历的谈判对手，更是需要注意交谈的措辞和语气。

二是协商通则。在交谈过程中毫不含糊地向对方明确提出谈判的协商通则 4P，即谈判的目的（Purpose）、计划（Plan）、预期进度（Pace）和谈判成员介绍（Personalities）。

三是开场陈述。在实际操作中，没有必要将开场陈述单独来进行，而是通过交谈来表明对谈判议题的原则性态度、看法和共同利益。

2. 磋商。磋商是整个谈判的重头戏，费时费力费心，大部分的讨价还价和斗智斗谋都在这部分体现。该环节也需要完成三个任务：

一是报价。在报价环节需要向对方传递价格和相应信息，表明立场。

二是交锋。交锋就是讨价还价，需要针锋相对，据理力争；反驳辩论、说服对方，沟通交流。

三是妥协。妥协主要是在遇到僵局的时候需要进行适当合理的让步，破解僵局，为防止破裂做出让步，以达成双赢结局。

3. 协议。协议阶段主要是就之前谈的所有问题以文字的形式加以确认，以便在后续可以有一个履约依据。协议的方式有按照制式合同加附加条款或者直接重新拟定全新条款等，协议一般有相对正式的格式要求，但是在条款内容上可以灵活掌握。

(三) 履约阶段

该阶段主要是在签订合法有效的谈判协议之后，各方按照约定完成各自任务。也包括为以后继续合作进行的前期准备、发生违约毁约等情况时进行的索赔和仲裁。一般在每次履约之后参与的相关部门都应该进行适当总结。

【实训模块3】 商务谈判类型及内容

练习

按照不同标准，商务谈判有不同的类型，并且不同类型的商务谈判具有自己的特点。分组讨论商务谈判有哪些类型，不同类型的商务谈判内容有何不同。

【知识点】

根据标准不同，商务谈判有不同分类。

一、按照参与方数量多少不同分类

按照参与方数量不同，可以分为双方谈判和多方谈判。如国家之间进行的谈判也叫双边或多边谈判，双方谈判责权利明确，相对简单，易于把握，而多方谈判则相对复杂，难度大。

二、按照谈判所在地不同分类

按照谈判所在地不同，分为主场谈判、客场谈判和第三地谈判。主场谈判，也叫主座谈判，占地利，在自信心、应变能力和应变手段上占优势；客场谈判，也叫客座谈判，应该扬长避短；第三地谈判，可以有效让谈判双方避开主客场对谈判的影响，

但成本可能会增高。

由于主场和客场谈判各有利弊，所以究竟选择在何地进行谈判，不妨结合自己的谈判优劣势并且在尽量尊重对手的情况下进行权衡。

三、按照谈判内容不同分类

按照谈判内容不同，可以分为货物买卖谈判、投资融资谈判、技术贸易谈判、合约纠纷谈判、工程承包谈判、租赁业务谈判六大类。

货物买卖谈判主要谈货物本身的相关内容，主要包括货币贸易和易货贸易谈判。目前货物买卖谈判应该是企业中数量最大，使用频率最高的商务谈判类型。

投资融资谈判主要涉及投资和融资比例及利益分配标准。随着经济快速发展，企业经营多元化，利用金融机构和其他企业组织的优质资本来发展自己企业的形式越来越被大家所接受。投资融资谈判成了发展较快的谈判类型之一。

技术贸易谈判主要涉及技术转让方和接受方就转让相关内容的谈判。技术贸易中涉及的设备也经常被作为单纯的货物买卖谈判来进行操作，更多的是将货物买卖附加以技术条件，以增加盈利增值空间。

合约纠纷谈判主要涉及损害和违约赔偿界定与标准。由于各种原因所致的违约有些是故意，有些则不可控制，无论何种情况，受损的一方总会想法减少损失。一般的谈判都会签订相应协议，而协议中“未雨绸缪”将违约条款细化无疑是对双方利益都负责的行为。

工程承包谈判主要涉及承包人与发包方相关内容。经济发展必然会带来基础设施和工业设施以及各类组织的不动产建设，工程承包谈判也日益增加。在谈判中需要注意转包和分包风险；注意垫资风险等。

租赁业务谈判涉及出租人和承租人的契约相关内容。该谈判也是最普及、最常见的谈判之一，无论是个人还是组织都会在一生中或多或少地遇到。学习租赁业务谈判的相关知识，对所有人未来的生活都会有积极影响。

四、按照谈判的态度与方法不同分类

按照谈判的态度和方法不同，可以分为软式谈判、硬式谈判和原则式谈判。

软式谈判又称关系型谈判，主要是需要信任对方，提出建议，做出让步，达成协议，最后强调维系关系。

硬式谈判又称立场型谈判，谈判各方一般互不信任，立场相对，互相指责，谈判旷日持久，此时需要强调在谈判中公正公平。

原则式谈判又称价值型谈判或哈佛谈判术，强调谈判中对人温和、对事强硬，人事分开，开诚布公不施诡计，追求利益而不失风度，求同存异，争取共同满意的结果。

五、按照交易地位不同分类

按照交易地位不同，可以分为买方地位谈判、卖方地位谈判、代理地位谈判和合作者地位谈判。

买方地位谈判一般情报性强，需要收集大量情报，诸如技术水平与市场价格等；需要经常压价，即使老顾客也会以“新形势、新时代、新用途”等理由压价；审时度势压人，度量是买方市场还是卖方市场从而判断自己的地位，给对手施加压力。

卖方地位谈判一般要虚实结合，态度诚恳与强硬并举，介绍虚虚实实，若明若暗；紧疏结合，既要表现出急于求成，又要暂时偃旗息鼓以求再谈，增强地位；主动性强，时刻不忘身系公司资金回收大事，要有主动性。

代理地位谈判一般姿态超脱，考虑仅是代理身份，不是自己财产，会貌似公允，迷惑和说服对手，以第三者地位来评论两方条件；谈判权限观念强，注意自己的授权范围；态度积极，受人之托，忠人之事，通过积极给对手以信心和信任以及实力。

合作者地位的谈判者共同语言多，对抗小；谈判面广而深；同坐一条船，谈判直接性强；影响面大，可能影响高中基层。

【实训模块4】 商务谈判实力分析

练习

根据知识点所提供的影响谈判实力的8个要素，结合背景材料和网络资源信息，试着分组分析自己和对方的谈判实力。

实力影响要素	己方	对方	结论
N			
O			
T			
R			
I			
C			
K			
S			

【知识点】

商务谈判中谈判各方的实力是能力、经济力量、产品质量、社会影响以及权力的综合反映。归纳起来，谈判实力主要来源于8个方面：“NO-TRICKS”，寓意着“公平合理，货真价实，童叟无欺”。

N代表需求（Need）。在谈判中对对方提出的需求或要求越多，对方的谈判能力就越强，更容易受制于人。

O代表选择（Option）。对谈判对手、己方需要的资源选择余地越大，机会越多，就越有谈判资本。

T 代表时间（Time）。在谈判中承受时间压力大的谈判者，其谈判能力会变弱，此刻比的是忍耐，越有耐心越有实力。

R 代表关系（Relationship）。一般而言，谈判中和相关行业、相关权威、相关合作伙伴的关系广泛、基础好、口碑好的谈判方谈判实力就显强。

I 代表投资（Investment）。为最终成交付出得越多的谈判方越不希望谈判破裂，承诺越多的谈判方越想从合作中得到投入所产生的回报，因此谈判能力相对变弱。

C 代表可信性（Credibility）。卖方的产品质量、信誉度、美誉度、可信度高会明显增强谈判实力。同时，买方付款的及时性、可信度高、讲信用，也会增强谈判实力。

K 代表知识（Knowledge）。谈判者拥有相应的知识和经验越多，就具有相对强的谈判实力。

S 代表技能（Skill）。谈判者拥有谈判技巧和技能的熟练程度直接影响最终谈判能力的发挥。

【实训模块 5】 确定谈判目标

练习

谈判没有目标就没有方向，没有动力，也无法最后确定谈判的成败，制订合理、科学的目标有助于各个方面的工作展开。

学生根据背景素材进行分析，结合己方的总体目标设计出自己的各种分目标，并预测对方将可能制订的目标。由小组长讲出设置目标的理由，再由教师对不同目标设置进行点评。

学生发言

目标	己方	对方（预测）
最优期望目标		
最低目标		
实际需要目标		

【知识点】

在谈判中，目标就是方向，目标就是动力，确定目标需要遵循可操作性、适应性和合法性的原则。常见的目标制订有以下分类：

合作性目标：双方都获利的“双赢谈判”。

竞争性目标：一方获利意味着另一方利益减少。

挑衅性目标：重点不在结果，而在于试图让对手被削弱或遭受损失。

自我中心目标：只出于获取自己利益而漠视对方利益。

保护性目标：避免某种结果的出现而进行谈判。

综合性目标：上述各种目标部分或全部共存。

无论是何种目标，最终也离不开三种目标。即：

最优期望目标：这是对自己最有利的理想目标，旨在实际需求满足之余还有一个增加值。

实际需求目标：根据主客观因素综合考核后的计划目标。

最低目标：保存最后利益的谈判底线。

【实训模块6】 寻求谈判对手需求

练习

在谈判中找到对方的真正需求，就能更科学确定己方谈判目标和使用正确策略，但是对方的有些需求不一定会让你轻易获取，特别是担心自己的底线被探测。因此在谈判的蛛丝马迹中寻求隐藏的需求就变得十分必要。

每组学生根据背景素材设计一段表明观点的谈判语言，然后对方根据谈判的语言表述进行需求分析测试，试试看能否听出弦外之音。

教师对语言设计的质量和对方的倾听能力进行评判。

【知识点】

1. 谈判者的需要与谈判行为的关系。需要和对需要的满足是谈判进行的基础。一旦无欲无求，就失去了谈判的意义。

2. 谈判需要的发现（如何发现谈判对手的需要）。发现并满足对方的需要是谈判者取得成功的基础。发现对方需要的方式有：

（1）提问。直接了解对方在想什么。

（2）陈述。通过己方的陈述，看对方的反应。

（3）倾听。从4个层次上去听对方语言的含义：

第一是直接含义：即表达的表面意思。

第二是延伸含义：由此及彼的意思。

第三是隐蔽含义：言外之意，此时需要倾听者进行分析。

第四是真正含义：要综合对方前后语言表达，然后结合各种环境和情景分析，才能知道对方的真正含义。

3. 需要与谈判策略。当弄明白了对方的真正需要后，应该有所应对，一般将需要理论用在实践中有六种策略类型。

（1）谈判者顺从对方的需要，站在对方立场着想。

（2）谈判者使对方服从对方自身的需要。

（3）谈判者同时服从对方和自己的需要，从双方共同利益出发。

（4）谈判者违背自己的需要，为长远利益不惜牺牲自己的需要或短期利益。

（5）谈判者不顾对方的需要，只顾自己利益的你死我活的策略。

（6）谈判者不顾对方和自己的需要，为某种特定目标，双方“自杀”的谈判策略。

【实训模块7】 分析对手心理 感受谈判思维

练习

从某种意义上讲，谈判的整个过程就是双方心理较量的过程，也是不同思维碰撞过程。分析对方的谈判心理有助于采用正确的思维方式。

让不同小组的学生根据背景素材模拟出不同阶段的谈判场景，一方用不同的语言节奏，不同态度来表达不同的心理变化，另一方根据对方的变化而采用不同的应对态度和谈判语言，一起来感受这种思维变化。最后全班一起来讨论谈判心理的重要性。

【知识点】

一、谈判者常见心理类型

虚荣心理。只追求表面光彩而不顾实际收益，只要满足自己心理需求就会主动放弃自己利益。

喜悦心理。预期较好时表现出的满意状态。

愤怒心理。谈判中表现出对某事或某人强烈的不满。

惊异心理。遇到意想不到的事情感到诧异。

忧虑心理。对谈判前途缺乏信心而始终处于紧张状态。

悲伤心理。面对谈判中不利情况，或别人误解或自己失误而产生痛苦与伤心。

冲动心理。谈判中荣誉感、形象、自尊心受损害时缺乏理性控制。

烦躁心理。遇到不顺心而急于求成，或迫不及待，或心烦意乱。

恐惧心理。对谈判过程或结果产生畏惧、害怕吃亏或承担责任，表现出信心不足，责任感不强。

恻隐心理。同情对方，在讨价还价时容易做出让步，宁亏自己不亏别人，“雷锋式”管理。

怀疑心理。对对方的态度、数据、承诺等不信任。

麻痹心理。谈判中疏忽大意而失去警惕性。

二、谈判者的心理禁忌

戒急。急于表明自己的最低要求；急于显示自己的实力；急于表明自己的口才和酒量等；暴露自己的“薄、弱、露、洞”而陷入被动。

戒轻。轻信对方态度；轻易让步；轻易放弃谈判；轻易暴露自己产品价值等。弊端是“授人以柄；示人以弱；假人以痴；小战即败”。

戒狭。心理狭隘，容易把个人感情带入交易中，或容易被激怒；“成事不足，败事有余”；有时候太在意对方的礼仪、言语和态度。

戒俗。小市民作风，当对方有求于自己时候就态度傲慢，拿出甲方的派头，要脾气和威风；反之有求于别人的时候鞍前马后，卑躬屈膝，肉麻媚态。这种情况多数最终既要失去利益又要失去尊严。

戒弱。“未被打死先被吓死”，过高估计对手实力，不敢与对方的专家、老手正面交锋和据理力争，始终以低姿态出现，忠厚可欺。

戒贪。贪吃、贪酒、贪色、贪玩、贪功、贪权、贪虚荣。贪者往往功败垂成，身败名裂。

三、谈判者容易进入的误区

误区一：盲目谈判。不知道自己和对手的情况，没有准备好而盲目仓促谈判。

误区二：自我低估。没有在战术上重视敌人，在战略上藐视敌人。

误区三：不能突破。被对手的数据、先例和原则规定等唬住，跳不出来。要知道谈判中也有突破原则和数字的时候。

误区四：感情用事。感情用事是最不理性的心理选择，容易被情感迷惑和左右，从而不能正确进行基本的判断，造成不必要的损失。

误区五：只顾自己。双赢是最好结局，只顾自己会失去得更多。

误区六：假设自缚。突破自己的假设，不犯主观臆断的错误，只要是猜测就可以验证。

误区七：掉以轻心。获胜以后掉以轻心可能麻痹大意。

误区八：失去耐心。能耐能耐，能够忍耐才是能耐。

四、谈判中的辩证思维

在谈判过程中需要理清一些谈判因素的正确关系，才能驾驭谈判中的复杂情况。

1. 要求与妥协。谈判既是要求也是妥协，自己有要求就需要对方妥协。所以在准备工作的时候就需要准备充分的“要求和妥协条件”，不能只考虑一个部分。

2. 谈判与一口价。只要谈判就相当于否定了一口价。即使是拿出严格标准的价格表也没有用，这只能是谈判的工具，打着价格的幌子，谁直接承认就等于认输。

3. 丑话和漂亮话。丑话说在前面是熟人谈判的必要程序，不能认面子说漂亮话就忘记了提前把丑话说了，否则以后才是真正的伤害感情和不够面子。

4. 舌头和耳朵。美国人称美元、信息和舌头是现代社会的三大“原子弹”。多数人也认为谈判就是口舌之争，其实耳朵也很重要。倾听是谈判的第一课。日本商人就不止一次用只听不说，让人难以忍耐的沉默战胜美国商人。

5. 啰唆与重复。两者很容易混淆，啰唆决不可取，但是强调则需要重复，谈判很多时候就是重复的艺术。重复有四种技巧：①相同语汇重复，强调或咨询；②同一概念用不同的词语和句子表达，让对手充分理解；③相同内容反复具体地举出新例来解释，让对方吃透自己的意图；④善于从不同的角度、不同层面概括本方的中心议题

（能动的、聪明的和智能的重复）。

6. 让步中的互相与对等。互相让步不是对等让步，谈判中不利的一方更需要的是对等而不仅仅是互相让步。

7. 说理与挖理。有理就说理，没理尽量挖理，但不是歪曲，是搜寻、联想、分解、组合、编制、改造、置换、推想等。

8. 谎言与诚实。开场后、辩论和讨价还价中是撒谎与诚实交替出现的黄金时期。从伦理角度看要诚实，但实际上双方都在大原则不撒谎的基础上互相试探，从虚言走向实言。

【实训模块8】 信息收集整理

练习

根据本讲提供的背景素材，按照下表要求，分别对投资项目的各个分类项目进行相关信息收集与调查。完成后体会信息调查中“五知”的重要性，由教师讲解和分享。

学生调查结论：

组别	信息调查项目	对方信息	己方应对思路
	政治政策环境		
	经济环境		
	社会文化环境		
	自然环境		
	信息“五知”		

【知识点】

谈判中需要不断针对对方可能的策略进行调整，所有的决策必须建立在适量、合理的信息分析基础上。从某种意义上说，谈判看似重结果，实则重过程，当没有足够信息支撑自己的判断时，在谈判过程中就成了“聋子”和“瞎子”，只能凭感觉被别人牵着鼻子走。正所谓商场如战场，而现在的战场已然成了信息战的天下。

一、信息收集遵循“五知”

在商务谈判中对信息的收集一般应当遵循“五知”——知己、知彼、知货、知人和知势。

知己：明确己方的资产、需求、实力、谈判团队的成员构成等。

知彼：了解对方的实力、资金、需求和谈判团队成员构成、特点等。

知货：了解谈判标的物的性质、成分、材料、功效、优劣势；技术谈判中的软硬件等。

知人：对影响谈判的所有“局外人”进行深入了解，所谓“人在江湖，身不由己”，有时候决定谈判成败的人并不在谈判桌上。

知势：正确的趋势判断将会使谈判事半功倍，防患于未然。无论是政治、经济、行业、产业等形势的变化都会左右谈判的成败，不能掉以轻心。正确的形势判断可以促进谈判中价格底线的确认，签约时机的把握等更加准确。

二、谈判背景调查

（一）谈判环境调查

由于体制、意识形态、地域等不同，在跨国谈判中更需要注意进行环境调查，一般而言环境调查可以从以下几个方面来进行：

政治状况。需要考虑项目所在国家或政府对企业的管理和控制程度；谈判项目被关注程度及重要性；政府政策稳定性；两国的政治关系如何；等等。

宗教信仰。需要用心看看谈判对方有什么宗教方面的禁忌，千万不能犯忌讳，不然会功亏一篑。

法律制度。了解各方的法律异同，有助于在签约和谈判履约罚则时更加合理，增加选择的科学性。

社会习俗。通过了解对方的风俗习惯，风格各异的礼仪和礼节等，在接待中加以重视和区分，可以让谈判对手感受到家的温暖，在谈判过程中将更加趋于和谐。

市场行情调查。行情的调查方法可以用直接调查或购买情报法等。行情调查可以帮助谈判者对趋势做出正确判断。

（二）谈判对手调查

对谈判对手一般要进行身份调查和资信调查，避免上当受骗。身份调查主要集中在看对方是否属于享有盛誉的公司、有一定知名度的公司、知名公司下属子公司、知名公司分公司、没有任何知名度的公司、专职中间商、利用本人身份搞兼职业务的客商、骗子客商中的某一类，以便进行甄别，规避风险。

对手的资信调查则主要看对方是否具备主体的合法资格，即法人资格，包括其事务主体、合法财产、权利和行为能力等；资本信用包括资本、信用和履约能力等；谈判人员的权限和时限。

（三）对谈判者自身了解

对自身的了解主要是通过了解自身的优点，想办法确立信心，以及确认自我需要，包括看己方有哪些需要，需要的满足程度，需要满足的可替代性和满足对方的能力鉴定等。

【实训模块9】 谈判团队组建

练习 1

谈判是靠人来完成的，自古有“财富来回滚，全凭舌上功”之说。谈判的成败，很大程度上靠谈判主谈的一张利嘴，但是主谈又有“巧妇难为无米之炊”的窘境，此时就需要“一个篱笆三个桩，一个好汉三个帮”“三个臭皮匠，胜过诸葛亮”似的帮衬。谈判团队成员的个人素质和知识能力等结构合理便可以起到相互帮衬、相得益彰的奇效。

可延续前面的分组或重新组建新的团队，分别代表投资企业与对方进行谈判，参照下表内容要求，说明组建团队的理由。

模拟公司名称		小组序号		班级	
成员素质	负责人	主谈	副谈	其他主要成员	备注
才					
学					
识					

练习 2

谈判能力测定，下面提供一组常见的影响谈判能力的九个方面测试题，没有分值，仅供参考。每位同学可以对号入座，然后谈谈自己的体会，判断自己现有谈判能力及潜在谈判能力。

测试项目	项目内容	自我评价	综合评价
组织能力测试	是否善于领导谈判小组？ 是否善于动用手中权力？ 是否善于使用专家？ 是否善于处理难题？		
分析能力测试	是否善于认真仔细思考？ 是否善于抓住问题本质？ 是否常常轻信对方的讲话？ 是否善于倾听对方的谈话？ 是否能多听多方面意见？ 是否善于判断商情？ 是否善于做价格比较？ 是否善于了解对方的权限？		

续表

测试项目	项目内容	自我评价	综合评价
表达能力测试	能否准确表达意思？ 能否简练表达意思？ 是否善于试探性发言？ 谈话是否幽默？		
控制能力测试	是否容忍对方含糊其辞？ 能否听取反对意见？ 是否容易感情冲动？ 是否容易流露真情？ 是否过分固执？ 能否控制让步的速度？ 是否善于缓和僵局？		
气质测试	是否信心十足？ 能否排除干扰？ 是否勇于竞争？ 是否尊重自我？ 是否受人尊重？ 是否讨人喜欢？ 对人是否有吸引力？ 是否不畏强者？ 是否有忍耐力？ 否具有权威？		
敏感测试	对别人的动机是否敏感？ 对别人的暗示是否敏感？ 对别人的行为是否敏感？		
进取测试	喜欢什么样的目标（难易程度）？ 是否坚持目标？ 是否满足？ 是否守旧？ 是否有创见？		
道德测试	是否正直？ 是否容忍欺诈？ 是否会使用不正当手段？		
情绪测试	精神状况如何？ 希望什么结局（利人利己）？ 是否同情对手（有无原则）？ 是否愿意和对手做正当的私人交往？ 能否拉下情面？ 在可能的限度内要价能否狠心？ 是否有安全感？		

【知识点】

一、谈判人员遴选

对谈判团队成员的遴选主要依据谈判人员的素质结构，特别是个体的谈判基本素质。一般而言，一个谈判人员的基本素质可以从三个方面来界定，包括外围层的“才”、中间层的“学”和核心层的“识”。古人云：“学如弓弩，才如箭镞，识以领之，方能中鹄”就是这三者的关系的最佳注解。

具体而言：

“才”是指谈判人员所具备的适应谈判的各种外显的能力。包括社交能力、表达能力、组织能力、应变能力、创新能力等。

“学”是指谈判人员所具备的知识结构，包括商务知识、技术知识、人文知识以及谈判经验。

“识”主要是指谈判人员内在的三个方面素质：

气质性格。要求谈判者在谈判过程中大方而不轻佻、豪爽而不急躁、坚强而不固执、果断而不粗率、自重而不自傲、谦虚而不虚伪、活泼而不轻浮、严肃而不呆板、谨慎而不拘谨、老练而不世故、幽默而不庸俗、热情而不多情。

心理素质。要求谈判者在谈判过程中一直保持良好的自信心、恰当的自制力、对对手一如既往地尊重和发自内心的坦诚。

思想意识。要求谈判者具备一定的政治意识、信誉意识、合作意识、团队意识和效率意识。

二、谈判组织的构成

（一）构成原则

谈判组织人员构成直接影响谈判能力整体发挥，通常要遵循三大原则：

知识互补原则。要求成员具有各自专长的知识，相互补充形成整体优势，特别是理论知识和经验互补。

性格协调原则。性格上能优势互补，协调合作。

分工明确原则。明确分工，各司其职，特别要注意主谈和辅谈分工配合、台上与台下分工配合。

（二）组织构成

组织构成需要适当控制规模，并非越多越好，一来人多嘴杂，二来思想难统一。部分人员任务可以合并兼任。整个组织从智能角度看，一般包括：

谈判队伍领导人：有领导权和决策权，一般可以兼任主谈人。

商务人员：熟悉相关情况的专家，负责合同条款、价格、外联等。

技术人员：熟悉相关规程的工程师，负责技术、质量等的把关和顾问。

财务人员：熟悉财务会计和金融知识，负责核算、支付条件、支付方式等把关。

法律人员：精通相关法律条款，为合同的合法性、完整性和严谨性把关。

翻译：精通专业外语、熟悉业务的专职或兼职人员。

后备人员：大型或重要谈判常准备后备人员，人选可以是管理人员或技术人员，视具体情况而言。需要后备人员做好心理上的准备，注意平时协调和沟通，明确责任和权利范围。

三、谈判者的素质

（一）谈判者基本素质

作为一个优秀的谈判者，首先要有强烈的事业心、责任感和对组织的忠心；其次要具备清晰的思路和敏锐的辨识能力、刚毅的手腕和巧妙的谋略运用能力；最后还要有良好的心理素质，包括开朗的性格、充分的自信心、坚韧的耐心、强烈的好奇心、果断、冒险、稳重、较强的心理平衡能力和角色扮演能力等。此外还须符合谈判家的一般特征，包括心智机灵且有无限的耐心、能谦恭节制又刚毅果敢、能施展魅力又不至于被他人诱惑、能拥有巨富而不为外物所动、对于利益获取和让步都遵循自己的价值准则。

（二）谈判能力

1. 谈判者的一般能力

谈判者的能力包括恰当运用和不露声色地观察对手行为语言的能力；对谈判活动相关的重要数据、惯例、人物、对方姓名、爱好等有较好的记忆力；较强地倾听对方意见和表达自己意图的能力；善于从对方角度设身处地看待和思考问题的能力；巧妙制造或应对僵局的能力；既坚持原则，又眼光长远，吃小亏赚大便宜的应变能力；拥有相关行业专业知识、法律知识、心理学知识、人文知识等专业知识和基本技能。

2. 影响谈判能力的主要因素

影响谈判是否顺利的因素较多，主要有谈判者拥有权力和权力运用的技巧；参与双方实力对比及在谈判过程中的变化；谈判者的人际吸引力；谈判的环境条件；谈判信息的收集、分析和运用技巧；谈判班子的协调、配合状况及人际关系；谈判各方拥有的物质和设施条件；偶然性因素影响及谈判者把握机会的能力。

3. 谈判人员的自我提高和培养

成为优秀的谈判人员，不是一朝一夕可以练成的，需要积累和锻炼。从自我提高角度看，至少可以从四个方面着手。

博览群书。遵循“广泛涉及、急用先学、边学边用、逐步扩展”的原则。

勤思苦学。“学而不思则罔!”在博览群书吸收知识过程中，多思考，将知识转化为自己的内涵。

在实践中学习。实践是检验真理的唯一标准，纸上谈兵始终是浅薄的“马谡带兵，必败无疑”。

善于总结。每次谈判后一定要总结，自我总结是提升，总结别人是站在别人的肩膀上，更是另一种提升。

【实训模块 10】 制订谈判计划

练习

计划是行动的依据，没有计划，谈判就会变得随心所欲，所以谈判计划不能随意拼凑，不能马马虎虎。根据前述谈判目标以及谈判双方信息收集、实力分析、团队组建等情况，各小组制订一份具体的谈判计划。

教师的点评主要从计划的规范性、严谨性、可行性、创新性、前瞻性等方面进行。

【知识点】

一、商务谈判策划方案工作流程

（一）确定主题和谈判目标

根据公司实际需要，确定谈判主题。当主题比较多时，可以将其分成不同层次、不同类型和不同阶段，但是尽量避免同一个时段有多个主题。谈判目标则根据需要选择最低、最高以及可以接受的目标。

（二）收集谈判情报信息

收集谈判双方的情报信息，比如双方的目标、主要利益、底价；相关市场数据；对方对谈判的重视程度；对方提供产品服务等的可靠性；合同期限和合同续签的优先权等。

【小案例】

1987 年 6 月，济南市第一机床厂厂长在美国洛杉矶同美国卡尔曼公司进行推销机床的谈判，双方在价格问题上陷入了僵持状态。这时我方获得情报：卡尔曼公司原与台商签订的合同不能实现。因为美国对日本、韩国等国家和中国台湾地区提高了关税，使得台商迟迟不肯发货。而卡尔曼公司又与自己的客户签订了供货合同，对方要货甚急，卡尔曼公司陷入了被动的境地。我方根据这个情报，在接下来的谈判中沉着应对，卡尔曼公司终于沉不住气，在订货合同上购买了 150 台中国机床。

本案例说明，信息情报收集可以让谈判者在谈判中占据心理优势，最终主导谈判结果。

（三）确定争议点

既然要进行谈判，双方存在目标、观点和利益不一致是必然的，但是由于各自条件不同、实力不同以及诉求不同而发生冲突或即将发生冲突的矛盾焦点也会不同。有必要对这些矛盾进行分类，诸如经济类和非经济类、主要和次要、紧急与缓慢等，通过甄别并确定争议点，这样可以减少在不必要的问题上纠缠而浪费时间。

(四) 谈判双方优劣势分析

首先要分析双方的依赖关系。双方一旦愿意坐在谈判桌上，就意味着各有所求，有需求就会有依赖，不同的依赖关系直接影响着谈判中的实力体现。常见的依赖关系有单方倚赖、双方均衡倚赖、双方不均衡倚赖、互相独立而不倚赖四种关系。除了互相独立而不依赖这种关系属于一次性买卖外，其他都需要考虑以后的关系持续问题，要有长远的眼光。

其次要分析双方在谈判中的优劣势地位。可以用决策常使用的SWOT分析工具来进行分析，从外部环境来分析双方的机会和威胁（OT），然后在相同环境之下再分析各自内部的优劣势（SW）。

(五) 估计对方底价和初始立场

通过收集的信息和经验来预测对方的初始谈判开价是高于、平于还是低于自己的高期望价，从而采取不同的应对措施。

(六) 确定谈判战略战术

谈判战略属于方向性和总体性策略，而战术则属于操作性策略。在确定战略性策略基础上需要将开局、报价、磋商、成交、让步、破僵局、进攻防守、谈判时机、技巧、语言等策略具体化、战术化。

(七) 形成谈判系统方案

整个谈判是一个系统工程，在谈判中需要确定具体的子系统。

谈判议程。具体的时间安排，特别是各个阶段时间分配等。

确定议题。在议题中需要分清主次，讨论顺序，把重点放中间，次要放首尾。同时为了策略的使用需要，也可以使用一些干扰性议题，故意混淆视听，扰乱对方心智。

通则议程。确定一份让参与各方共同遵守的议程，如中心议题安排、问题顺序、人员地点安排等。

细则议程。细则议程需要将己方的策略进行具体安排，如谈判中的口径统一，对策应对，意外应对，组员更换，发言和提问顺序、主次，谁提问、谁回答，何时提和答，谁反驳，何时反驳等。这个议程只能己方知晓，不能告诉对方。

谈判人员的分工职责。包括谈判前中后各个时期，台前幕后各个岗位都要各司其职，分工配合。

谈判地点。作为主动邀请方，在选择谈判场地的时候需要周全考虑选择主场、客场还是第三地。毕竟不同选择各有利弊，主场会占据天时地利人和，但是会受到公司日常事务的干扰并对领导产生依赖；客场能发挥谈判主动性，产生“将在外君命有所不受”奇效，但会受到远离支援减少的困扰；第三地尽管会避开主客场弊病，但是会有费用高，不确定性增加等不利因素。

物质准备。如果客场谈判，需要准备好相关材料、设备、交通工具、通信工具以及其他应急准备；如果是主场则需要考虑对方的差旅接待、交际、谈判地点布置，办公设备等。

备用计划。根据情况制订相应备用计划方案。

（八）谈判方案撰写

谈判方案撰写可以采用详细方案和简洁方案结合的方法。详细方案包揽所有人的任务，而简洁方案则让各个分工的成员有自己的具体任务和配合任务。

（九）方案实施控制和调整

俗话说“计划不如变化快”，要根据谈判情况调整谈判方案，但尽量避免方案的前后出入太大，让团队成员无所适从，影响最终谈判结果。

二、谈判策划书的撰写格式

（一）封面

不同公司在具体操作时可能会有自己的固定格式或一些行业性约定俗成的格式，在封面中至少应该包括策划书名称、制作部门、主要策划人、完成策划书制作的时间等要素。

（二）目录

目录作为整个谈判策划书中重要内容的检索依据，要求页码准确、编制整齐、序号内容结构规范。

（三）前言

前言部分用比较简洁的语言写明谈判背景、谈判重要性、谈判主要负责人、主谈和主要参与人、谈判时限和预计效果等。前言具有导论和引言的作用，内容不能太多，否则显得头重脚轻；也不能不写，否则会让后续的撰写显得太突兀。

（四）策划案摘要

所谓摘要就是后续主要内容的一个缩影，一个策划的梗概，包含谈判策划的精华思维汇总、策划亮点和特色。一个好的摘要可以让人看到摘要内容即可知晓整个谈判策划的大体思维方向，判断出策划人的水准。

（五）动机

策划书的动机部分可以并入前言，这取决于策划书的丰满程度和结构，通过动机部分可以看出选择目前谈判对手、谈判策略、谈判团队结构等的缘由。

（六）谈判目标及必要性

谈判目标及必要性用一个段落即可描述，简要介绍谈判中预期的高、中、低三个目标。谈判目标实现程度可以作为谈判成败的重要评判标准。

（七）方案说明以及谈判双方情景分析

对方案的说明主要是介绍方案的框架思维。谈判双方情景分析是一个重点，只有严谨详尽的情景分析才能让整个谈判策略得到合理支撑。情景分析是信息收集和相关工具科学运用的结果，也是一个谈判团队撰写策划文字的能力以及相关理论掌握程度的体现。

（八）谈判需要资源

对谈判中所需要的资源尽可能详尽罗列，不能有所疏漏。包括谈判中需要的所有人、财、物、信息材料等，特别是在客场谈判的时候，在谈判过程中一张纸片也会让你陷入被动。有备无患，宁多勿缺！

在谈判所需要资源中，费用预算不得不提，必须要考虑谈判出现的各种情况，时间长中短期都需要有预案。“钱到用时方恨少”“有备无患”。

（九）谈判风险分析

所有策划都是有风险的，一般风险包括素质风险和技术风险这两类人员风险，以及政治风险、市场风险和自然风险三类非人员风险。人员风险可以通过训练来减少，而非人员风险则只能通过环境技术分析等来进行有效规避。

（十）谈判战略和战术说明

在谈判中采用的谈判战略和战术以及具体的策略都不必卖弄过于专业的知识，不追求高深，应该让所有参与者都能一目了然、通俗易懂。遇到专有的，不常见的创新策略，需要做必要的说明。

（十一）谈判议程和相关要件说明

对谈判双方都需要了解的谈判的议程无论是通则还是细则都需要做一个说明，以防遗漏造成误会。对在策划书正文中不方便插入的一些图表、数据、注解等都可以用附录的形式补充于文后。

（十二）结束语

结束语可以是对策划的小结，对未尽事宜的说明或解读，也可以是对谈判结果的期望。结束语不需要啰唆，越简洁越好，有必要时即便取消也可。

【问题思考】

1. 商务谈判与非商务谈判有什么异同？
2. 商务谈判计划方案与普通营销策划方案有何异同？
3. 如何根据谈判对手来组建谈判团队？
4. 如何判断商务谈判成与败？
5. 在谈判准备过程中如何界定谈判双方的实力？

实训项目三　商务谈判过程实训

【实训目的与要求】

1. 通过学习和训练初步掌握商务谈判开局阶段的开场陈述技巧。
2. 掌握初步报价技巧。
3. 会按照磋商准则要求进行讨价还价。
4. 基本能揣摩谈判对手心理，掌握让步技巧。
5. 了解谈判对手风格，并能在以后的谈判中运用。
6. 初步掌握制造僵局和突破僵局的技巧。
7. 能把握好谈判的时间和节奏，学会对未来谈判结果的分析。

【实训学时】

本项目建议实训时长：4 学时。

【实训内容】

根据训练项目要求，做好开场陈述、初步报价和讨价还价，经过分析对手心理，适时制造僵局和突破僵局，必要时科学让步，把握谈判节奏，分析可以预见的谈判结果。

【实训模块 1】 谈判开局与入题技巧

练习 1

在全班随机选择 5 人做自我介绍，假定介绍人是和谈判对手初次见面，希望通过介绍能让对方更多了解自己，在谈判中有一个好的开端。在介绍结束后，先由同学进行点评，再由教师指出需要注意的事项。

思考：

以下自我介绍的方法对否？说明理由！

1. 我是×××，请多指教。

2. 我是×××集团总裁，毕业于×××大学，×××教授是我导师，×××部长是我同学，曾经在×××（某国际集团）公司当总经理。

3. 我是×××集团总裁×××，请多指教。

练习 2

假设己方公司和 A 公司曾经有不愉快的合作经历。起因是 1999 年，己方曾经向对方出售过 1000 吨化工原料，总合同价值 150 万，对方首付定金 10 万，由于四川天气原因，暴雨连连，交通运输受阻。己方不能按期交货，在提前获知天气状况不佳的消息后，己方曾经主动打电话和对方沟通，商量延期交货。对方回复这是天灾，可以考虑。在天气好转，交通顺畅后，己方及时发货，比原定交货期限延期 3 天。A 公司以我方没有按时交货，导致生产进程延迟，给他们造成了一定损失。不能按期完成订单，不能向客户及时交货，该损失也需要一起合并计算。经过几轮谈判，最后拒付 15 万货款。

2013 年 8 月，由于公司产品出路不畅通，A 公司也急需要原材料，尽管有过不愉快的合作经历，但是双方都有意向再进行合作。这次谈判的任务交给了你，谈判的见面时间和地点均已经确定。对方也是比较熟悉的采购部张经理，请你根据前面资料，设计一段合情合理的开场陈述。

【知识点】

一、开局阶段三个基本任务

第一，初次见面说明具体问题（4P）。

成员介绍（Personalities）。向对方介绍自己的谈判成员。注意介绍顺序，方便对方在以后的谈判中进行畅通的交流，介绍的时候需要说清楚姓名、职位、谈判中的任务等。

目的介绍（Perpose）。简明扼要告诉对方己方的谈判目的。注意目的和目标不能混为一谈，目的相对模糊或宏观，而目标则是明确、具体的。

计划介绍（Plan）。这里的计划介绍也是粗线条的介绍，如果时间比较长，也可以将相关计划列一个计划单，交予双方共同了解。

进度介绍（Pace）。计划中的进展，包括希望达成什么协议，得到何种结果。

第二，开场陈述。

主要是陈述观点和愿望。表明己方对谈判问题的理解，重要性看法，希望取得的利益和谈判立场，希望对方能明白自己的意思。

对于对方的陈述，己方一要注意倾听，听时一是要把精力花在寻找对策上；二是要搞懂对方的陈述内容，不清楚的地方及时问明白；三是要善于归纳，充分思考对方陈述中的关键问题。

第三，初步报价。

报价要准确清楚，即使不是具体价位，也要说清楚范围。在开局阶段的最初报价，可以看成是初步试水，当然对规模比较小、标的价值不高的谈判，初步报价就表明了一贯立场。

二、营造开局气氛

营造开局气氛主要从四个方面进行：

礼貌、尊重。开局有高层参加，服饰和仪表要整洁大方，不能表现出武断、蔑视、指责等。对于双方都比较重视的开局，比如一些重要会议的开幕式，关键人物要出场，起码得从礼仪上多下功夫。

自然、轻松。双方不能对立，需要从心理上先“破冰”，开始不妨先谈轻松的话题，甚至是题外话，缓和气氛。

友好、合作。需要明白的是与谈判的对手实质上是伙伴关系，既然能坐在谈判桌上，就说明双方相互之间存在需求，都希望谈判结果对自身有利。因此不妨多一点热情握手、热烈掌声、信任目光、自然微笑等。

积极进取的气氛。在轻松中追求效率，追求成功。要让对方看出己方的努力，才能表达其参与谈判的诚意。

三、开局策略

在谈判中可选的开局策略有：

协商式开局。用陈述语气协商、肯定、表示赞同或认可，但不刻意奉承，气氛友好愉快，外交礼仪使用比较多，适用于初次接触，实力相近的谈判双方。

坦诚式开局。开诚布公表明观点，尽快进入主题。适用于有过往来，关系不错并有所了解的双方，可以省略繁琐的外交礼仪或辞令。

慎重式开局。用严谨、凝重的语言陈述，表达对谈判重视和鲜明的态度，阻止对方不良意图，掌握主动，适用于对方曾经有过不良表现或不愉快经历或失败谈判等。

进攻式开局。以强硬的姿态获得对手的尊重，掌握心理优势。适用于对方来势凶猛，有不尊重己方的倾向，不妨以攻为守，捍卫尊严和正当权益，使谈判在平等基础上进行，但要注意不能过火使谈判开始就陷入僵局。

【小案例】

日本一家著名的汽车公司在美国刚刚“登陆”时，急需找一个美国代理商来为其推销产品，以弥补他们不了解美国市场的缺陷。当日本公司准备同美国的一家公司就此问题进行谈判时，日本公司的谈判代表因为路上塞车迟到了。美国公司的代表抓住这件事紧紧不放，想以此为理由获取更多的优惠条件。日本公司的代表发现无路可退，于是站起来说：“我们十分抱歉耽误了您的时间，但是这绝非我们的本意，我们对美国的交通状况了解不足，所以导致了这个不愉快的结果，我希望我们不要再因为这个无所谓的问题耽误时间了，如果因为这件事怀疑到我们合作的诚意，那么，我们只好结束这次谈判。我认为，我们所提出的优惠条件是不会在美国找不到合作伙伴的。”日本代表一席话令美方谈判代表哑口无言，美国人也不想失去一次赚钱机会，于是谈判继续进行。

思考：

1. 日本公司的谈判代表采取了哪种谈判策略？

2. 如果你是美方谈判代表，应该如何扳回劣势？

四、入题技巧和阐述技巧

（一）入题技巧

1. 迂回入题

避免影响气氛以及过于单刀直入，可以从题外话入手、从自谦入手（要适度，不能给人以太假的感觉）、从流行话题入手、从介绍谈判人员和自己的生产经营情况入手（给别人亮底，增强信心）等。先缓和气氛然后逐步进入主题。

2. 先谈细节，后谈原则

小型谈判可以将各项细节谈妥，原则性协议自然达成。有时候适用于不太好确定原则，但是可以慢慢去谈的谈判，在谈的过程中寻求共识，达成原则一致。

3. 先谈一般原则，后谈细节

当遇到大型项目，细节繁多，整个谈判可能旷日持久的时候，不妨先谈原则，再分批分步骤进行细节谈判。原则是框架性的，是粗线条的，有了原则作为指引和限制，细节问题就有了方向和依据。

4. 从具体议题入手

在大型谈判的各个分阶段谈判中，一般直接从具体的谈判问题入手即可。

（二）阐述技巧

1. 开场阐述

己方掌握的信息相对完备，可以先入为主，让对方明白自己的意图，相对有个心理优势，之后可以看对方的反应然后确订相应的策略。

2. 让对方先谈

如果己方对市场态势和产品定价等最新情况不是很了解，不妨后说，看对方的意见，然后再商定对策。

3. 有限度的坦诚相见

可以让对方知道自己的动机和态度，从表面上来示弱。但不能和盘托出观点和自己的信息，否则会陷入被动。

4. 注意语言的正确和准确使用

提供的资料数字要准确，避免波动，阐述时对价格要明确，不能马上判断的应当适当延迟答复；表达的语言要富有弹性，要有余地，不走极端。注意语调、语速、停顿和重复的使用。通过语言表述来表达出自己谈判的真实意图，强调某些细节，引起对方重视。

注意折中迂回。特别是对自己不利的话题和观点可以避开，尽量把问题引向对自己有利的一面，转移角度，不妨灵活使用“可是……”“但是……”“虽然如此……”“不过……”“然而……”等。

注意使用解困语言。当出现谈判困难无法达成协议的时候，为了突破困境，给自己解围，不妨使用解围语言：“真遗憾，只差一步就成功了！”“再这样拖下去，恐怕对双方不利!”“我相信，无论如何，双方都不希望前功尽弃!”……

不以否定性语言结束谈判。对对手要给以正面评价，为以后继续谈判或合作留下余地。生意不成仁义在，商场如战场，没有只胜不败，也没有只败不胜。给双方都留点余地，是必须和必要的。“您在这次谈判中的表现，给我留下深刻印象。希望能再次相聚!”“对贵方的某些要求，我们会认真研究，期待下次继续再谈!”等。

【小案例】

我国某出口公司的一位经理在同马来西亚商人洽谈大米出口交易时，开局是这样表达的：“诸位先生，我们已约定首先让我向几位介绍一下我方对这笔大米交易的看法。我们对这笔出口买卖很感兴趣，希望贵方能够现汇支付。不瞒贵方说，我方已收到贵国其他几位买方的递盘。因此，现在的问题只是时间，希望贵方能认真考虑我方的要求，尽快决定这笔买卖的取舍。当然，我们双方是老朋友了，彼此有着很愉快的合作经历，希望这次洽谈会进一步加深双方的友谊。这就是我方的基本想法。我把话讲清楚了吗?”

请对以上我国某公司经理的表现给予点评。

【小案例】

某公司谈判代表在和对方进行谈判摸底阶段作如下陈述：

“这个项目对我们很有吸引力，我们打算把土地上原有的建筑拆掉盖起新的大卖场。我们已经同规划局打过交道，相信他们会同意的。现在关键的问题是时间——我们要以最快的速度在这个问题上达成协议。为此，我们准备简化正常的法律和调查程序。以前我方与贵方从未打过交道，不过据朋友讲，你们一向是很合作的。这就是我们的立场。我是否说清楚了?”

你对该代表的表现做何评价?

【实训模块 2】 初步报价

练习

假定某化妆品公司 A，在国内化妆品市场上拥有一定的知名度，定位在中高端，产品在全国市场均有销售，产品销售渠道主要为商场专柜、一级城市均设有专卖店，部分产品通过网络进行直销，中端产品在每个省会城市均有代理商。现开发出新产品100ml 装“×××羊胎营养精华素”，产品成本在40元/瓶，计划市场终端目标售价为180元/瓶。现针对西南市场和沿海市场进行试销。目前和成都、广州、上海经销商均有接触。

你代表 A 公司和这些经销商进行谈判，请提出初步报价，并说明理由。

【知识点】

报价，又叫“发盘”，就是谈判双方各自提出自己的交易条件。这里的报价不仅是指在价格方面的要求，而是包括价格在内的关于整个交易的各项条件，如商品的数量、质量、包装、装运、保险等交易条件。

一、开盘价的确定

谈判过程中的最初报价称为开盘价。对卖方来说，开盘价必须是最高的，代表卖方的最大期望售价，之所以要报高价就是考虑到对方要向下讨价还价；相反，对买方而言，开盘价必须是最低的，代表买方愿意支付的最小期望售价，也要考虑对方还高价出售。这里的高价和低价是针对谈判双方而言的，对第三方而言则可能不是最高或最低。

在商务谈判中，由哪一方先报价不是固定的，但就商业习惯而言，一般情况是卖方先报价。从心理上来说，报价先后影响有所不同。

先报价的好处：为谈判规定个框框，最终的协议将在这一界限内形成；一定程度影响对方的期望水平，进而影响对方的谈判行为。

先报价的不利之处：可能会使己方丧失一部分原本可以获得的利益；会使对方集中力量对报价发起进攻，迫使报价方一步步降价，而对方究竟打算出多高价却不明朗。

二、报价的方式

低价报价方式。也叫日式报价，一般不喜欢把价格抬得过于虚高，低价报价的方式给人以诚实、诚恳的感受。对于了解行情的双方来说，利于快速达成价格一致。这种方式最常用的做法之一是将最低价格列在价格表上，以求首先引起买主的兴趣。这种价格一般是以卖方最有利的结算条件为前提的，并且在这种低价格交易条件下，各个方面都很难全部满足买方的需要，如果买主要求改变有关条件，则卖主就会相应提高价格。因此买卖双方最后成交的价格，往往高于价格表中的价格。日式报价在面临众多外部对手时，是一种比较有艺术和策略的报价方式。一方面，可以排斥竞争对手而将买方吸引过来，取得与其他卖主竞争中的优势和胜利；另一方面，当其他卖主败下阵来纷纷走掉时，这时买主原有的买方市场的优势就不复存在了。原来是一个买主对多个卖主，谈判中显然优势在买主，而此时，双方谁也不占优势，从而可以坐下来仔细地谈，而买主这时要想达到一定的要求，只好任卖主一点一点地把价格抬高才能实现。

高价报价方式。也叫欧式报价，喜欢以高报价给对方讨价还价的空间，也给自己留下很大的利润谈判想象空间。这种方式的一般做法：卖方首先提出留有较大余地的交易条件，然后根据谈判双方的实力对比和该项交易的外部竞争状况，通过给予各种优惠，如数量折扣、价格折扣、现金和支付条件方面的优惠（延长支付期限、提供优惠信贷等），逐步接近买方的条件，建立起共同的立场，最终达到成交的目的。这种方式只要能稳住买方，使之就各项条件与卖方进行磋商，最后的结果往往对卖方是比较有利的。高报价的不利之处在于一旦给人不诚心谈判的感觉后，对方会退出谈判，从而错失良机。

加法报价方式。一般是产品出售方在成本基础上给自己留足利润空间，即成本加利润的报价方式。这样的报价需要清楚计算出所有成本，一旦计算出错，比如漏算部分变动成本，如销售成本、商业回扣、公关费用等之类，容易出现赔本赚吆喝的结果出现。

目标报价方式。根据公司估算的总销售收入和估计的产量或销售量目标来确定报价的方式。该方法适合于零售行业的商务谈判，如果对方不是价格敏感性的用户，则己方的目标测算会成为空算。

收支平衡报价方式。在销售中也叫保本定价法，报价的目标不在于高额利润，而只要求保本即可。适合于处于生死存亡边缘的企业。

认知价值报价方式。销售管理中也叫感受价值定价法，是企业根据购买者对产品的认知来制订价格的一种方法。在商务谈判中，出售方报价时候，可以根据市场调查，对方对产品和品牌的认知程度，在增加服务项目，承诺提高服务质量和产品质量，进行更有效的沟通传播的前提下，报出适合本企业产品在市场上普遍被认同的相应高价。

反向报价法。指出售方企业依据终端消费者能够接受的最终销售价格，计算自己从事经营的成本和利润后，逆向推算出产品的批发和零售报价。该方法适用于向中间商进行批发时的价格谈判。

三、报价技巧

尾数报价技巧。针对单品价格采取保留尾数和零头的办法，定在整数以下，保持低一档次。给人感觉便宜，物超所值。另外给对方的感觉是精确，己方严格计算成本，如果低于该价格，会造成亏损，但是也会给对方留下升值空间，在整个报价过程中较为诚实。普通的日用消费品、低值易耗品可以这么报价。

整数报价技巧。采取将零头价格上升一档的办法，主要是显示物有所值，高档次和高品位，能抬高身份和地位。这种报价方式在奢侈品零售过程中常见，但是在商务谈判中其实主要是一种心理暗示。

习惯报价技巧。这种商品应该是大众性产品，不只是买方了解行情，买方也熟悉行情，中间没有太多讨论空间，双方认可消费者习惯性购买标准，只需要符合大家心理，容易接受即可。过高被认为是涨价，过低则怀疑质量问题。双方的谈判焦点应该是在售后服务上，报价成了次要环节。

招徕报价技巧。在零售中经常看到商场故意用低价来招徕顾客，实际上是希望顾客来了以后能多买其他非特价商品。多数超市都是如此，沃尔玛的天天低价是典型代表。在商务谈判中实行招徕报价，是希望利用部分产品的低报价来顺便推出其他的相对滞销或冷门的产品。双方都不是傻瓜，都能认识到这种方法的真正意图，但是秘而不宣，这经常成为一种心知肚明的心理约定。

声望报价技巧。零售管理中根据品牌的知名度和声誉来定价，针对“一分钱一分货”的心理，对服务行业等第三产业很广泛。在商务谈判中的声望定价有一些前提：

第一，卖方的企业知名度呈现提升状态。这可能是由于广告宣传，某些事件影响等所致。第二，卖方提供的产品质量是有保证的。没有和知名度匹配的质量，无法采用声望报价。第三，卖方产品和品牌的市场地位上升，可能会得到对方的认可。

除法报价策略。以商品价格为除数，以商品的数量或使用时间等概念为被除数，得出一种数字很小的价格，使买主对本来不低的价格产生一种便宜、低廉的感觉。

加法报价策略。在商务谈判中，商家有时怕报高价会吓跑客户，就把价格分解成若干层次渐进提出，使若干次的报价最后加起来仍等于当初想一次性报出的高价。

差别报价。在商务谈判中针对客户性质、购买数量、交易时间、支付方式等方面的不同，采取不同的报价策略。

对比报价。向对方抛出有利于本方的多个商家同类商品交易的报价单，设立一个价格参照系，然后将所交易的商品与这些商家的同类商品在性能、质量、服务与其他交易条件等方面做出有利于本方的比较，并以此作为本方要价的依据。

数字陷阱。卖方在分类成本中“掺水分”，将自己制作的商品成本构成计算表给买方，用以支持本方总要价的合理性。适用条件：商品交易内容多，成本构成复杂，成本计算方法无统一标准，对方攻势太盛的情形。

综合报价技巧。包括附带数量条件的报价技巧、附带支付条件的报价技巧、附带供货时间的报价技巧、附带成交时间的报价技巧。

【小案例】

有位性急的手表批发商，经常到农村去推销商品。一次他懒得多费口舌去讨价还价，心想都是老顾客了，可以按与上次的成交价相差不多的价钱出手。他驾车来到一个农场，走进公路边的一家商店，进门就对店主人说：“这次，咱们少费点时间和唾沫，干脆按我的要价和你的出价来个折中，怎么样?”

店主人不知道他葫芦里卖的什么药，不置可否。

他以为这是同意的表示，就说：“那好！价钱绝对叫你满意，绝对不掺水分，你只要说打算进多少就行了。趁今天天气好，咱哥俩省下时间钓鱼去!”他的报价果然好得出奇，比上次的成交价还低出不少。心想对方肯定高兴，便一厢情愿地问：“照这个价钱，你打算进多少?”哪知对方答道：“一只也不进!”这可把他弄懵了，问道：“一只也不进？你在开玩笑吧，这个价钱可比上次低了一大截呀！你说实话，要多少?”店主说：“你以为乡下人都是老憨？你们这些城里来的骗子呀，嘴里说价钱绝对优惠，实际上比你心里的底数不知要高出多少呢？告诉你吧，无论你说什么，我也是一只不进!”整整一个下午，两人讨价还价，直到日落西山才成交。成交价比他原来所说的“绝对令对方满意”的价钱又低了一大截，这趟生意做下来，他不但一分钱没有挣到，反而倒赔了汽油钱。

思考：

1. 如此报价的问题出在何处？

2. 对手表之类的产品应当采用哪种技巧？

【实训模块3】 磋商准则

练习

2013年11月，台风“海燕”突袭海南三亚，造成众多农产品企业生产与运输遭受损失，A公司即其中一家。地处三亚市田独镇的A公司按协议约定，应该在11月18日前将550吨反季节蔬菜运抵上海，交付B公司。由于台风造成延期交货，B公司要求A公司退还预付款10万元，并赔偿失信于其他蔬菜批发商的损失10万元。

同学们请分成两组，分别代表A和B公司进行交涉。要求谈判中遵循条理准则、礼节准则、重复准则。

【知识点】

磋商总体而言是谈判各方面对面讨论、说理、讨价还价的过程，它包括诸如价格解释与评论、讨价、还价、小结等多个阶段，在各个具体阶段之中有其特有技巧和准则，同时磋商作为一个总的过程，也有其准则。

一、条理准则

条理准则，即磋商过程中的议题有序、表述立场有理、论证方式易于理解的原则。条理准则包含两个构成部分：逻辑次序、言出有理。

（一）逻辑次序

逻辑次序即磋商的议题先后符合客观逻辑，决定着谈判目标启动先后与谈判进展层次。

谈判内容具有整体性与个性，整体性要求纵观全局，个性则要求区分差异。个性是体现在整体性中的个性，而不是孤立的个性。两者之间相互依存，相互影响。在由个性组成的整体性中，具有个性的组件均具有其客观固有的谈判先后次序。

逻辑次序除有横向次序外，还有纵向次序，即内在的次序，不仅如此，纵横两种不同的次序逻辑又演绎出深向的层次。这样，在逻辑次序中含有逻辑层次，从而在磋商过程中，谈判手既要在整体上注意逻辑次序，又要在次序上，注意进展的层次。

（二）言出有理

言出有理指磋商过程中表述在理，论证方式明白，言之成理，让听者感到信服。在磋商中，有理包括人为的理由与事实上的理由。人为的理由，指通过人的主观加工使某件事具有道理；而事实的理由则为客观存在的事物依据。

言出有理还表现在谈判磋商中达理、逻辑严谨、通俗易懂。达理，指以层次分明的论述准确地表达自己的立场与理由，并使听者理解所言为何物。所谓逻辑严谨，指论述层次分明，且层次之间有明确的内在联系，两者互相支持，使论述具有雄辩力度。

所谓通俗易懂，指论述时选词造句、讲话用语应在对手的文化、艺术理解力的范围内。

二、客观准则

客观准则指磋商过程中说理与要求具有一定的实际性。只有具备实际性的说理才具有说服人的效果，只有符合实际的要求才会有回报的可能。

（一）说理的实际性

说理的实际性即说出的道理有真实感和可靠性。在实务谈判中，有两种手段可实现这个原则：推理与实证。

当对手不配合，不提供足够资料让谈判者了解真实情况时，逻辑推理就是解开真实的钥匙。简单地说，推理手法是从分析表面现象及内部联系出发，归纳出对事物本质的判断和认识，从而支持自己立场的思维论证方法。

实证即利用一切可供运用的真实资料说明问题。资料可以是文字、图片，也可以是众所周知的事实。一般地讲，对手在实证面前多半会承认说理的实际性，当然，至于会在多大程度上改善条件则是另一回事。

（二）要求的实际性

磋商过程中的任何要求应具有合理与可能性。这一原则集中体现在“量”的兼顾性和客观性上。具体地说，任何文字、立场、数字反映的要求均为“量”的要求，但谈判各方对“量”的衡量有其不同的尺度，“量”的合理性与可能性在谈判中融合了双方的立场与追求，故“量”有兼顾性，否则即为不可能实现的“量”。同时“量”要有其客观性，不客观的“量”是不实际的。

三、礼节准则

磋商既是争论也是协商，在激烈争论的同时，应相互尊重、谅解妥协。这就要求谈判者保持礼貌的行为准则，这一准则要求严于律己、尊重对方、松紧自如，且贯彻始终。

律己指磋商中己方约束个性的做法和思想。谈判中，律己主要体现在约束个人性格，严格要求自己，确保工作质量上。

尊重对方指对待谈判对手的态度，用语礼貌，且让对方感到受尊重，即便观点有分歧，也不失风度与分寸。

松紧自如指磋商中能动地应对双方观点对立，相互僵持的局面，以及为达到谈判预定目标而故意施加压力的程度。谈判中难免出现紧张氛围，但懂礼貌的人会在紧张中不失节制。反过来，也可为了需要制造紧张，以施加心理压力，实现追求的效果。

四、进取准则

进取准则指争取于己有利的条件，千方百计说服对方接受自己条件的精神与行为。进取的准则主要体现在两方面：高目标与不满足。

进取准则要求谈判手制订较高的目标。高目标带来的问题是高要价，导致实现难度大。对于这一问题，优秀谈判手往往以强词取信于理，取信于人，其强词是以基本尊重事实，即尊重交易的客观价值为基础的。

不满足的原则，指磋商过程中不受影响于一事一时之得，而是在实现一个目标之后紧接着冲向另一高度目标的精神。不满足可体现在实现横向目标上，也反映在实现纵向目标上。横向目标包括不同类的项目目标，诸如技术、法律、商业、服务等，实现一个再冲向另一个；纵向的目标包括各项目不同阶次的目标，登上一个台阶后迈上另一台阶而毫不放松。

五、重复准则

重复准则指在磋商中对某个议题和论据反复应用的行动准则。磋商中不要怕重复。重复的谈判是深入的准备。重复准则在应用中主要体现在议题安排和观点应用两个方面。

议题安排，指在重复准则下，单次谈判的内容可重复安排进议程的做法。议题的重复安排可以是明示的，也可是单方运用的。明示重复安排，即双方议定重复讨论。重复安排议题时，其次数与时机应得当。衡量的标准为客观需要和双方态度。客观上已谈得差不多了，再重复会以为要推翻前言；双方反对或造成对抗情绪时，应暂放重复的议题。

观点应用的重复准则，指在磋商中针对对方尚未松口的条件，反复申诉自己的观点，以推动对手立场的做法。这是一种“自卫策略”，因为它是对手不听、不采纳自己观点与论证材料的自然反映，也是谈判手耐心与意志的反映。如不等对方响应即自动放弃自己的观点和论证，等于退却与让步。

【实训模块4】 让步技巧

练习

在未来的工作和生活中，未必每个人都会遇到正式商务谈判，但是如何讨价还价，迫使对方让步却是每个人都曾经经历过的事情，日常的购物经历即是如此。

选择10位同学，其中两两配对，每队同学选择不同的角色，练习不同的场景，其中每队两位同学中，一位扮演卖方一位扮演买方。假设每个场景的卖方都在做促销活动，价格灵活。预设的场景分别是：

1. 化妆品专卖店推销员向女士推销防晒霜。
2. 雅戈尔西服专卖店售货小姐向男士推销新款夹克。
3. 鞋店销售向女士推销新款凉鞋。
4. 雪佛兰汽车4S店推销员向来宾推销老款雪佛兰景程轿车。
5. 炎热的夏天，推销员向顾客推荐青岛啤酒。

思考：在这些谈判中，让步技巧有何异同？

【知识点】

商务谈判整个过程就是一个讨价还价的过程，在讨价还价中，让步是一种必然、普遍的现象。如果谈判双方都坚守各自价格，互不让步，那么协议将永远无法达成，双方所追求的利益也就无从实现。一般来说，讨价还价中的让步应该是有原则、有步骤和有方式的让步。

在商务谈判中需要遵循的让步原则包括：维护整体利益、选择让步时机、确定让步幅度和步骤。让步应有明确的利益目标，即使是很小的让步也要使对方感到艰难，尽量避免失误。

一、让步策略

于己无损策略。通过做一些无关痛痒的让步，满足对方的心理平衡，产生诱导。

以攻对攻策略。在让步前对对方提出附加条件，反守为攻。比如买方要求卖方降价，则卖方提出增加购买数量，即运用薄利多销策略。

强硬式让步策略。起初坚持，态度强硬，最后一刻让步一步到位，促成交易。对方会感觉来之不易，倍加珍惜。

坦率式让步策略。进入让步阶段就亮出底牌，诚恳务实、提高效率、争取时间、争取主动。容易给人得寸进尺的机会和产生仍有利益空间可挖的感觉。

稳健式让步策略。步步为营，控制让步节奏。风险低，讨价还价中考虑周全，但很耗费时间和精力。

以远利谋近惠的让步策略。这种策略需要长远的眼光。

互惠互利的让步策略。以自己让步换取对方让步。

二、常见让步方式

谈判双方必须认识到，让步是商务谈判双方为达成协议所必须承担的义务。有经验的谈判高手往往以很小的让步换取对方较大的让步，并且让对方感到心满意足从而愉快接受。相反，如果对让步的处理不当，有时即使做了较大让步，对方仍不满意，甚至影响谈判的成功。可见，让步是需要讲究艺术的，值得好好研究。

第一种让步方式——冒险型让步。这是一种在让步最后阶段一次性让出可让利益的方法。这种方法让步态度果断，有大家风范，适用于对谈判的投资少、依赖性差的一方。采用这种方法有可能在谈判中获取较大利益，但由于开始阶段寸步不让，有可能失去谈判伙伴，具有较大的风险。

第二种让步方式——刺激型让步。这是一种等额的让出利益的策略，在国际上称为“色拉迷”香肠式谈判让步。这种让步的优点是：平稳、持久、步步为营，不轻易让人占了便宜，有益于双方充分讨价还价，在利益均沾的情况下达成协议。遇到性情急躁或无时间久谈的对手，会占上风，削弱对方的讨价能力。这种让步的缺点是：由于每次让利的数量有限、速度又慢，极易使人产生疲劳感、厌倦感，同时鼓励有耐性的一方耐心等待，期待进一步的让步。此种让步方法在商务谈判中应用得十分普遍，更适用于缺乏谈判知识或经验以及涉足一些较为陌生领域的谈判方，因为他们不熟悉情况，故不宜轻举妄动，以防因急于求成而在谈判中失利。

第三种让步方式——诱发型让步。这种谈判看似在逐步增大让步，诱使对方积极谈判，但是也鼓励对方得寸进尺，继续讨价还价，无休无止。

第四种让步方式——希望型让步。这种方法以合作为主，竞争为辅，诚中见虚，柔中带刚。采用这种方法对买方具有较强的诱惑力，逐轮减少，总有余地有希望，谈判成功率高。但同时也容易给对手造成软弱可欺的印象。

第五种让步方式——妥协型让步。这是一种由大到小、主次下降的让步策略。这种方法比较自然、坦率，符合商务谈判中讨价还价的一般规律，适用于商务谈判中的提议方。很容易被人们接受，一般不会产生让步上的失误。但是由于让步越来越小，终局时情绪不会太高。

第六种让步方式——危险型让步。这种让步，太急于求成，过于充分让步急于成交，但是其后却不再让步，最后仅仅是做表态性的让步，往往会让对方感觉不舒服，容易导致谈判失败，比较危险。当然也可能是持有这种思维的一方本就无意长期谈判，早就有失败则退出的打算。

第七种让步方式——虚伪型让步。这种谈判一开始大幅度让步，最后又出现反弹。这种方式奇特巧妙操纵买方心理，诚意和让步均已经到达极限，有可能获得对方较大回报，但是如果遇到贪婪的对手，会刺激对手变本加厉，得寸进尺导致谈判陷入僵局。

第八种让步方式——低劣型让步。这是一种一次性让步的策略，这种方法态度诚恳、务实、坚定。适用于本方处于谈判劣势或双方之间比较友好的谈判。采用这种方式有可能打动对方采取回报行为达成交易；但是也有可能给对方传递一种有利可图的错误信息，导致对方期望值大增，使谈判陷入僵局。

没有一种谈判方式是最优的，只有根据谈判双方的力量对比、需求变化、市场环境的改变等，抓住对方的漏洞，寻求有利时机，才能获取最大的谈判效益。

三、谈判的有效让步

无论采用何种让步方式，总的来说要让整个讨价还价过程变得有效，否则就做了无用功。在让步中应该谨记：不要做无端的让步；让步要恰到好处；在次要问题上可根据具体情况首先做出让步；不要承诺同等幅度的让步；一次让步的幅度不宜过大，节奏也不宜太快。

遵循让步的基本准则：以小换大、幅度要递减、次数要少、速度要慢。

遵循让步的思路：确定让步的条件；列出让步的清单；制造出一种和谐的洽谈气氛；制订新的磋商方案；确定让步的方式；选择合适的让步时机。

【实训模块 5】 控制谈判心态

练习

教师设计一个销售谈判的桥段，甲方代表新西兰某奶制品企业到我国西南地区开拓市场，乙方代表西南最大的乳制品代理商，选出 10 位同学分成两组，各自代表一方。在谈判中乙方利用 2013 年 8 月新西兰乳制品质量问题、在中国合作企业的隐瞒某些事实、进行商业贿赂等问题，极尽所能打击对方，迫使甲方在公关宣传上有大的投入，在利润上有大的让步。乙方一定要挑动情绪，而甲方则态度谦卑，进退自如。如果对奶制品不熟悉，也可以由指导教师选择类似桥段来进行练习。目的是考验同学们面对对方情绪化策略的应对能力。

【知识点】

控制谈判心态关键是要有一个良好有效的沟通和较好的态度。注意尊重对方，化解对方蓄意破坏己方情绪的策略，尽量避免形成僵局。

一、谈判中的良好沟通

在整个谈判沟通中需要做到准确、清晰、简洁、活力。即表达要准确、临危不乱，不能被对方的讨价还价和刁难乱了方寸；思路要清晰，无论对方采用何种策略，都要有清醒认识，知道这是对方的策略，不一定是真实意图的表达，需要透过现象看本质；语言要简洁，言多必失，当对方希望你出漏洞时，更需要冷静下来，用简洁的语言来应对，该说就说，不该说就注意倾听；整个团队要有活力，要团结不能产生内部分歧。

二、避免形成僵局

（一）保持平常心

心态直接决定你在谈判中的成效，在谈判中不妨做到以下几点：

“饱而不贪”。谈判是一个双赢的结局，不能只想到自己利益，利润空间差不多即可，更多时候是蓄水养鱼。如总想一次性将对手利润空间压榨干净，以后对方甚至整个行业都不会有人愿意与你合作。

“饥而不急”。作为一个有经验的谈判高手，需要稳重、有耐心，尽量做到喜怒不形于色。所谓有能耐的人，往往就强在比常人更有忍耐心。

“荒而不慌”。当己方处于劣势，几乎没有牌可出的时候，往往就是“山重水复疑无路，柳暗花明又一村”出现时，此时无招胜有招。日本人最善于采用“沉默是金”的谈判策略，就是典型的“荒而不慌”，明明是走投无路，却让你丈二和尚摸不着头脑。

“争而不松”。内紧外松，该争取的一定要争取，态度要端正，表面要谦恭，但是内心努力的弦时刻要紧绷。

（二）注意控制和调节情绪

情绪是人脑对客观事物能否满足自己需要产生的一种态度体验。人的情绪对人的活动有着相当重要的影响。能够敏锐地知觉他人情绪，善于控制自己情绪，巧于处理人际关系的人，才更容易取得事业成功。

一般情况下，谈判人员不仅要对自己的情绪加以调整，对谈判对手的情绪也应做好相应的防范和引导。商务谈判人员个人的情绪要服从商务谈判的利益，进行情绪的调控，不能让它随意宣泄。谈判人员要有坚定的意志力，对自身的情绪进行有效控制，不管谈判是处于顺境还是处于逆境，都能很好地控制自己的理智和情绪，而不是被谈判对手所控制或引导。当然，这并不是说任何时候都需要表现出谦恭和温顺的态度，而是要在保持冷静清醒头脑的情况下灵活地调控自己情绪，把握分寸，适当地表现强硬、灵活、友好或妥协等。当年赫鲁晓夫在联合国大会上用皮鞋敲桌子“示怒”，并不是真正到了怒不可遏的地步，而是想借此来加强其发言效果。

处理谈判问题要注意运用调控情绪的技巧。在与谈判对手的交往中，要做到有礼貌、通情达理，将谈判的问题与人划分开来。在阐述问题时，侧重实际情况的阐述，少指责或避免指责对方，切忌意气用事而把对问题的不满发泄到谈判对手个人身上，对谈判对手个人指责、抱怨，甚至充满敌意。当谈判双方关系出现不协调、紧张时，要及时运用社交手段表示同情、尊重，弥合紧张关系，清除敌意。

在谈判过程中提出己方与对方不同的意见和主张时，为了防止对方情绪的抵触或对抗，可在一致的方面或无关紧要的问题上对对方的意见先予以肯定，表现得通情达理，缓和对方的不满情绪，使其容易接受己方的看法。当对方人员的情绪出现异常时，己方应适当地加以劝说、安慰、体谅或回避，使其缓和或平息。情绪调控要注意防止出现心理挫折，如出现则要及时进行调控。

精明的谈判人员，都有一种小心调控自我情绪的习惯，并能对别人谈话中自相矛盾和过火的言谈表现出极大的忍耐性，能恰当地表述自己的意见。他们常用“据我了解”“是否可以这样”“我个人认为”等到委婉的说法来阐述自己的真实意图。这样的态度会使本来相互提防的谈判变得气氛融洽、情绪愉快。

对谈判对手有意运用的情绪策略，则要有所防范和有相应的调控反制对策。针对对手的情绪策略，可以采取相应的策略与情绪反应。

（三）持有欣赏对方的态度

在谈判中，谈判人员要善于发现对方的优点，在适当的时候、适当的地点，采用合适的话题来表扬对方，如：“别人都说你有这些优点，依我看，你还有另外的优点……”对方听到这出人意料而又合乎情理的表扬，会产生一种特别的喜悦感，他或她相应地也会以欣赏的态度来看待你，这样有利于谈判工作的进展。说话时目光要平视对方，要使用诚恳、平静的语气，千万不可使用过头的话去奉承或讥讽对方。

（四）抛弃陈见，正视冲突

许多谈判人员把僵局视为失败，企图竭力避免它，不是采取积极措施加以缓和，而是消极躲避。在谈判开始之前，就祈祷能顺利地与对方达成协议，完成交易，别出意外或麻烦。特别是当其负有与对方签约的使命时，这种心情就更为迫切。这样一来，为避免出现僵局，就事事处处迁就对方，一旦陷入僵局，就会很快地失去信心和耐心，甚至怀疑起自己的判断力，对预先制订的计划也产生了动摇，还有的人后悔当初……这种思想阻碍了谈判人员更好地运用谈判策略。事事处处迁就的结果，就是达成一个对己不利的协议。

三、尊重对方，认可对方价值

（一）要随时尊重对方并保持清醒冷静

在谈判中，考虑到人的尊重需要，要注意尊重对方。尊重对方是指态度、言语和行为举止上具有礼貌，使对方感到受尊重。尊重就是要注意自己言谈举止的风度和分寸。谈判时见面不打招呼或懒得致意，脸红脖子粗地争吵、拍桌子，当众摔东西或闭起眼睛跷起二郎腿不理不睬，这些行为都会伤害对方的感情，甚至使对方觉得受到侮辱，不利于谈判。考虑到对方的尊重需要，即使在某些谈判问题上占了上风，也不要显出“我赢了你输了”的神情，并在适当的时候给对方台阶下。然而，尊重对方并不是屈从或任对方侮辱，对于无礼的态度、侮辱的言行应适当地反击。但这种反击不是“以牙还牙”的方式，而是以富有修养的针对性的批评、反驳，以严肃的表情来表明自己的态度和观点。

注意保持冷静、清醒的头脑。保持清醒的头脑就是保持自己敏锐的观察力、理智的思辨能力和言语行为的调控能力。当发现自己的心绪不宁、思路不清、反应迟钝时应设法暂停谈判，通过休息、内部相互交换意见等办法使自己得以恢复良好的状态。在谈判中会出现形形色色的反对意见，其中包括那些不合理的反对意见。在这种情况下，谈判人员一定要谨慎从事，切不能以带愤懑的口吻反驳对方的意见。从心理学的角度看，商务谈判双方的供求决定都受理智和感情的控制，如果谈判双方对某些议题出现争吵或冷嘲热讽，即使一方的意见获胜也难以使对手心悦诚服，对立情绪难以消除，无法达成协议。因此，谈判人员应注意研究对方的心理状态，变争吵为倾听，对立状况就可能化解。然后，再用对方可以接受的语气委婉地说服他，使谈判顺利进行。如心平气和地对对方说：“这些情况我们都认可，您能否换个角度来分析……”利用事实根据来证明所谈判内容的正确性，可以解除与转化对方的疑虑和不同见解。

要始终保持正确的谈判动机。商务谈判是为追求谈判的商务利益目标，而不是追求虚荣心的满足或其他个人实现，要防止为对手的挖苦、讽刺或恭维迷失了方向。处理问题遵循实事求是的客观标准，避免为谈判对手真真假假、虚虚实实的手腕所迷惑，对谈判事务失去应有的判断力。

（二）语言适中，语气谦和，积极探寻对方的价值

语言要适中是指谈判者与对方洽谈业务时既不多讲，也不能太寡言。谈判者不多

说话的好处有：一方面，可以减轻对方的负担；另一方面，可以有更多的时间倾听对方的意见，以此探寻和观察对方的谈话动机和目的，为制订对策提供基础。谈判者不太寡言的好处有：一方面，可以满足对方自尊心的需要；另一方面，可以将自己的看法、意见反馈给对方，试探对方的反应。此外，谈判者不太寡言还可以形成对等的谈判气氛。在谈判中，声调运用要适当。古希腊的哲学家亚里士多德在《修辞学》一书中指出，什么时候说得响亮，什么时候说得柔和，或者介于两者之间；什么时候说得高，什么时候说得低，或者不高不低……这都是关系到演讲成败的关键问题。概括来说，谈判人员在谈判中忌盛气凌人、攻势过猛、以我为主，也忌含糊不清、枯燥呆板。

人被承认其价值时，即使是小小的价值也总是喜不自胜。因此，在谈判中经常认定对方的价值，就成为使对方产生好感、增强合作意识的重要因素。在积极探索、认定对方价值的同时，还要设法使对方充分感觉那个价值实在值得珍惜，从而促使对手对自己向来忽视的价值给予充分的认识，从中创造出对认定价值的一方有利的谈判环境。

例如，我国北方某市在开发经济项目时，与一美籍华人洽谈一个合资经营化纤的项目。起初，由于该华商对我方政策、态度不甚了解，戒心很大。我方由主管工业的副市长亲自出面与之谈判。在会谈过程中，我方态度友好坦率，肯定了对方为家乡发展做贡献的赤子之心，明确指出国家的发展需要华商的大力支持，我方政策是欢迎华商回国投资，给投资项目以优惠政策。该华商十分感动，打消了原有的顾虑和担心，最后与我方签订了意向书。

【实训模块6】 把握谈判对手风格

练习1

在谈判中了解双方的谈判风格非常重要，知己知彼方能百战不殆。了解自己属于哪种谈判者可以让自己在以后的谈判中扬长避短，发挥良好。为此不妨做一个心理测试。

你是哪一种谈判者？

1. 你让秘书晚上加班两个小时完成工作，可她说她晚上有事。

黑桃：这是她自己的问题，她自己想办法解决。你是她的上司，她没有权力讨价还价。

红桃：那就算了，你自己加班把工作做完，反正你算明白了，谁都是不能指望的。

方块：你询问她有什么要紧事，她说她的孩子独自在家，于是你建议说你愿意给她介绍一个临时保姆，费用由你来出。

梅花：你退了一步，让她加班一小时，而不是两小时。

2. 你在和上司谈判加薪问题。

方块：你先陈述自己的业绩，然后把自己真实期望的薪水数目说出来。

黑桃：你强硬地说出一个数目，如果他不答应你就准备辞职。

梅花：你提出一个很高的数目，然后准备被他砍下一半——那才是你真实期望的数字。

红桃：你等他说出数目，因为你实在不愿张口。

3. 多年来你一直在男友的父母家度过除夕夜。

红桃：你觉得很委屈，可有什么办法？生活的习俗就是如此。

梅花：好吧，但大年初二或初三他一定要陪你回你的父母家。

方块：你利用春节假期安排了一次国外旅行，这样一来，他就无法要求你回他父母家过除夕了。

黑桃：你整个除夕晚上都闷闷不乐。

4. 忙了整整一个星期，你终于可以在周末好好休息了，可这时男友建议你们和他的朋友一起去跳舞。

红桃：他难得想跳舞，你不愿意让他失望。

黑桃：反正你不会去，他愿意去的话就自己去。

梅花：你建议把跳舞改成聚餐。

方块：你说你很疲倦也很抱歉，然后建议下个星期再一起约朋友去跳舞。

5. 你10岁的侄子总让你给他买这买那，这次他想要个小摩托车。

梅花：你说你最多给他买辆儿童自行车。

黑桃：你断然拒绝，没什么可商量的。

红桃：你让步了，这样他就不会再缠着你了。

方块：好吧，但他应该先去学驾驶。

6. 你的男友拒绝和你分担刷碗的家务。

方块：你耐心地解释说你希望他分担一些家务。

梅花：如果他一周能刷一次碗，你就很满意了。

红桃：他不愿意就算了，还是由你自己来刷。

黑桃：你不能容忍一个不做家务的男人，要不他答应，要不就走人。

7. 你在餐厅用餐，邻座的客人在吸烟，烟都飘到了你这边。

黑桃：你大声提出抗议："现在的人怎么都这么不自觉！"

方块：你微笑着对他解释说烟味呛到你了。

梅花：你请求侍者给你换张桌子。

红桃：你默默忍受着，可一晚上都不开心。

8. 凌晨三点，你的邻居家里还在开派对。

红桃：你用棉球把耳朵塞住。

黑桃：你打电话给110报警。

方块：你马上去他家敲门，说你需要睡眠。

梅花：你也去加入他们的派对。

9. 和男友从电影院走出来，他想吃泰餐，而你想吃日本菜。

梅花：今晚吃日本菜，下次吃泰餐。

黑桃：就吃日本菜，否则就各自回家！

红桃：好吧，那就吃泰餐吧，如果他真的这么想吃。

方块：既然你们都想去异国情调的餐厅那不如去吃印度餐。

10. 你约一个朋友一起看服装秀，演出已经开始了，她还没有到。

梅花：你自己进去看。

黑桃：你把她的票卖掉了，这能给她一个教训。

方块：你不停给她的手机打电话询问她到哪里了。

红桃：你一直等着她。

11. 你的同事在会议上吸烟。

红桃：你什么也没说，因为担心他会记恨你。

黑桃：你对他说他至少应该学会尊重别人。

梅花：你对他说应该尽量少吸一些烟，这对他的健康有好处。

方块：你建议休息一会，让想吸烟的人吸一支。

12. 你新买的洗衣机坏了……

梅花：你气愤地打电话给厂家，要求退货或折扣。

红桃：你自责是不是自己没有按照程序操作。

方块：你给“消费者协会”写信，状告厂家。

黑桃：你去售后服务部大吵大闹。

[测试结论]

方块最多：

你是具有合作态度的谈判者

你认为在所有的人际关系中，冲突是不可避免的。你知道如何控制自己的情绪，面对对方的提议表示尊重，尽量避免争吵、个人攻击和威胁。你的倾听和善解人意是实现你自己目标的最有力手段。

你的目的：找到乐观的、让大家都满意的解决方案。

结果：你能找到最佳途径，既解决了问题，又多交了一个朋友。

梅花最多：

你是一个妥协派的谈判者。

你认为只要事情能够得到解决，双方都应该做出让步，就像在市场上讨价还价的时候，只能谋取一个中间数值。根据谈判对方性格特点，你轮番使用胡萝卜和大棒。有时候强硬，有时候和解，你的偶像是所罗门国王。

你的目的：在双方利益的中间找到一个妥协点。有时更靠近你，有时更靠近他。

结果：这个方法可以帮助你解决一个问题，但无法从根本上解决。其结果很可能是你和对方都不满意，你们都没有达到自己的目的，只是找到了一个可怜的解决办法而已。

黑桃最多：

你是个控制型谈判者。

你喜欢飞舞的盘子和摔得啪啪响的门，或者说，你喜欢赢！对你来说，一切谈判都是力量的较量，只有坚持到底才能获胜。你一定要求对方让步，拒绝听新的建议，为了维护自己的利益，你可以用牙咬，用指甲抓，不惜使用威胁和暴力。

你的目的：在力量的较量中取胜。

结果：当然，你有时候会赢，可更多的时候，你的态度会使你的谈判者更加抵制，并在未来长时间里与你对抗。

红桃最多：

你是个顺从型的谈判者。

你实在太好说话了，在所有的谈判中你都会让步，因为你害怕冲突，愿意让对方满意，维持你们的关系。为此你不惜牺牲自己的利益，忽视自己的意愿，在心中默默咀嚼失望和苦涩。

你的目的：不要让对方发怒，只要满足了他的条件，你就能获得安宁。

结果：不仅你自己感到郁闷，对方也会进一步提出条件，而不是像你设想的那样感激你的善良。

思考：

谈判风格测试结果符合你的性格特点吗？你在现实生活中采取的谈判风格与测试结果相同吗？你打算维持还是改进你的谈判风格？

练习 2

分组讨论，如何应对“控制型、妥协型、顺从型、合作型”风格的谈判对手？

【知识点】

所谓谈判风格，主要是指在谈判过程中，谈判人员所表现出来的言谈举止、处事方式以及习惯爱好等特点。由于文化背景不一样，不同国家、地区的谈判者具有不同的谈判风格。

一、掌握对手谈判的风格

谈判场上的每一个人，都可能有自己不同的方式，不可能一套谈判技巧适用于所有的人。所以我们要掌握更多的谈判技巧来面对更多的人。我们首先要了解我们的客户到底是一个什么样的风格。

二、谈判风格的类型

针对谈判风格分类，不同专家的观点因标准不同而有所不同。

（一）根据合作程度不同

合作型。合作型风格的人，对待冲突的方法：维持人际关系，确保双方都能够达到个人目标。他们对待冲突的态度：一个人的行为不仅代表自身利益，而且代表对方的利益。当遇到冲突时，他们尽可能地运用适当的方式来处理冲突、控制局面，力求实现“双赢”目标。

妥协型。妥协型风格的特点不是双赢，而是要么赢一点，要么输一点。他们在处理冲突时，既注重考虑谈判目标，又珍视双方关系。其特点是说服和运用技巧，目的是寻找某种权宜性、双方都可以接受的方案，使双方利益都得到不同程度的满足，妥协型风格意味着双方都采取“微输微赢”的立场。

顺从型。采用顺从型风格的人，对待冲突的态度是不惜一切代价维持人际关系，很少或不关心双方的个人目标。他们把退让、抚慰和避免冲突看成是维护这种关系的方法。这是一种退让或“非输即赢”的立场，其特点是，对冲突采取退让—输掉的风格，容忍对方获胜。

控制型。采用控制型风格的人对待冲突的方法是，不考虑双方的关系，采取必要的措施，确保自身目标得到实现，他们认为，冲突的结果非赢即输，谈得赢才能体现出地位和能力。这是一种典型的支配导向型的方式。

（二）根据谈判中决策果断性与情感性不同

客户的风格，可以还从两个层面来分析，一个是他果断与否这个层面，果断还是不果断，积极还是不积极，强势还是不强势；第二个是情感的层面，是比较以人为主呢，还是比较以事情本身为主呢。一个做事的层面，一个做人的层面。针对一个顾客，要从两个方面去了解他的风格。做事就看的果断面，做人就看他的情感面，从这两个层面来分析他的谈判风格。从这个角度看，所有的客户又都可以划分为四种风格。

第一种风格，果断又不带情绪，又称为务实型的客户。当你跟他谈判的时候，这种人很乐意学习，以结果为导向。任何谈判，只看最后带来什么结果。如果结果是他要的，他就谈，他就会给出条件。如果结果不是他要的，你给他再多的东西都没有用。实际型的人最讨厌讲得天花乱坠，而且跟他乱开玩笑的人，因为他觉得他的时间非常宝贵，你还跟他浪费时间，跟他攀亲带故，他会受不了。这种人，任何东西都是分秒必争，一分一秒都在做事情，在做家务的时候，都要听学习的录音带。而且一边听学习的录音带，一边可能还联络顾客。

这类顾客，速度很快。跟这种人谈判的时候，一定要知道他有什么特色，有什么作风。一般来说，他们有几个特征：第一，可能会过滤电话，一般人他不跟你谈，如果你是重要人物、重点人物，他就跟你谈；第二，跟你谈工作的时候，会在很正式的环境，因为大家就是来做事的；第三，如果某个活动他自己有机会可以完全参与、完全感受，他才会去；第四，思维严谨，也相当有组织性，只要这是事实，有明确的证据，他就做决定。

第二种风格，虽然果断，可是有情绪，有情感，属于外向型的人。外向型的人很容易受鼓励，也很爱鼓励别人。很喜欢开玩笑，跟大家打成一片。对他来讲，最怕给他一堆无聊的数字，因为他对数字特别没有概念，更喜欢那些情绪化的东西。

外向型的顾客的特点是：第一，对人友善，态度比较开放。不会有很多繁文缛节，喜欢跟别人打交道，对每个人都很温暖，很亲切，喜欢跟大家在一起，不怕跟你说“不”。他觉得我们是好朋友，这个东西我不喜欢，我就要跟你讲，很直接，也会兼顾情感。第二，人很不错，做事情的时候，决定得也很快，可是比较没有组织性，对数字没有概念。你跟他谈事情的时候，你要跟他谈美好的未来，勾画一片非常美丽的远景，只要感觉对了，一切就都对了；感觉没了，一切就没了。所以你唯一的工作，就是留住他的感觉。

第三种风格，不果断，可是情绪化，这种人我们称为和善型，或友善型的人。喜欢跟别人接触，有耐心，喜欢了解别人，关心周遭所有的人。声音不大，也没有太多跟别人争执的时候。永远喜欢跟大家在一起，默默支持大家，共同地决定。这种人比较害怕别人用很严格、很大声的语气跟他说话。因为他平常就已经是一个比较内向，或者比较不那么主动的人。他做事情的时候，可能速度比较慢，所以你不能对他要求太严厉。

和善型的人的特点是如果在原来熟悉的圈子里面，他觉得很安全，任何东西都会相信你。如果他觉得不安全，他就会比较粗心。还有，不管对人对事，他都希望发展成比较好的关系。他可能不会自己跑去创业，但是他可以成为办公室里面，一个很好的高级主管，帮你把所交代的事情都处理好。和善型的人，比较害怕改变现状，如果你跟这样的人谈生意的话，你要慢慢来，表达出对他的关心，一步一步地让他信任你。

第四种风格，既不果断，又不情绪化，这种人我们称为分析型的人。当你跟他谈判的时候，他需要大量很完整的数据和资料。就像一个科学家、会计师、律师一样，任何东西都要完备的证据，才来跟你谈。如果没有完整的证据，他不会贸然地相信你。这种人最怕遇到没有条理、没有组织的人，海阔天空、说过就忘的人。分析型的人，最怕遇到外向型的人。外向型的人一切跟着感觉走，分析型的人一切看着数据办，完全不一样。他们正好相反，分析型的人什么东西都问得很清楚。如果你问分析型的人现在几点，你可能会问你，你问的是美国时间，还是北京时间。任何东西他都要弄得清清楚楚。分析型的人，有可能任何东西都相信设备、相信数字、相信证据。所以你跟分析型的人谈判的时候，数字、证据要准备得多一点，你准备得越多，越容易成交。东西准备得越复杂，他越喜欢。还有分析型的人可能很有好奇心，他们喜欢不断地吸收资讯，永远觉得吸收的东西，还不足以让他做出足够的判断。这类人往往很严谨，很守时，如果你迟到，他连你迟到几分几秒，从哪个方位走进来，都会非常清楚。所以如果我们跟这种所谓的分析型的人谈判的话，你要注意到，他很容易分心，他在跟你讲这个事情的时候，可能已经想到下一个事情了。你要把握在更短的时间之内，做有效的成交。

【实训模块 7】 谈判时间控制

练习

美国人科肯受雇于一家做国际业务的公司，担任很重要的管理职位。不久后他向上司请求见识一下大场面，出国谈判，使自己成为一个真正的谈判者。上司派他去日本。他高兴得不得了，认为这是命运之神帮助他给予好机会。他决心要使日本人全军覆没，然后进军其他国际团体。

一踏上日本，两位日本朋友迎了上来，护送他上了一辆大轿车。他舒服地靠在轿车后坐的丝绒椅背上，日本人则僵硬地坐在前座的两张折叠椅子上。

“为什么你们不和我一起坐呢？后面宽敞。”

“不，你是一位重要人物，你显然需要休息。”

“对了，你会说日语吗？在日本我们都说日语。”

“我不会，但我希望学几句。我带了一本日语字典。”

“你是不是定好了回程时间，我们到时候可以安排轿车送你到机场。”

“决定了，你们想得真周到。”

说着把机票交给了日本人，好让轿车知道何时去接他。日本人没有立即安排谈判，而是让这位美国朋友用一周时间游览了整个国家，从天皇的皇宫到东京的神社都看遍了。介绍日本文化、日本宗教，每天晚上花 4 个小时半跪在硬板上，接受日本传统的晚餐款待。当问及何时开始谈判时，日本人总是说时间还多，第一次来日本要先多了解日本。

到第十二天，他们开始了谈判，并且提早完成去打高尔夫。第十三天，又为了迟到的欢迎晚会提前结束。第十四天早上，正式开始重新谈判，就在谈判的紧要关头，时间已经不多，要送他去机场的轿车到了。他们全部上车继续商谈。就在抵达终点的一刹那，为了回去有个交代，他们完成了交易。结果科肯被迫向日本人做出较大的让步，自己惨败而归。

思考：

1. 美国人谈判失败的原因是什么？
2. 如果你是科肯，应该怎么样做？
3. 如果科肯来到中国，你与他谈判，你会怎么做？
4. 这个例子给我们什么启示？

【知识点】

一、树立时间观念，选好谈判时间

时间观念是快节奏的现代人非常重视的观念。对于谈判活动，时间的掌握和控制很重要。谈判开始之前准时到达，表示对谈判对方有礼貌。无故失约、拖延时间、姗姗来迟等，这些行为产生的都是负效应，只有准时，才能体现出交往的态度和对对方应有的尊重。

谈判时间选择适当与否，对谈判效果影响很大。一般来说，应注意以下几种情况：

避免在身心处于低潮时进行谈判。例如夏天的午饭后、人们需要休息的时候不宜进行谈判；去异地谈判或去国外谈判，经过长途跋涉后应避免立即开始谈判，要安排充分的休整时间。

避免在一周休息日后的第一天早上进行谈判，因为这个时候人们在心理上可能仍未进入工作状态。

避免在连续紧张工作后进行谈判，这时，人们的思绪比较零乱。

避免在身体不适时（特别是牙痛时）进行谈判，因为身体不适，很难使自己专心致力于谈判之中。

避免在人体一天中最疲劳的时间进行谈判。现代心理学、生理学研究认为，下午4时至6时是人一天的疲劳在心理上、肉体上都已达顶峰的时候，容易焦躁不安，思考力减弱，工作最没有效率，因此在这个时候进行谈判是不适宜的。

在贸易谈判中，如果是卖方谈判者，则应主动避开买方市场；如果是买方谈判者，则要尽量避开卖方市场，因为这两种情况都难以进行平等互利的谈判，不要在最急需某种商品或急亟出售产品时进行谈判，要有一个适当的提前量，做到“凡事预则立”。

二、把握谈判的时间“死线”

所谓谈判时间，就是指谈判过程中涉及的时间量的总和，包括谈判期限、谈判所用时间、谈判协议生效时间、谈判协议有效期等。谈判时间适当与否，对谈判结果影响很大，不可掉以轻心。

在谈判中把握好谈判时间“死线”比较重要。谈判是一个有特定开端和结束的事件，有固定的时间结构。例如，某职员找经理商谈，为什么工作年限已到却没有加薪。假设进办公室谈话时间是上午9点，而10点该经理要赶去某地方参加会议，那么这个职员的谈判时间限定就是10点，而这个时间节点就成为谈判必须结束的“死线”。如果你能把握这个死线，那么你就应当在这个“死线”的关键时刻，给对方施加压力或施展计谋、策略，达到预期目的。一般而言，谈判的关键让步会在“死线”前临界点发生。

在谈判中双方都希望能摸到对方的“死线”，争取主动，与此同时，都会对“死线”严格保密。当然也有例外，有些人在某些时候故意把自己的“死线”告诉对手，也可以成为一种谈判的策略。比如A公司在出售某项专利技术时，由于该技术比较先进，不止一家公司愿意购买。A公司与B公司进行出售此项技术的谈判，A公司就明确告诉对方，C公司约定次日上午9点到公司谈技术转让事项。如果不能在下班前和B公司签约，则合作事项取消，A公司将谋求和C公司合作。一般来说，这样做采用的是稻草人谈判策略，但是也不排除真有此事。这样对B公司而言就是一种压力，明确时间“死线”也能为谈判增加筹码。

三、商务谈判中争取时间的方法

利用充分的准备来争取时间。实现采取行动，特别是在时间压力起作用之前就采取措施，做好充分准备赢得时间空挡。

利用电话争取时间。在一时无法判定对方开出的条件是否对自己有利，或对方提出一个让己方为难的问题时，可以事先和同事或助手约定暗号，发出暗号后，借外出接电话的机会进行盘算，争取时间。

利用翻译争取时间。在国际商务谈判中，即便自己懂外语，最好也请翻译随同，在翻译间歇进行思考。

利用款待争取时间。中国人好客全球闻名，对来访人员进行款待，是搞好谈判双方关系的一种手段，也是消耗对方时间的一种有效策略。

让对方重复问题。明明听明白了对方的话，但是还没有想到应对方法，不妨请对方再讲清楚点，这样可以利用短时间来继续思考。

提供干扰材料耗费对方时间。如果自己时间紧，不妨在重要材料中掺杂一些干扰性的、不太重要的文件给对方，赢得思考时间。

事先安排一个健谈的人，短话长说，赢得他人的时间。

【实训模块8】 僵局成因与僵局制造

练习

分组讨论下列问题：

1. 在谈判中制造僵局的必要性和重要性。
2. 在谈判中主动制造僵局的前提条件。
3. 谈判中制造僵局有何风险，如何化解？

【知识点】

一、僵局种类

按照不同的标准，有不同僵局分类。

（一）按照出现时间划分

初期僵局。在谈判初期可能会由于准备不足或沟通不畅造成误会，甚至可能会使另一方在感情上受到巨大的伤害，导致谈判在开局阶段就陷入僵局，使整个谈判草草收场。

中期僵局。谈判中期是谈判的实质阶段，双方在谈判中存在利益冲突，使得谈判难以达成一致。中期僵局往往此消彼长，反复出现，形式多样。由于双方要求差距过大，或都不愿在关键问题上让步，中期僵局就会导致谈判夭折。

后期僵局。在谈判后期双方已就大多数重大原则问题达成一致，但仍有验收、付款等执行细节问题有争议。如果对这些问题掉以轻心，同样会让前面的谈判前功尽弃。所以在该阶段，不妨显得大方点、宽容点，稍做让步便可顺利结束谈判。

（二）按照出现僵局时谈判内容划分

谈判的内容林林总总，不尽相同，但是其中最具有代表性的有四种僵局，即价格僵局、技术僵局、验收僵局和违约僵局。几种僵局中价格僵局是出现频率最高，最实质性的僵局，价格僵局会影响其他的僵局；技术僵局主要是双方在技术方面的约定不能达成一致；验收僵局则是因为验收机构、验收时间、验收方式、验收标准以及如何验收不能达成一致造成意见分歧；违约僵局主要是在谈判后期针对如何认定违约的标准和一旦违约如何进行赔偿产生分歧。

二、僵局成因分析

（一）根本原因

谈判双方的利益对立是产生僵局的根本原因。从表面上看导致谈判僵局产生的原因很多，情况也比较复杂，但是其深层次的原因是谈判双方存在利益上的对立。而其他的态度、礼仪、言语等仅仅是浅层的影响因素。可以想象一个迫切需要购入对方的原材料投入生产的购买方，会因为一些鸡毛蒜皮的原因而放弃谈判吗？吹毛求疵的目的也是为了让对方让步，甚至威胁退出谈判也仅仅是一种手段而已。

尽管僵局产生的根本原因是利益对立，但是解决问题却不一定是利益上全力让步，而是要利用谈判者的聪明才智、谋略和技巧来进行化解。谈判成功带来的共同利益一定会替代之前的任何利益冲突。发展才是硬道理！

（二）僵局产生的十大具体原因

一是立场争执。有时候双方对谈判的深层次利益关系被谈判的立场和观点分歧所掩盖，谈判变成了意志力的较量。双方各不相让，各执己见，必然会引起冲突，而当冲突激化时就会造成僵局。解决的办法就是正视立场，有时候立场不是问题，利益才是王道。

二是强迫手段。谈判的一方实力实在强大，根据谈判的需要可能会向对方强硬施加压力故意制造僵局，而另外一方则不接受，自然就形成了僵局。这种强迫手段，是强势者常用的策略之一。

三是沟通障碍。谈判应该是双向沟通，但是实际操作中，有些谈判双方却像铁轨一样平行，各行其是，无法交叉，“鸡同鸭讲”，形成僵局在情理之中。沟通常见障碍的有三种。

第一种是文化背景差异引起的障碍。如一次谈判中翻译把中国某“国家二级企业”直接翻译成 Second-class Enterprise，而对方总裁一听认为是二流企业，找借口就离开了。

【小案例1】

一个到日本去谈判的美国商务代表团，碰到一件尴尬的事：直到他们要打道回府前，才意识到贸易业务遇到了语言障碍，没有达成协议的希望。因为在谈判时，就价格的确定上，开始没有得到统一，谈判快要告一段落时，美方在价格上稍微作了点让步，这时，日本方面的回答是“Hi!（嘿）”。结束后，美方就如释重负地准备“打道回府”。但结果其实并非如此。因为日本人说“嘿”，意味着“是，我理解你，但我并不一定要认同你的意见。”

第二种可能是听清楚却理解错了。比如在设备谈判中“附带维修设备配件”，中国人喜欢理解成所有设备都有配件，其实可能只是部分配件。听清楚却理解错误在生活中常见，这需要一定的语言功底，还要注意当时的语言环境和情境。

【小案例2】

马路上，一辆车的引擎出了问题，司机检查发现是电池没电了，于是，他拦住了一辆过路的汽车请求帮助。那辆车的司机很乐于助人，同意帮助他重新发动汽车。“我的车有个自动启动系统，”抛锚汽车的司机解释说，“所以你只要用大概每小时30公里至35公里的速度就能启动我的车子。”“做好事”的司机点点头，回到他的车中。驾车者也爬入自己的车，等着那位“助人为乐者”帮助发动汽车，可他等了一会儿，没见汽车上来，便下车看个究竟。但当他转过身时，发现事情糟了：“助人为乐者”正以时速35公里的速度撞向他的车。结果是造成了18 000元的损失。

第三种是在传递中信息逐步失真或理解出现偏差。这种信息传递中失真的现象是由于信息传递者的过滤，每个人都因为自身素质原因，对每件事物的理解不一样，当继续往下传的时候并不是原样下传，而是传递自己加工以后的信息。

【小案例3】

在缅因州中心港口，当地流传着10年前沃尔特·科罗恩凯特首次将他的船驶入港口时的情景。这位豪放的水手看到不远处的岸边有一小群人向他挥手致意，心里十分高兴。他模糊地听到对方的呼喊声：“你好，沃尔特!”

当他的船驶近港口时，人越聚越多，仍然在呼喊：“你好，沃尔特！你好，沃尔特!”

因为对这样热烈的欢迎十分感激，他摘下了白色的船长帽；挥动着回礼，甚至还鞠躬答谢。就在抵达岸边前一会儿，他的船忽然搁浅了。人群一片肃静。深知水性的他马上明白了，原来人们喊叫的是：“水浅！水浅!”

四是人员素质。个人的作风、知识经验、策略技巧不同也会造成谈判中僵局出现。

五是合理要求的差距。有时候谈判还没有开始也许就意味着谈判失败，谈判中都没有错，只不过每个人都从自己的角度出发，有自己的利益要求。而这些利益到最后是无论如何也无法调和的，无论如何努力总有很大差距，无法达成共识。这有点像在过去没有乳化剂的年代里，水和油无论你如何去操作，它们始终很难融合在一起。

六是双方用语不当，造成感情对立，彼此受到伤害。祸从口出，一时的嘴上快感，会让对方无法接受，形成僵局。

七是形成一言堂。不顾对方的反对意见，总是以自己的意见压倒对方。往往在谈判中产生的很多僵局，或多或少都有这方面的原因，一方总是滔滔不绝，无视对方的存在，不给对方辩解的机会，引起反感，最后对方不和你谈，主动退出，不当你的听众，用脚投票。

八是外部环境发生变化。谈判中环境发生变化，谈判者对己方做出的承诺不好食言，但又无意签约，采取不了了之的拖延，使对方忍无可忍，造成僵局。例如，在购销谈判中，市场价格突然会发生变化，或是一种同类型新产品投入市场等。如果按原承诺办事，企业就会蒙受损失；若违背承诺，对方又不接受，从而形成僵局。

九是枯燥呆板的谈判方式。某些人谈判时非常紧张，如临大敌，说起话来表情呆板，过分地讲究针对性和逻辑性。而这种对抗性强的谈判氛围，极可能降低对方达成此次谈判的信心。于是当谈判中有了较小的争执时，对方会认为己方最初就缺乏诚意，这不过是其推托之辞，于是他也坚持己见而不松口，以致谈判陷入僵持状态。

十是缺乏必要的策略和技巧。尽管商谈双方可能已经在较多方面都十分注意，但有时也会因表达、讨价还价等方面缺乏一些技巧而使谈判僵持不下，无法进展。

三、制造僵局

制造僵局就是利用对方无意的失误，故意显得生气，并借此迫使对方为他们的失误买单，做出应有的让步。制造僵局如同其他技巧一样，是值得考虑采用的。了解僵局形成的原因，想人为制造僵局就会很容易。当然没有任何技巧是永远适用的，在没有上司支持的情况下，即使这种战略有效，谈判者也往往不愿冒险造成谈判陷入僵局。上级如何才能帮助他的职员使用这种战略技巧呢？他必须改变职员视僵局为失败的观念，而把僵局看做全盘计划中的一种战术加以运用；提供合作和耐心，使他能够打破僵局而获胜。更重要的是要向他们保证，僵局并不等于失败。告诉谈判者应该具有不怕因僵局而引起别人怀疑他们的商业谈判能力的勇气。

这种技巧是对双方实力和决心的严格考验。在打破僵局后，买方和卖方的态度一定会变得缓和些，如果双方仍然保全了面子的话，那就更容易达成协议了。所以那些愿意尝试这种战略的人，往往都能够达成更有利的交易。不过，这是个带有高度危险性的技巧。有时候僵局会就此僵住，以致永远无法打开。

【实训模块 9】 避免僵局的方法

练习

美国华格纳电子公司向日本一家小企业——三泽公司提议双方合作开发某种半导体元件，其原因是三泽公司虽然是一家小企业，但却拥有世界上先进的半导体元件生产技术。但是，三泽公司出于技术自主性和合作的可行性等不确定因素的考虑，迟迟不肯同意与美国公司合作。美方在一次有日方人员出席的会议中说："如果有必要的话，本公司拥有并购三泽公司的实力。"三泽公司的董事长对自己的公司怀有深厚的感情，一听此话，立即决定放弃与美国公司的合作。

思考：

1. 产生该结果的主要原因是什么？
2. 如你是美方代表，该如何避免这样的结局。
3. 如果想挽回不利局面，美方该怎么做？

【知识点】

有效避免僵局的方法通常包括：

一、把人与问题分开

（一）处理好谈判者“人的问题”

谈判实际上是人与人之间的一种沟通过程。因此，一个基本事实是与你沟通的不是对方的“抽象代表”，而是活生生的人。是人，就会有情绪、有需求、有观点。然而，谈判活动的这一人性层面，有时是很难预测的。如果不能迅速地觉察和妥善处理对方的人性层面的反应，会给谈判带来致命的危害。

人在谈判过程中，会产生两种表现。一方面，谈判过程中会产生互相都满意的心理，随着时间的推移，建立起一种互相信赖、理解、尊重和友好的关系，会使下一轮的谈判更顺利、更有效率。人们自我感觉良好的心理状态与给别人留下一个好印象的愿望，会使他们更注意其他谈判者的利益。另一方面，人也会变得愤愤不平、意志消沉、谨小慎微、充满敌意或尖酸刻薄。他们感到自我受到威胁，从个人私利的角度看待世界，并常常把自己的感觉与现实混在一起，他们歪曲了你的原意，而误解会增加偏见，并导致互相对抗的恶性循环。因为无法对可能的解决办法做出合理探讨，最后将以谈判失败告终。

做到把人与问题分开处理，需要从看法、情绪、误解这三个方面着手。当对方的看法不正确时，应寻求机会让他纠正；对方情绪太激动时，应给予一定的理解；当发生误解时，应设法加强双方的沟通。在谈判中，不仅要这样处理别人的“人的问题”，也应该同样处理自己“人的问题”。在思想上要把自己和对方看做同舟共济的伙伴，把谈判视为一个携手共进的过程；在方法上，要把对方当做“人”来看待，了解他的想法、感受、需求，给予应有的尊重，把问题按照其价值来处理。

（二）处理好实质利益与关系利益的关系

每个谈判者都希望达成满足自己实质利益的协议，这是他进行谈判的动机。除此之外，谈判者还有与对方的关系利益。一个古董商既希望在买卖上牟利，又想把顾客变为一个长期客户。如果能满足双方利益，谈判者至少希望保持一种能接受协议的工作关系。但是，在实际谈判中，这两方面往往会纠缠在一起，很多人易于把人与问题混在一起。有些话可能仅指问题而言，但听起来却像是一种对个人的攻击。

实际上，讨论实质性问题与保持良好的工作关系并不是互不相容的。只要谈判各方能够在心理上准备按照合理的利益来单独处理这些问题，把关系的基础放在明确的认识、清楚的表达、适当的感情和向前看的观点之上，关系利益和实质利益的问题就容易处理了，这样也就会避免因人的感情问题而造成僵局。

二、平等地对待对方

（一）站在对方立场上看问题

从对方的立场上估计形势是十分困难的，但又是谈判者应掌握的最重要的技巧之一。光认识到对方与自己看问题有差别是不够的，如果你想对别人产生影响，你还需要了解对方观点的力量，认识对方确信的感情力量。为了达到这一目标，你要先把自己的判断放在一边，试探对方的想法。他们会同你一样强烈地认为自己的想法是正确的。理解他们的观点并不等于同意他们的观点。对别人思想方法的理解会使你修正对形势的看法，但这并不是理解别人观点所付出的代价，这是一种收益。

（二）不要因为自己的问题去责备别人

人们易于让对方为自己的问题承担责任。“你们公司从来不负责任，每次为我们工厂检修发电机时，总是糊弄人，它又坏了。”责备别人是人们很容易采取的形式，特别是在你觉得对方确实应负责任时。但是即便责备是有道理的，它也总是产生相反的效果，对方在你的攻击下会采取防卫措施来反对你所说的一切。他们或是拒绝听你的话，或是反唇相讥。但如果换一种口气，效果就大不一样：“你检修的那台发电机又坏了。这个月已经坏了三次，第一次坏时，它整整停了一个星期。我们厂需要连续运转的发电机，我希望你能告诉我们如何才能减少发电机停转时的损失。我们是该换一个修理公司，还是向制造商提出诉讼或是采用其他方法?”

（三）讨论各自的认识

一个消除认识分歧的方法是把它们摆出来，与对方讨论这个问题。只要每一方不是从己方所看待的问题上去责备另一方，而是以坦白、诚恳的态度来对待，那么这样的讨论就会带来对方所需要的理解，并认真听取你的意见。反之亦然。

人们常常在谈判中把对方的认识当成无关紧要的东西，当成与协议无关的东西。恰恰相反，与别人进行明确、有说服力的交流，会使别人喜欢听取你想表达的意见，这可以说是谈判者的最佳投资。

（四）保全面子，使你的建议与他们的价值观相符

在谈判中，人们固执地坚持己见，不是因为桌面上的建议根本无法接受，而是因为他们在感情上过不去，不给人以向对方让步的印象。如果能把内容层次化、概念化，以求得公正结果，对方就可以接受了。保全面子可把协议、原则和谈判者的自我形象协调起来，其重要性不应被低估。

三、不要在立场问题上讨价还价

（一）着眼于利益而不是立场

许多谈判者容易在各方问题的要求上发生冲突，既然他们的目标是取得一致的立场，自然会思考、讨论要求和问题——在谈判过程中经常形成僵局。这样，双方就无法解决根本利益的问题。

谈判中的基本问题不在于立场上的冲突，而在于各方需要、愿望、忧虑和担心上的冲突。在谈判中，双方应着眼于问题的解决，而不是斤斤计较于对方的看法和判断。为了将面对面的态势变成肩并肩的情形，双方可明确表示：“我们都是经商的人，只有努力满足你的要求和你所代表的利益，才能达到有利于我们的协议。反过来也是一样。让我们携起手来，一起想方设法为满足我们大家的共同利益而努力吧。”

（二）强调利益而不是在立场上妥协

当你从相反的立场背后寻找驱动的利益时，你常会发现既满足你的利益，又满足对方利益的选择。协调利益而不是在立场上妥协，是因为在相反的立场背后，存在着比冲突利益更多的共同利益。我们常常认定对方的立场与我们相反，那么其想法也必然是相反的。如果我们要求维护自身的利益，那么他们必然会攻击我们。如果我们要求降低费用，他们必然要求增加。但是在许多谈判中，仔细观察基本利益就会发现共同利益与协调利益比冲突利益要多。

（三）进行必要的利益讨论

谈判的目的在于满足自己的利益。当你对此进行交流时，达到目的的机会便会增加。对方可能不知道你的利益是什么，你也可能不知道他的利益是什么。一方或双方可能注意过去的恩怨而忽视未来的要求，或者都没有倾听对方的意见。如果你想让对方考虑你的利益，就告诉他这些利益是什么。只要你不以为对方的利益是次要的或不合理的，那么你可以用坚定的态度表明自己的关切，以此表明你的坦率。

要使双方的利益讨论深入并取得成效，以下几个方面是有必要注意的：

第一，把对方的利益作为问题的一部分，不能只关心自身利益，而忽视别人利益。要想使对方注意你的利益，就先表明你注意他们的利益。

第二，向前看，而不是向后看。我们太容易对别人过去的言行做出反应。人们在一些问题上存在分歧，就反复地争论，似乎只有这样才能达成协议。事实上，这种争论只是一种形式或纯粹是一种消遣。

第三，要具体而灵活。在谈判中，你应该知道将来的结果，并随时准备吸收新的意见。要把重点从认定利益转移到确定特定的选择上，并保持对这些选择的灵活性。

第四，对问题硬，对人软。有经验的谈判者总是给予对方的人以肯定的支持，同时，对于该强调的问题则毫不含糊。这样，既有利于问题的解决，也不会伤害感情。

四、提出互利的选择

（一）寻求共同利益

每一次谈判都潜伏着共同的利益，它们可能不是非常明显。问问自己：我们是否有保持关系的共同利益？是否有合作与互相得益的机会？是否有像公平价格那样的双方都同意的共同原则？共同利益是机会而不是天赐。要把共同利益明确地表现出来，将它系统地阐述为共同目标。强调共同利益会使谈判更顺利、更和谐。救生船的乘客带着有限的食物，漂浮在汪洋大海中，对食物的分歧会从属于到达岸边的共同利益。

（二）协调分歧利益

协议总是以分歧为基础的，观念上的分歧构成了交易基础。许多有创见的协议反映了通过分歧而达成协议的原理。在利益上与观念上的分歧可能会使你深受其益，使对方付出的代价减少。如果要把协调总结为一句话，那就是：寻求对你代价低、对对方好处多的东西，反之亦然。在利益、重点、观念、预测和对风险的态度上的分歧使协调成为可能。谈判者的格言是："在分歧中求生存。"

要使谈判免于陷入僵局，还必须经常注意坚持使用客观标准，如市场价格、惯例、科学的判定、职业标准、效率、法院裁定的价格、道德标准、习惯等。它们会以特有的公正性、客观性使谈判双方达成一致协议。

【实训模块10】 处理僵局技巧

练习

2001年9月，中国内地某建筑公司总经理获悉澳大利亚著名建筑设计师将在上海短暂停留，于是委派高级工程师作为全权代表飞赴上海，请大师帮助公司为某某大厦设计一套最新方案。全权代表一行肩负重任，风尘仆仆地赶到上海，一下飞机就赶到大师下榻的宾馆，双方互致问候后，全权代表说明了来意，大师对这一项目很感兴趣，同意合作。然而设计方报价40万人民币，这一报价令中方难以接受，根据大师了解，一般在上海的设计价格为每平方米6.5美元，按这一标准计算的话，整个大厦的设计费应为16.26万美元，根据当天的外汇牌价，应折合人民币136.95万美元，这么算设计方要40万人民币的报价是很优惠的。全权代表说只能出20万人民币的设计费，解释道："在来上海之前，总经理授权我10万元的签约权限，您的要价已超出了我的权力范围，我必须请示我的上级。"经过请示，公司同意支付20万元，而这一价格大师认为接受不了，于是谈判陷入了僵局。

思考：

1. 这次商务谈判僵局产生的原因是什么？

2. 如果你是中方全权代表，你将如何来突破僵局？

【知识点】

一、间接处理潜在僵局的技巧

所谓间接处理技巧，就是谈判人员借助有关事项和理由委婉地否定对方的意见。其具体的办法有以下几种：

（一）先肯定，后否定

在回答对方提出的意见时，先对意见或其中一部分略加承认，然后引入有关信息和理由给予否定。例如，"我们不需要送货，只要价格优惠！"根据分析，这种意见源于需方对利润的追逐。对于这种意见不要直接予以答复，"你的意见有一定道理，但你是否算过这样一笔账，价格的优惠总额与送货的好处相比，还是送货对你更为有利。"

（二）先利用，后转化

指谈判一方直接或间接利用对方的意见说服对方。例如，"你方所购买商品的数量虽然很大，但是要求价格折扣幅度太大，服务项目要求也过多，所以这笔生意无法做。”对此，需方可以这样进行说服：“你提出的这个问题太实际了，正如你所说的，我们的进货数量很大，其他企业是无法与我们相比的，所以我们要求价格、折扣幅度大于其他企业是可以理解的，也是正常的。再说，今后我们还会成为你的主要合作伙伴，这样可以减少你对许多小企业的优惠费用。从长远观点看，这种做法是互惠互利的。”

（三）先提问，后否定

这种方法是谈判者不直接回答问题，而是提出问题，使对方来回答自己提出的反对意见，从而达到否定原来意见的目的。这种方法的优点是可以避免与对方发生争执，在使用时，首先必须了解对方提出反对意见的真正原因和生产经营情况，然后层层深入地进行提问，才能取得预期的效果。其次，提问时不要以审讯、质问式的谈话方式进行，要采用委婉的方式提问。

例如，某运输公司为了得到一家建筑公司的订单，派一名业务员前去洽谈。托运方在考虑是否签订订单时说：“我们不需要你们公司笨重的大型卡车，另一家运输公司的中小型卡车适合我们的需要。”在这种情况下，业务员要达成交易，必须使对方认识到他们确实需要的是大卡车。业务员采用提问法来解决这一问题。

承运方：“请问你需要的运输工具主要用来干什么？”

托运方：“我们是建筑承包公司，当然是用来运输建筑材料，为施工服务了。”

承运方：“你们在确定需要车的型号时，看中的是以下哪些方面？是质量、速度、运载量，还是操作灵活性？”

托运方：“我们看重的是速度、运载量、操作灵活。”

承运方：“哦！原来你喜欢速度快、运载量大和操作灵活的车辆。”

托运方：“是的。”

承运方：“操作灵活是我公司大型卡车的优点之一，其他型号或牌号的车辆在这方面是无法比拟的。”

托运方：“是吗？我要亲眼看一看。”

承运方：“你们每天运载货物的重量是多少？运输里程是多少？”

托运方：“每天运载量大约 18 吨，运输里程 200 公里。”

承运方：“在这种情况下，大型卡车每天需跑一趟，中小型卡车每天需要至少跑两趟。”

托运方：“那是当然的。”

承运方：“你认为每天跑一趟，还是跑两趟对你们单位更为有利呢？”

托运方：“让我考虑一下……”

承运方：“怎么样，有什么想法？”

托运方经过比较，认为大型卡车对自己更为有利。每天跑一趟，剩下来的时间还可以在工地做些其他服务。于是达成了交易。在整个谈判过程中，业务员让对方回答了他自己提出的反对意见。

（四）先重复，后削弱

这种做法是谈判人员先用比较婉转的语气，把对方的反对意见复述一遍，再回答。复述的原意不能变，文字或顺序可颠倒。该方法对解决潜在僵局行之有效，在使用时，要结合实际谈判过程的具体情况，权衡利弊，视需要而定，尤其是注意研究分析对方心理活动、接受能力等，切忌不分对象、场合、时间而千篇一律地使用。

例如，谈判一方说："你厂的商品又涨价了，太不合理了！"回答方不妨这样说："是的，我们了解你的心情，价格同去年相比，确实高了一些，你不希望涨价……"对方说："那是当然的了。"这时洽谈的气氛就会得到缓和，显得比较温和了，这实际上就意味着削弱了反对意见，我方接下来的辩护也就容易起到更好的作用。

二、直接处理潜在僵局的技巧

（一）以事服人

事实和有关依据、资料、文献等具有客观标准性，因而在谈判过程中大量引用，能使对方改变初衷或削弱反对意见。但切忌引入复杂的数据和冗长的文件，否则便会作茧自缚。

例如，在一次商务谈判中，买方指出，卖方的产品价格又上涨了。卖方赶紧解释，根据本公司全球性的价格信息网反映，伦敦、东京、纽约等地的同类产品价格都有上升，其上升幅度超过了本公司。买方指出，根据我们的调查，贵公司的上升幅度已超过平均升幅。卖方抛出一个新的事实，因为本公司在产品结构上做了改进，若考虑这一因素，本公司的升幅的确低于平均升幅。买方无言以对。

（二）以理服人

用理由充分的语言和严密的逻辑推理影响或说服对方。在运用时要考虑对方感情和"面子"问题。如有一次，在广州小天鹅饭店，我国某企业与加拿大的客商洽谈一个项目。当谈到双方相互考察时，外商问我方怎样安排考察。我方人员回答："按照对等的原则，双方各自安排 5 人，你们负担我们什么费用，我们也负担贵方什么费用。"加拿大客商听了很不高兴地说："这不是对等，加拿大费用高，你们中国费用低。"我方人员又一次申辩："双方人员数量和考察时间是一样的，这就是对等，符合国际惯例。具体到负担接待费用的多少，各国的情况不一样，就像你们吃西餐我们吃中餐，不好用价格来平衡，不能说对等不对等。"这时，加拿大客商忽地站起来，一把抱住我方人员，并伸出大拇指" OK"起来，夸奖我方人员坚持对等原则不让步的劲头。协议就这样达成了。

（三）以情动人

人人都有恻隐之心。当谈判中出现僵局时，一方可在不失国格、人格的前提下，稍施伎俩，如说可怜话："这样决定下来，回去要挨批、革职、降薪水！""您高抬贵手吧！"装可怜相：有的日本商人在谈判桌上磕头、作揖等，从而博取对方的同情心，感动对方促成协议达成。

（四）归纳概括

这种方法是谈判人员将对方提出的各种反对意见概括为一种，或者把几条反对意见放在同一时刻讨论，有针对性地加以解释和说明，从而起到削弱对方观点与意见的效果。

（五）以静制动

在对方要价很高而又态度坚决的情况下，请其等待我方的答复，或者以各种借口来拖延会谈时间。但“缓兵”不是“拖延”，表面是“静”，实则是“动”，为的是主动进攻。拖延了一段时间后，对方可能耐心大减，而我方乘机与对方讨价还价，达成谈判目的。如深圳某公司与某港商就其引进机械设备的事宜进行谈判时，对方提出了很高的开盘价。深方谈判代表在谈判桌上与对方展开了激烈的辩论，但由于港商态度坚决，谈判没有取得任何进展。深方如果没有这种设备，扩大再生产的计划就无法实现，如果答应港商的条件，深方则要被重重地宰一刀，这是深方所不情愿的。就在深方进退两难之际，公司谈判代表突然宣布谈判暂停，对港商的条件需要请示董事会，请求港商等待我方的答复。

一拖就过去了半个月。港商急了，再三请求恢复谈判。深方均以董事会成员一时难以召集，无法达到法定人数，因此无法召开董事会讨论这一问题为由拖延时间。又过了一个星期，港商又来催问，深方仍是如此答复。这下港商慌了手脚，急忙派人打听消息，结果令其大吃一惊。原来该公司已经与日本一家公司商洽同类商品的进口问题，双方对达成这笔交易很感兴趣。时间就是金钱，港商眼看着可能要失去一个十分重要的市场马上转变了态度，表示愿意用新的价格条件同深方继续商谈，深方看着目的已经达到，就同意了港商的要求。谈判最终达成协议，深方大大节省了一笔外汇支出。

三、妥善处理谈判僵局的最佳时机

第一，及时答复对方的反对意见。在谈判中，对方因某个问题坚持其意见，不肯松口。如果此时不解决这个矛盾，将会影响下一步谈判工作的进行。己方在考虑成熟后，可立即就对方的反对意见表明自己的态度，给他们一个肯定而满意的答复。这样一来，有助于谈判工作继续进行。

第二，争取主动，先发制人。在谈判中，如果事前发觉对方会提出某种反对意见，最好是抢在他前面把问题提出来，作为自己的论点，引导对方重新认识这个问题，可以有效地避免和消除僵局。例如，一家竹艺编织厂与外商洽谈业务时，厂方代表发现外商对竹艺的色彩颇有微词，他在外商发话之前提出：“我厂产品属于中华传统工艺，这种大红大紫的色调正是传统文化的象征。如果换成其他浅色调，就可能失去民族特色，不足以吸引顾客的注意力。”外商仔细一琢磨，“对呀！这正是促销的一个根源。”之后，外商就与该厂达成了协议。

先发制人的做法应善于察言观色，随时注意对方的态度，掌握好时间，可以避免争论，避免僵局；同时还可使谈判气氛融洽，节省谈判时间。

四、打破现实僵局的技巧

对潜在僵局采取以上技巧处理无效，潜在僵局就会发展成现实僵局。这时应该面对现实，采取有效的办法打破僵局，使谈判能够继续进行下去。

（一）推延答复

在谈判中，有时碰到一些问题，当双方僵持不下时，可以把它暂时搁置起来先讨论别的问题，等条件成熟后再回头解决这个问题。

（二）推心置腹

有些僵局双方只要推心置腹地交换一下意见，就可化解一场冲突。例如，双方都死守自己的立场不让步，这时谈判一方不妨这样说："你瞧，我们这种态度怎么能解决问题呢？我们各有不同的利益和目的，为什么不相互交换一下彼此的了解、彼此的感受和彼此的需要呢？"现实谈判中有许多僵局是运用这种方法化解的。本来谈判双方是对立的，而有了交换意见的态度后，双方就会转为合作对手了，最终双方会找出解决的办法，双方的需要都可获得满足。

（三）利用休息缓冲

当谈判双方精疲力竭，对某一问题的谈判毫无进展时，可建议暂时休息，以便缓和一下气氛，同时双方可借此机会养精蓄锐，准备以良好的心情继续谈判。

一般情况下，休息的建议是会得到对方积极响应的。休息不仅有利于自己一方，对对方、对共同合作也十分有益。在僵局形成之前，建议休息是一种明智的选择。如果在洽谈中，某个问题成为绊脚石，使洽谈无法顺利进行。这时，聪明的办法就是在双方对立起来之前，马上休息。否则，双方为了捍卫自己的原则不得不互相对抗。只要我们的目标是"谋求一致"，那么休息就是为了寻找解决双方在洽谈中碰到的问题的方法。双方辅助谈判的技术人员、商业界和金融界人员自由结合成小群休息闲聊，谋求他们取得某些积极成果的共同目的。在休息期间，己方要考虑的问题应该是明确的；研究怎样进行下一阶段的洽谈；归纳一下正在讨论的问题；检查己方小组的工作情况或者对下面可能出现的僵局提出新的处理设想；同时要注意怎样重新开谈，考虑下一步的洽谈方案等。

（四）权威影响

当谈判遇到僵局时，可请出地位较高的领导者出席，表明对处理僵局问题的关心和重视；或是运用明星效应，向对方介绍社会知名人士使用本产品后有利于己方的言论。对方就有可能"不看僧面看佛面"，放弃原先较高的要求。例如，湖南一酒厂生产的"伏特加"酒要到美国市场上推销，他们聘请了一位美国推销专家，这位专家让湖南这家酒厂把第一批生产出来的 1 万瓶酒编成号。然后在"圣诞节"前夕准备了精美的贺年卡，分别寄给 100 多名美国著名的大企业家，并写明"我厂生产一批新酒准备将编号第××号至第××号留给您，如果您要，请回信。"节日前夕能收到大洋彼岸的贺年卡，他们喜悦万分，自然纷纷回信，并寄钱求购。然后，这位美国推销专家拿着 100

名一流大企业家的回信，再去找批发商进行生意谈判，结果一谈即成，大获成功。

（五）改变谈判环境

正规的谈判场所容易给人带来一种严肃的气氛。当双方话不投机时，这样的环境就更容易使人产生一种压抑、沉闷的感觉。遇到这种情形，作为东道主，可以首先提出把争论问题放一放，组织双方人员搞一些轻松的活动，如游览观光、出席宴会、运动娱乐等。在轻松愉快的环境中，双方可以不拘形式地对某些僵持的问题继续交换意见，寓严肃的讨论和谈判于轻松活泼的气氛之中。

（六）变换谈判组成员

在现代生活中，人们更加重视自己的面子和尊严。所以，谈判一旦出现僵局，谁都不肯先缓和或做些让步。及时变换谈判组成员是一个很体面的缓和式让步技巧。需要指出的是，变换谈判组成员必须是在迫不得已的条件下使用，其次是要取得对方的同意。

（七）转移话题

在谈判中，当对方固执己见，并且双方观点相差甚大，特别是对方连续提出反对意见、态度十分强硬等不良情况出现时，常常需要采用转移话题法，即为转移对方对某一问题的注意力或控制对方的某种不良情绪，而有意将谈话的议题转向其他方面的方法。

转移话题时，只有选用对方感兴趣方面的话题，才能使风向转变。例如，在工业界用户中，与客户休戚相关的因素有质量差异、价格、售后服务等，应该根据客户的不同情况，选择不同的话题，转移谈判的进程。在谈判中，如果对方反对意见强烈，并不愿继续谈下去，谈判人员此时最明智的做法就是装聋作哑，不去直接反驳对方，努力使谈判继续下去，用别的话题淡化对方的心理自卫反应。

（八）寻求第三方案

谈判各方在坚持自己的谈判方案互不相让时，谈判就会陷入僵局。这时破解僵局的最好办法是，各自都放弃自己的谈判方案，共同来寻求一种可以兼顾各方面利益的第三方案。例如，某大型企业开发出一种新产品，某小型企业的产品是为之配套的一种零件，两个企业就这种新产品的配套问题进行谈判，因价格问题产生僵局。大型企业出价每个零件 7 元，小型企业要价 8 元，各自互不相让。大型企业的理由是若每个零件超过 7 元，就很难迅速占领市场。小型企业的理由是每个零件若低于 8 元，企业将会亏损。表面上看，双方都要维护自己的效益，实际上，买卖做不成，双方都谈不上效益，做成买卖是双方的共同愿望。在这一前提下，双方交换了意见，最后以每个 7. 3 元达成协议。这样的结果，大型企业解决了占领市场的难题，而小型企业虽然是微利供货，但也同样有了收获，与这一大客户建立了长期的合作关系，该种新产品一旦占领市场，可以提高本厂配套产品的知名度，还会有长期可观的经济效益。

（九）以硬碰硬

当对方通过制造僵局，给己方施加压力，妥协退让已无法满足对方的欲望时，应采用以硬碰硬的技巧向对方反击，让对方放弃过高的要求；可以揭露对方制造僵局的用心，让对方自己放弃所要求的条件；必要时可以离开谈判桌，以显示自己的谈判立场。如果对方真想与你谈成这笔交易，他们还会来找你。这时，他们的要求就会降低，谈判的主动权就掌握在你手里了。

（十）问题上报

当谈判陷于僵局后，采用上述方法又不能奏效时，谈判双方可将问题提交各自的委派者或上级主管部门，由其提供解决方案，或亲自出面扭转僵局。如卖方只给集成度为 3 万个晶体管的集成电路技术，而买方要求可做 8 万个晶体管的集成电路技术，双方相持不下，这样谈判无法继续进行。这时双方均请示上级，并由政府的高级领导出面谈。在他们讨论并决定问题后，双方谈判人员再继续谈。

（十一）寻求第三方

当谈判出现严重对峙，其他方法均不奏效时，可运用第三方进行协调。如某技术转让项目的谈判中，卖方主谈采取强硬态度，玩边缘政策，买方夹包拂袖而去，使谈判中断。该公司所在国驻买方所在国使馆商务参赞出面拜会买方主谈的上级，使谈判得以恢复，这里外交官成了中间周旋人。

第三者的介入能够找出顾全双方面子的方法，不仅会使谈判者比较满意，也使双方的组织者感到满意。争执中的双方在第三者面前，无论采取怎样强硬的态度都没有关系，而他们所表现出的强硬立场，还可以满足公司对他的期望。第三者的新建议或观点容易被双方所接受，使他们能够一起合作以解决问题。

（十二）软硬兼施

软在己方做一下小让步，或以远利加以诱惑，或对对方进行耐心说服教育，或给足对方的面子。而硬体现在坚持立场，表示跟对方比决心与毅力，或对对方采用施加压力的方法迫使对方就范。关键是运用“先礼后兵”的举措感化对方，软中有硬，硬中有软，利益不能损害过大。

（十三）强制选择

提出新的建议打破僵局时，拿出两个对双方都有利的成交方案。选择余地不能过大，只能二选一。表达上要彬彬有礼、态度诚恳、有合作的高姿态让对方难以拒绝，特别是在对方拿不定主意而犹豫的时候很有用。

（十四）代绘蓝图

主要是让对方看到自己的利益，放弃不合理的要求和强硬的态度。在计算时要仔细认真，分析中肯让人信服，关键是利用远利的诱惑。

【问题思考】

1. 如何评价谈判过程中开场陈述的重要性？

2. 开盘报价是高报价好还是低报价好？

3. 如何理解在谈判过程中“退一步海阔天空，忍一时风平浪静”？

4. 在谈判中究竟应该保持何种心态？

5. 如何看到商务谈判中的僵局？有人说“既然来谈判，就必须诚实，必须有让步，绝对不能制造僵局”，你如何理解？

实训项目四　商务谈判策略实训

【实训目的与要求】

1. 掌握开盘要价技巧要点。
2. 理解价格解释的重要性和解释原则。
3. 掌握讨价还价技巧，并能在生活中运用。
4. 掌握先发制人与后发制人策略。
5. 掌握最后通牒策略。
6. 掌握谈判中的提问技巧。
7. 掌握谈判中的倾听技巧。
8. 熟练运用赞美与幽默语言。
9. 掌握谈判中说服的技巧。
10. 掌握商务谈判中谈判纪要与备忘录的异同和重要性。

【实训学时】

本项目建议实训学时：4 学时。

【实训内容】

根据训练项目要求，学习开盘、讨价还价、先发制人与后发制人、最后通牒以及提问、倾听、说服等技巧，还会做好商务谈判记录、纪要与备忘录等常规工作。

【实训模块 1】 开盘（要价）技巧

练习

浙江新安股份有限公司是全国有名的农药生产企业，产品以草甘膦等为代表，主要销售欧美市场。A 公司是欧洲总代理商，2013 年由于受到中国政府针对生态环保相关政策影响，部分小企业关闭，供求关系发生变化。2013 年 11 月份将进行 2014 年代理欧洲市场事宜谈判，请组织 2 个小组的同学分别代表双方进行报价的模拟谈判。相关资料可以在网络上收集，力求高仿真。

【知识点】

商务谈判中所谓开盘要价，基础就是定价，原理和理论和销售管理中产品定价如出一辙。

一、定价影响因素

供求关系。开盘价格高低和谈判双方的供求关系有较大联系，当对方有求于己方时，可以适当提价，反之则应当考虑低价。在操作中要注意，供求关系不是一成不变的，而是受到市场因素影响的，所以在报价时需要充分了解市场，否则会贻笑大方。

成本因素。定价的高低有时候会受限于成本，特别是成本较高时，即便知道高价在和竞争对手抢占市场时处于劣势，但是由于低于成本会直接带来亏损，也只有硬着头皮报高价，至少是成本价。在谈判时就只有用质量和服务等来弥补成本高的不足。

心理因素。对方对己方企业信誉和产品的认知，以及对方谈判对手心理素质和经验等都会造成谈判中的心理压力。在谈判中要善于读人，解读对手的心理，并进行有效分析，以便抓住对方的弱点进行攻击。

对利润追求。一般而言，追逐高利润定价高，追求普通利润则报价为市场均价。

对整个信息的了解情况。商场如战场，而战场的信息是瞬息万变的，谁能提前了解信息，谁就能抢占先机。例如长虹集团在20世纪90年代为占领彩管市场，就对信息进行了错误分析，采用高价将市场彩管购买并囤积，形成阶段性垄断。像康佳、海尔、海信等竞争对手却没有跟进，而是根据国内外彩电市场和产品进行了充分的信息分析，开发新产品对同款电视进行替代。结果生产彩管的厂家几乎没有费力进行谈判就将库存的彩管全卖给了长虹，一个决策直接导致了长虹从兴盛时期走向衰败。

货物新旧程度。定价高低还和货物新旧程度有关，在生活中常遇到购买日用品的谈判，新款服装因为具有时令性，没有折扣，赚取超额利润。而过时服装或库存较长的服装则进行亏损甩卖，如此低定价尽管有亏损，但是通过与新款上市时的利润一对冲，仍然会有充裕的利润空间。因此当产品从新变旧时，就应该采用低定价，及时回笼资金。

交货期要求。一般来说需求方对交货期要求越近，说明他在要货的时间上越紧张，甚至“等米下锅”，出售方要价就可以越高。

产品和企业信誉。企业的品牌信誉和产品质量口碑是企业无形资产价值的体现，这种无形资产是有价值的，是企业经过努力经营之后的增值，这个增值就要在价格上体现出来。反之一些没有名气的小企业或新产品，就会因为消费者不太接受而有一定的贬值。

附带条件和服务。一些附带条件和服务能带来安全感和许多实际利益。人们往往愿意“多花钱买放心，多花钱买便利”。现在很多行业的价格由于竞争关系，价格空间透明，用业内语言说，叫“价格做穿了”，单凭借产品来赚钱难度比较大，有实力的企业会通过增加服务的方式来提升价格。

二、要价要让对方感觉便宜

感觉便宜和真正便宜是两回事，谈判本身就是一个愿打一个愿挨的过程，所以关键是要让对方感觉报价确实便宜，功夫在“感觉”上。

常用的方法有：强调质量、性能等使用价值，能为购买者带来什么效益或好处；对不同的客户、不同的批量、不同的时间、不同付款方式采取不同的价格，让不同的人能感受到与其他人不同；灵活处理买方的支付方式，比如用分期付款、延后付款、先用后付款等方式促进对方的购买欲望，让购买方感觉风险降低，更愿意支付稍高的价格；提供各种附加服务，让购买者称心，付钱也舒心；从同类企业、同类产品、同类服务、同类质量等方面进行价格比较；对一些价格比较高的商品，可以采用价格分割方式用较小的单位报价来降低高价格的感受，如茶叶以两计价、黄金首饰以克计价等。

三、报价原则

1. 卖方开盘应该是最高的，买方开盘应该是最低的。习惯上谈判就是一个讨价还价的过程，所以需要有一个讨价还价的空间。

2. 开盘价应当合情合理。在开盘报价时应该有充足理由证明己方的报价是合理的，没有水分的。

3. 报价应当坚定、明确和清楚。对自己的报价合理性要充分自信，任何犹豫都会让对方怀疑。

4. 不对报价做主动解释和说明。一般只要对方没有提，最好不做过多的说明，如何进行价格解释，将在相关内容中讲析。过多的说明容易露出破绽或弱点，所谓言多必有失。

5. 力争先谈项目价值再谈报价。给对方一个心理预期，价格和价值是匹配的。

6. 注意用计量单位的大小造势。卖方应当尽量化小报价计量单位，反之买方应当尽量化大计量单位。

【实训模块 2】 价格解释

练习

“润田翠”是江西某矿泉水品牌在其“润田”品牌推出数年后的一个升级品牌，价格比原品牌高出一倍还多。在 2013 年年底进行的 2014 年度经销商招商会上，老经销商们对品牌加一个“翠”字即提价 1 倍难以接受。请查询相关资料后分组讨论，各组派同学代表该公司做出解释。教师对各组表现进行评价。

【知识点】

价格解释是报价之后的必要补充。

一、价格解释意义

价格解释是卖方主动对商品特点所做的介绍。卖方可以借此对报价的价值基础、行情依据做出说明，可以应买方要求对报价做出准确解答，并充分表明所报价格的真实性和合理性，最终缩小与买方讨价的期望值差距。

二、价格解释技巧

有问必答。对方提出疑点和问题，应该坦诚、肯定做答，不能躲闪，否则授人以柄，给人以不实之感。尽管心里不想讲，但嘴里可能说“贵方听明白了吗?”“是否要我重复?”满脸笑容，一副自信坦然的样子，给对手一种“你没有隐瞒”的感觉。这个印象技巧有盾牌的作用，可以减缓对方情绪上的不满，谈判中对己方有利。

不问不答。没有问到的问题，原则上不回答，以免言多必有失。有些人在谈判中总是喜欢炫耀自己的口才，或怕别人不理解，怕别人被报价吓跑，一开始就滔滔不绝，别人问的回答，没有问的也主动透露，犯了多嘴的大忌。

避实就虚。价格解释中应多强调自己货物、技术、服务的特点，多谈一些好讲的问题，不成问题的问题。实在不行，承诺以后答复。

能言勿书。能够口头解释的，不用文字；非要写的，宜粗不宜细，能推迟的则不马上讲；能从侧面应付的绝不把正面摊给对方，给自己留退路。在解释中对价值大、利润高的部分少涉及或涉及时不透彻，而对价值不大的部分介绍详尽周到。

明暗相间。解释的问题若明若暗，大看是那么回事，小看又非如此。效果在解释人“诚实可信”，而听者是否识出真相，则要看其辨识能力了。

【实训模块3】 讨价还价技巧

练习

我国某冶金公司要向美国购买一套先进的组合炉，派一高级工程师与美商谈判，为了不负使命，这位高工做了充分准备，查找了大量有关冶炼组合炉的资料，花了很大的精力对国际市场上组合炉的行情及美国这家公司的历史和现状、经营情况等了解的一清二楚。谈判开始，美商一开口要价 150 万美元。中方工程师列举各国成交价格，使美商目瞪口呆，终于以 80 万美元达成协议。当谈判购买冶炼自动设备时，美商报价 230 万美元，经过讨价还价压到 130 万美元，中方仍然不同意，坚持出价 100 万美元。美商表示不愿继续谈下去了，把合同往中方工程师面前一扔，说：“我们已经做了这么大的让步，贵公司仍不能合作，看来你们没有诚意，这笔生意就算了，明天我们回国了。”中方工程师闻言轻轻一笑，把手一伸，做了一个优雅的请的动作。美商真的走了，冶金公司的其他人有些着急，甚至埋怨工程师不该抠得这么紧。工程师说：“放心吧，他们会回来的。同样的设备，去年他们卖给法国只有95万美元，国际市场上这种设备的价格100万美元是正常的。”果然不出所料，一个星期后美商又回来继续谈判。

工程师向美商点明了他们与法国的成交价格，美商又愣住了，没有想到眼前这位中国商人如此精明，于是不敢再报虚价，只得说：“现在物价上涨得厉害，比不了去年。”工程师说：“每年物价上涨指数没有超过6%，一年时间，你们算算，该涨多少？”美商被问得哑口无言，在事实面前，不得不让步，最终以101万美元达成了这笔交易。

思考：

1. 对中方工程师谈判讨价还价技巧进行评价。
2. 如何理解讨价还价前“知己知彼”的重要性？
3. 总结案例带来的启示。

【知识点】

一、议价前准备

首先，搞清对方是否有对价格让步的权力，以及对市场价格是否进行了解。

其次，购买前再次检查购买动机，明确是否非买不可。

最后，先货比三家，比较使用价值、价格、质量等。

二、投石问路

买方可以做一些假设性的提问，探询价格移动的机会。

假设的问题如：假如订货数量翻倍或减半，价格如何？假如签约一年呢？用现金支付或分期付款呢？可以代加工吗？买方提供技术，进行来样加工呢？假如对产品全包呢？等等。

卖方要注意回答方式。

比如：仔细考虑后答复。不要对假定的价格马上进行估价。通过问答找出买主真正想买的产品和批量。以对方订货为条件再给予答复。卖方以提出附加条件请买方考虑，做“反投石问路”，像马上订货、要求最低批量、要求付款方式等。

三、讨价还价技巧

不轻易让步。尽量让每次让步有效和有回报，要循序渐进，步步为营、互惠互利。在讨价还价过程中，轻易让步会让对方感觉你的空间还比较大，会激发他们的欲望，增加谈判的难度。

远利谋近惠。讨价还价不一定总是在价格上玩你来我往的数字游戏，要适时地说服对方，着眼未来的长期利益，并且承诺一旦目前的价格谈成，会在以后给予更多的优惠和让利。

迫使对手让步。一般而言谈判者的利益包括可以舍弃的利益、应该维护的利益和必须坚持的利益三种。在适当时必须保留第三种利益，让前两种利益做出牺牲，迫使对手让步。

抛砖引玉。先不管对方的询价，而是举例近期的成功交易案例，给出成交价格，作为参考，请对方提出合理价格，把价格的皮球踢给对方。

先造势后还价。在对方开价后不急于还价，而是提出市场行情，分析以后的态势，强调己方优势和实力，构筑有利于己方的形势，然后再提出己方的要价。给对方造成客观的心理压力，迫使其做出价格让步。

斤斤计较。叠加各种充分理由，降低每次还价的期望，要求对方在各个方面做出相应让步，不在乎每次让步大小，而是积小胜为大胜。

吹毛求疵。在暂时能接受的价格范围内要想继续扩大战果，取得更多的利益，就买方而言不妨对卖方的产品提出较多质量要求，找出存在的瑕疵、服务不足以及和其他类似产品的差距等，利用“挑刺”来迫使对方做最后的让步。使用这个技巧要注意不能无理取闹，而要说得在理，证据充分。

【实训模块4】 先发制人与后发制人

练习

小案例1. 在某次交易会上，我方外贸部门与一客商洽谈出口业务。在第一轮谈判中，客商采取各种招数来摸我们的底，罗列过时行情，故意压低购货数量。我方立即中止谈判，收集相关的情报，了解到日本一家同类厂商发生重大事故停产，又了解到该产品可能有新用途。在仔细分析这些情报以后，谈判继续开始。我方根据掌握的情报后发制人，告诉对方我方的货源不多，产品的需求很大，日本厂商不能供货。

对方立刻意识到我方对这场交易背景的了解程度，甘拜下风。在经过一些小的交涉之后，接受了我方的价格，购买了大量该产品。

小案例2. 某工厂要从日本A公司引进收音机生产线，在引进过程中双方进行谈判。

在谈判开始之后，日本公司坚持要按过去卖给某厂的价格来定价，坚决不让步，谈判进入僵局。我方为了占据主动地位，开始与日本B公司频频接触，洽谈相同的项目，并有意将此情报传播，同时，通过有关人员向A公司传递价格信息。A公司信以为真，不愿失去这笔交易，很快接受我方提出的价格，这个价格比过去其他厂商引进的价格低26%。

思考：

1. 两个案例带来什么启示？
2. 如何评价先发制人与后发制人的优劣势？
3. 先发制人与后发制人的应用条件和范围是什么？

【知识点】

一、先发制人

所谓先发制人就是在谈判开始就压住对手，揭对手短，增加对手心理压力。比如："你方在与某某公司的交易中因为交货问题输了官司，做了赔偿，是怎么回事，对我们会不会这样?"

要领：直接抓住要害，必须是事实而不是道听途说的，表达上要不伤害人和感情，不妨从关心人入手。适用于对方要价奇高或气势很厉害的情况，给予对手迎头痛击。

先下手采取主动者能够把握事情进展，控制事情发展的方向，而后发者容易受到对方策略的限制，被对方"牵着鼻子走"。正可谓：先发者制于人，后发者受制于人。在商务谈判中，率先提出方案的一方往往能够掌握主动。谁先提出自己掌控的方案，谁就能掌握主动。

20 世纪 80 年代，我国需要进口一种电动轮装载机，为此，我方代表同美国公司的代表进行了谈判。由于我国对这种装备使用缺乏任何经验，对这方面的资料掌握得也不够多，在谈判中显得非常被动，遇到许多困难。

为了不在谈判中吃亏，我方代表决定发挥先发制人的谈判策略，从而控制谈判的主动权，为我方争取最大程度的谈判利益。第二次谈判开始，我方代表首先向对方介绍了我国煤炭工业发展远景规划和露天矿远景规划，按照远景规划，我国的煤炭工业非常需要进口大量的此类机械设备。

等我方介绍这些情况之后，美国一方展现出了浓厚的兴趣，他们表示这个市场规模巨大。而后我方提出建议，由于我们对此种类型的装载设备性能、指标等还不太了解，因此希望美国公司先拿出一台装载机在霍林河矿区试用，试用周期为 10 个月，然后根据试用的情况再决定取舍。如果试用结果令人满意，我方就购买该设备并留下来继续使用，如果试用结果不佳，美国公司就将装载机运回去。同时我方代表还提出，机器试用期间的消耗元件均由美国公司无偿提供，而装载机所需要的燃料则由我方负责提供。

我方代表提出的这套方案，可以说对于美国公司非常的不利，而我方则没有承担任何的风险。仅仅需要为装载机提供一些必需的燃料，就可以无偿试用该设备至少 10 个月的时间。如果试用不成功的话，我方也不承担任何的责任。美国公司只有运走他们的设备。而一旦试用得到满意的效果，我方才考虑购买美国公司的机器。显然这是一个相当不公平的方案。美国方面需要承担一定的风险，因为一旦机器在试用期间出现问题，就由他们承担全部责任。在整个谈判过程中，尽管我方提出的方案暂时不会给美国公司带来任何的利益，甚至有关条件还相当的苛刻和不合理，但是对方代表并没有表示反对。他们将我方的诚意、试验的目的以及未来中国的市场状况报告给他们公司的总裁之后，决定同意我方的建议，接受我方的条件。这次谈判获得了意想不到的成功。

二、后发制人

所谓后发制人就是以倾听为主，任凭对手如何做，自己冷静地从对方的言语中找破绽和弱点，然后集中精力进行回击。要领：要有耐心，对方越是表演得精彩，漏洞出现得越多，反击的效果越好。关键是要攻击要害。应对方法：表演适度，要谨慎，当对手太沉得住气的时候要想法激怒他、挑战他。

掌握情报，后发制人。在商业谈判中，口才固然重要，但是最本质、最核心的是对谈判的把握，而这种把握常常是建立在对谈判背景的把握上的。

【实训模块5】 最后通牒

练习

2013年5月9日上午10时左右，台湾渔船“广大兴28号”在屏东县鹅銮鼻东南方约180海里处遭菲律宾军舰射击，65岁船员洪石成中枪死亡。之后，菲律宾军舰仍继续追赶、扫射台湾渔船。该船逃命一个多小时后才脱险，但船上设备已遭严重损毁。马英九的发言人李佳霏当天深夜在台北召开记者会表示，台湾当局向菲提出4项严正要求：第一是正式道歉，第二为赔偿损失，第三是尽速彻查事实严惩凶手，第四为尽速启动“台菲渔业协议”谈判。

李佳霏表示，从2013年5月12日零时算起，72小时内若未获菲方正面响应，台湾当局将采取3项抗议措施：第一，冻结菲劳的申请；第二，召回台驻菲“代表”；第三，要求菲律宾驻台“代表”返回菲协助妥善处理本案。

8月7日，菲律宾方面公布事件调查结果，并建议起诉射杀台湾渔民的海岸警卫队成员，台湾当局则依杀人罪起诉菲律宾射杀台渔民嫌犯。8日，菲律宾方面派出总统特使赴台道歉，台湾当局也于当日晚间宣布取消对菲律宾的11项制裁措施。

思考：

1. 查询资料，对该事件进行综合分析。
2. 讨论实施最后通牒的条件。
3. 实施最后通牒有哪些技巧？

【知识点】

无论是政治谈判、军事谈判还是商务谈判，使用最后通牒并不是一种常规的做法，它是一种在特定的环境中不得已而为之的策略。最后通牒中的最后出价和最后时限不但针对对方，同时也给己方套上了枷锁，双方在其中都没有回旋的余地，所以很容易造成双方尖锐对抗，导致谈判破裂。所以，谈判者在使用这一策略时，一定要在考虑成熟的情况下才能使用，否则后果不可收拾。最后通牒若成功，能有效地逼迫对方让步，使己方获取巨大利益；但若使用失败，不仅与对方关系恶化，己方还丧失了宝贵的市场机会，因此最后通牒是一把双刃剑，使用时要慎之又慎。

一、最后通牒的实施

（一）实施最后通牒的条件

谈判者知道自己处于一个强有力的地位，特别是该笔交易对谈判对方来说，要比己方更为重要；或者其他竞争对手不具备同等条件，如果要继续进行交易的话，对方只能找己方。这是运用这一策略的基本条件。

谈判的关键时刻或最后阶段才能使用最后通牒。一方面，当谈判处于激烈交锋时，己方不能让步，否则可能在以后的谈判中损失巨大，甚至使此次谈判对己方毫无意义，为了逼迫对方让步，己方可以发出最后通牒。另一方面，在谈判最后阶段，对方已在谈判中投入了大量的人力、物力、财力和时间成本，一旦拒绝己方要求，这些成本将付之东流，并且其谈判代表回去后还不好向企业交代；同时，只有到最后阶段，对方才能知道此次谈判可能给他们带来的巨大利益，当意识到只要在最后一两个问题上做出让步即可获得这些利益时，他们可能接受最后通牒。

最低目标是谈判者必须坚守的最后一道防线。若对方所持立场是己方最低目标甚至低于最低目标，则此次谈判对己方来讲，意义不大。若仅仅甚至不能实现最低目标，即使发出最后通牒后使谈判破裂，也毫不可惜。

己方提出的要求并不过分，在对方的最低目标之上，这时，己方发出最后通牒，不会引起强烈的对抗和反击，对方可能会表明对己方的不满态度，然后接受己方的要求。

当谈判陷入僵局，对方给己方施加太大的压力，己方无计可施，妥协退让也无法满足对方的欲望时，最后通牒往往是最后一个可供选择的策略。此时，若最后通牒也无法迫使对方让步，则只能接受谈判破裂的结局。

（二）实施最后通牒的技巧

最后通牒最好由谈判队伍中身份最高的人来表述。发出最后通牒的人身份越高，其真实性也就越强。当然，改变的难度也就越大。

用谈判桌外的行动来配合己方的最后通牒。发出最后通牒后，再以实际行动表明己方已做好了谈判破裂的准备，如酒店结账，预定回程的车、船、机票等，从而进一步向对方表明最后通牒的决心。

最后通牒的态度要强硬，语言要明确、毫不含糊，应讲清正反两方面的利害关系，不让对方存有任何幻想。同时，己方也要做好对方真的不让步而退出谈判的思想准备，以免到时惊慌失措。

实施最后通牒前必须向自己的上级通气，使其明白为何实施最后通牒，究竟是处于不得已，还是作为一种谈判策略，否则，上级很可能由于不明真实情况，而对实施最后通牒横加干涉，破坏己方的谈判 策略和步骤。

总之，实施最后通牒需要一定的条件和谈判技巧，既要让对方相信己方的最后通牒是真实可信的，又要让对方无法还手，接受最后通牒的条件。

二、如何对付最后通牒

制造竞争。对方发出最后通牒，目的是逼迫己方让步，答应其提出的条件。当对方存在竞争对手时，己方如果不理会对方的最后通牒，寻找其竞争对手，摆出与第三方谈判和即将达成协议的架势，对方的谈判实力就会大大削弱，其最后通牒就有可能不攻自破。

反最后通牒。面对对方的最后通牒，如果己方的谈判实力也很强，就可以反向对方发出最后通牒，以其人之道还治其人之身，打破对方的最后通牒。但是，使用时要注意发出最后通牒的条件，否则局面将越搞越糟，不可收拾，结果两败俱伤。

中断谈判。若己方不怕谈判破裂或者发现对方实施最后通牒仅仅是谈判的一种策略，就不妨中断谈判，静观对方变化，让其明白实施最后通牒意味着谈判破裂。在中断谈判时，可以向对方阐明谈判成功与否对双方的利弊得失，使之知晓其中利害；也可以向对方甚至对方的上级提出抗议，抗议对方对己方的态度和对谈判没有诚意的做法。这就把球踢给了对方，看其下一步行动。因为对方下一步最多是中断谈判，或者宣布谈判失败。在很多情况下，如果对方发现最后通牒对己方不起作用，就有可能采取某种补救措施，甚至降低出价，这样，己方就掌握了谈判的主导权。

调解人调解。在商务谈判中，有些谈判必须取得成果，而不能用中止或破裂来结束。当对方发出最后通牒导致谈判陷入僵局时，为了尽快结束谈判，己方不妨请一个与双方没有直接关系、威望较高的第三者作为调解人协调双方的矛盾，使谈判顺利进行。调解人站在旁观者立场对双方的矛盾和共同利益进行分析，然后提出一个新的方案让双方讨论。由于新方案照顾了双方的利益，顾全了双方的面子，因而较容易被双方接受。对方一旦接受了调解人的方案，其发出的最后通牒也就无效了。

有效退让。对于谈判任何一方而言，坐在谈判桌上的目的是为了谈判成功达成协议，而不是抱着失败的目的前来谈判。因此，当对方发出最后通牒后，如果发现接受最后通牒而使协议达成所带来的利益要好于因坚守原有立场而使谈判破裂所带来的结果，己方可以做出某些适当让步。不过在做出让步之前，应用恰当的语言，向对方表示对其做法的不满态度，然后找一些体面理由作为己方让步借口。千万不能在未表明态度之前就做出让步，这样是在对方面前示弱，并可能鼓励对方在以后的谈判中用强硬的手段对付己方。

三、实施最后通牒失败后补救

新指示法。一旦最后通牒失效，己方不妨向对方说，刚刚从上级那里获得了新的指示，可以在新的条件基础上进行新一轮谈判。这样无形中就把最后通牒的失误、条件变化的责任推到了上级的头上。这种从上级那里获得的新指示可真可假，当然，也绝没有那种傻乎乎的对手会问是真的还是假的。

换将法。最后通牒失败后，为了消除对方的成见，缓和双方紧张关系，可采用换将法。用新的一组谈判队伍取代以前的谈判人员，这样就在无形中使发出最后通牒的人和最后通牒一起成为过去，从而顺理成章地开始了新一轮谈判。更换谈判人员，首要的是更换谈判的主谈人或负责人，在级别上可以是平级，也可以是上级。

重新出价法。最后通牒失败也就是对方拒绝了己方提出的交易条件。己方如果想挽救谈判，使谈判取得成功，往往要做出一些让步。但有时己方由于某些客观或主观原因，不能妥协退让，这时可以采取一种与原先出价本质不同的出价，即重新出价法，而不是在原来出价基础上让步。这种重新出价法可以是一种新的谈判思路，也可以是一种全新方案。重新出价法是一种很好地保全最后通牒失败方面子的补救方法。

【实训模块6】 提问技巧

练习

针对以下各个问题的三种答案，选出一个最好的答案，并说出理由。

1. 这种产品的价格如何？

（1）给出一个确定的报价　（2）您要多少数量　（3）您要何种品质的价格

2. 您有红色的产品吗？

（1）有　（2）您想要红色的吗　（3）我们有6种颜色，其中包括红色

3. 什么时候您可以送货？

（1）给一个明确的送货时间　（2）您希望我们何时送货　（3）订单的大小决定送货时间

4. 我订购多少才能打折扣？

（1）说明一个特定数量　（2）您希望订多少数量的货　（3）说明各种数量与价格对照表

5. 你们何时有最新产品？

（1）说明一个特定时间　（2）您要我们的最新产品吗　（3）我还不知道

6. 你们的付款条件是什么？

（1）说明一个特定付款条件　（2）您希望用什么条件付款　（3）付款条件大家可以商量

【知识点】

提问的目的是表达自己的观点和感受让别人思考，通过提问获得自己不知道的信息和资料，控制谈判方向和节奏。

一、提问类型

封闭式提问。将对方的思考限定在一定范围内，引出肯定或否定答复的提问。如“请问贵方对我方的价格是反对呢还是接受？”

开放式提问。在广泛领域引出广泛回答，一般无法用“是”或“否”回答。“请问你对我公司的印象如何？”“贵公司对该产品的销售前景如何看待？”“对我方提出的

价格，你方有什么看法?”

婉转式提问。在不知道对方虚实的情况下，可以采取婉转语气，既可能获得信息，也可以避免被拒绝的尴尬。如销售产品的业务员：“这种产品的功能还不错吧？怎么样，请提提要求，顺便评价一下。”

澄清式提问，也叫求证式提问。针对对方发言，重复，获得自己判断的求证。意在弄清楚对方说话的真实用意。“你刚才说……难道是指……”“您刚刚说上述情况没有变动，是不是说明你们如期履约没有问题?”

探索式提问。针对对方答复，进一步探明情况，或探测进一步的信息。“你刚才的回答是否说明如果我再追加购买量，价格还可以再下降 5 个点?”“你有什么保证能证明贵方能如期履约呢?”

借助式提问。借助权威人士的观点和意见影响对方。“我们请教了我们行业的权威张教授，你这个产品的成本应该不会超过 100 元，你是否应该再把价格降低一点?”

强迫选择式提问。将自己的意志强加给对方，使对方在狭小的范围内回答。“支付回扣在我国是个潜规则，希望贵方要予以注意，价格上不能再降低了?”“原来的协议你们是现在执行还是延后执行？我们可不想再拖了。”

【小案例 1】

谈判的语言技巧在营销谈判中运用得好可带来营业额的高增长。某商场休息室里经营咖啡和牛奶，刚开始服务员总是问顾客：“先生，喝咖啡吗?”或者是：“先生，喝牛奶吗?”其销售额平平。后来，老板要求服务员换一种问法，“先生，喝咖啡还是牛奶?”结果其销售额大增。原因在于，第一种问法，容易得到否定回答，而后一种是选择式，大多数情况下，顾客会选一种。

【小案例 2】

张军想到一家公司担任某一职务，希望年薪 8 万元，而老板最多只能给 5 万元。老板没有说“要不要随便你”这样具有攻击性的话，而是说：“给你的薪水，那是非常合理的。不管怎么说，在这个等级里，我只能付给你 3 万元到 5 万元，你想要多少?”很明显，张军只能选“5 万元”，而老板又好像不同意：“4 万元如何?”

张军继续坚持 5 万元。其结果是老板投降。表面上，张军好像占了上风，沾沾自喜，实际上，老板运用了选择式提问技巧，张军自己放弃了争取 8 万元年薪的机会。

引导（诱导）式提问。具有强烈暗示实质的提问。“谈到这个地步，为了保证最低利润，我想贵方应该予以 4%的折扣，你一定会同意的，是吗?”“违约要受惩罚，你说是不是?”

协商式提问。用商量的口吻和对方谈条件。“你看我们的折扣定为 3%是否妥当?”

多层次提问。含有多个主题，让对方难以周全把握。“你能否将协议产生的背景、履约情况、违约责任和贵方的态度谈谈?”一般多层次的提问是为了转移视线，并不期望对方能一一就所问问题进行回答。

二、提问时机

在对方发言完毕之后礼貌提问。了解信息要充分，提出的问题才切题，不让对方误解。

在对方发言停顿、间歇时提问。当对方啰唆而不切题或不着边际时，可以借此争取主动，影响谈判进程。“你刚才的意思是……” “第一个意思我明白了，那第二个呢?”

在自己发言前后提问。避免别人插话，不妨来个自问自答。“价格问题基本清楚了，那么质量和售后服务呢? 我先谈谈我们的观点，然后再请你回答。”

在议程规定时间提问。大型谈判有时候会有这种安排。不妨就对方可能的问题等进行假设，并精心准备。

三、不应该问的问题

带有明显敌对或敌意的问题。这样的问题容易使谈判直接走入死胡同，从礼仪角度和期望对方合作的意愿来说也应该避免提如此低层次的问题。例如：“听说你们黄董事长被带走刑拘了，会不会影响我们的合作?”

有关双方个人生活、工作方法问题。现代人也特别注重个人隐私问题，谈到此类问题，除非特别熟悉，而且是在非正式场合，进行玩笑调节气氛，一般要谨慎使用，以免引起对方不满或反感。如：“听说你们公司气氛不太和谐?”

对方品质和信誉问题。如果你对对方还有严重质疑，认为他们还不足以取得你的信任，为了以后的履约，就应该避开这样的谈判对象。你可以强调遵守合同等细节，但是不能过分质疑对方产品品质和企业及个人信誉问题。一旦选择和对方谈判，就意味着你能接受对方的产品和服务，中间的讨价还价也仅仅是为了赢得利润空间，是一种手段。

故意表现自己或卖弄自己。一些谈判经验缺乏的谈判者喜欢卖弄自己的知识，卖弄自己的谈判技巧和语言功底，如果说得太多太虚反倒会弄巧成拙，被别人蔑视。或者由此带来漏洞和把柄，被对方所利用。

四、答复技巧

不要彻底答复对方提问。有些问题本就不必回答；有些问题对方也仅仅是问问而已，不必全当真；有些问题涉及商业机密或企业机密，不能告诉对方。但是对应该回答的问题要给予正面回答，表示态度和诚意。

针对提问者的心理答复。要弄明白对方是想探听虚实还是想得到确实的答案以尽快签约，不到关键时刻不抛出自己的底。

不要过分确切答复对方提问。对很难答复或不便确切答复的问题，不妨避开锋芒，给自己留个余地，不确切回答、模棱两可或反问，以问代答。

降低提问者追问兴致。当提问者发现答复有漏洞或自己不想让对方总是抓住一个问题不放的时候，应想办法降低提问者的追问兴致。如：“这个问题暂时无法回答清楚，不妨讨论下一个问题，现在讨论为时过早。”

让自己获得充分的思考时间。不要追求所谓的对答如流，关键是要充分考虑，沉着思考，谨慎从事。也不要过于顾及对方催问。需要思考的时候不妨整理一下资料，点支烟或喝点茶，做沉思状，既不要冷落对方，又要给自己留够思考空间。

礼貌拒绝不值得回答的问题。对浪费时间、与主题无关或作用不大的问题，不妨礼貌拒绝，免得被扰乱思路，失去自制力。可以一笑置之或者顾左右而言他，这是对不能不答，但是却无从答起的问题做回答的最好办法。

找借口拖延答复。当还没有考虑成熟的时候，找借口拖延，资料不足，或需要请示，或者重申要求对方表述，或者上洗手间等。"对你所谈的问题，我没有第一手资料来作答，我想你也希望能得到圆满的答复，但这需要时间，你说对吗?"注意拖延不是拒绝!

【小案例】

有一次，一个贵妇打扮的女人牵着一条狗登上公共汽车，她问售票员："我可以给狗买一张票，让它也和人一样坐个座位吗?"

售票员说："可以，不过它也必须像人一样，把双脚放在地上。"

售票员没有给出否定答复，而是提出一个附加条件：像人一样，把双脚放在地上，却限制了对方，从而制服了对方。

【实训模块7】 倾听技巧

练习

注意以下现象，看你符合几点：

1. 不能全神贯注，心不在焉。例如，每次有漂亮的女士走过，眼睛总紧盯着她看。
2. 在与别人交谈时会想象自己的表现，因此常错过对方谈话内容。
3. 当别人在说话时，自己常常想别的事情。
4. 总想去简化一些听到的细节。
5. 专注谈话内容的某一细节，而不是对方所要表达的整体意义。
6. 听到我所期望听到的东西，而不是对方实际谈话内容。
7. 被动地听对方讲述内容，而不积极响应。
8. 听对方讲，但不了解对方的感受。
9. 因个人的偏见而分心。例如，有人可能习惯说脏话，或做出一些你不喜欢的举动，或许你容易被某种腔调激怒。
10. 在未了解事情全貌前，我已对内容做出了判断。
11. 只注意表面的意义，而不去了解隐藏的意义。

通过这些测试，判断自己是否是个有效的倾听者？为什么？

【小案例】

一个在飞机上遭遇惊险却大难不死的美国人回家反而自杀了，原因何在？那是一个圣诞节，一个美国男人为了和家人团聚，兴冲冲从异地乘飞机往家赶。一路上幻想着团聚的喜悦情景。恰恰老天变脸，这架飞机在空中遭遇猛烈的暴风雨，飞机脱离航线，上下左右颠簸，随时随地有坠毁的可能，空姐也脸色煞白，惊恐万分地吩咐乘客写好遗嘱放进一个特制的口袋。这时，飞机上所有人都在祈祷，也就在这万分危急的时刻，飞机在驾驶员冷静驾驶，终于平安着陆，于是大家都松了口气。这个美国男人回到家后异常兴奋，不停地向妻子描述在飞机上遇到的险情，并且满屋子转着、叫着、喊着……然而，他的妻子正和孩子兴致勃勃分享着节日的愉悦，对他经历的惊险没有丝毫兴趣。男人叫喊了一阵，却发现没有人听他倾诉，他死里逃生的巨大喜悦与被冷落的心情形成强烈的反差，在他妻子去准备蛋糕的时候，这个美国男人爬到阁楼上，用上吊这种古老的方式结束了从险情中捡回的宝贵生命。当你在倾诉时，却发现无人倾听，这种痛苦，无疑对你是很大的打击。一个善于倾听的人在他人眼中是一个很健谈的人，夫妻之间如此，亲朋好友之间更是这样。懂得倾听，不仅是关爱、理解，更是调节双方关系的润滑剂。每个人在烦恼和喜悦后都有一份渴望，那就是对人倾诉，希望倾听者能给予理解与赞同，然而那位美国男人的妻子没有做到，所以导致了悲剧发生。可以这样说，倾听是这个世上最美的动作。心理学研究表明，人在内心深处，都有一种渴望得到别人尊重的愿望。倾听是一项技巧，是一种修养，甚至是一门艺术。学会倾听应该成为每个渴望事业有成的人的一种责任、一种追求、一种职业自觉，倾听也是优秀经理人必不可缺的素质之一。

【知识点】

倾听是一种技巧。越来越多的公司把倾听别人讲话的技巧看成是商界成功的必要条件。国外有些公司还特地为销售管理等部门的人员举办如何提高倾听技巧的培训班。礼仪专家赵玉莲将听（Listen）做了分解，可以帮助我们正确理解在谈判中如何倾听。

L：Look，注视对方。

I：Interest，表示兴趣，点头、微笑、身体前倾。

S：Sincere，诚实关心，留心对方的说话，真心善良地响应。

T：Target，对牢目标，对方离题，马上带回主题。

E：Emotion，控制情绪，就是听到过分言语，也不要发火。

N：Meutral，避免偏见，小心倾听对方的立场，不要急于捍卫己见。

实际上，有效倾听是可以通过学习而获得的技巧。认识自己的倾听行为将有助于你成为一名高效率的倾听者。按照影响倾听效率的行为特征，倾听可以分为四种层次。一个人从层次一成为层次四的倾听者的过程，就是其倾听能力、交流效率不断提高的过程。

一、倾听的四个层次

第一层次——心不在焉地听。

倾听者心不在焉，几乎没有注意说话人所说的话，心里考虑着其他毫无关联的事情，或内心只是一味地想着辩驳。这种倾听者感兴趣的不是听，而是迫不及待地说。这种层次上的倾听，往往导致人际关系的破裂，是一种极其危险的倾听方式。

第二层次——被动消极地听。

倾听者被动消极地听所说的字词和内容，常常错过了讲话者通过表情、眼神等体态语言所表达的意思。这种层次上的倾听，常常导致误解、错误的举动，失去真正交流的机会。另外，倾听者经常通过点头示意来表示正在倾听，讲话者会误以为所说的话被完全听懂了。

第三层次——主动积极地听。

倾听者主动积极地听对方所说的话，能够专心地注意对方，能够聆听对方的话语内容。这种层次的倾听，常常能够激发对方的主意，但是很难引起对方的共鸣。

第四层次——同理心地听。

同理心地倾听，这不是一般的听，而是用心去听，这是一个优秀倾听者的典型特征。这种倾听者能在讲话者的信息中寻找感兴趣的部分，他们认为这是获取有用信息的契机。这种倾听者不急于做出判断，而是去感受对方情感。他们能够设身处地看待事物，总结已经传递的信息，质疑或是权衡所听到的话，有意识地注意非语言线索，询问而不是质疑讲话者。他们的宗旨是带着理解和尊重积极主动地倾听。这种感情注入的倾听方式在形成良好人际关系方面起着极其重要的作用。

【小案例】

美国著名的主持人林克莱特在一期节目上访问了一位小朋友，问他："你长大了想当什么呀?"小朋友天真地回答："我要当飞机驾驶员!"林克莱特接着说："如果有一天你的飞机飞到太平洋上空时，飞机所有的引擎都熄火了，你会怎么办?"小朋友想了想："我先告诉飞机上所有的人绑好安全带，然后我系上降落伞，先跳下去。"

当现场的观众笑得东倒西歪时，林克莱特继续注视着孩子。没想到，接着孩子的两行热泪夺眶而出，于是林克莱特问他："为什么要这么做?"他的回答透露出一个孩子真挚的想法："我要去拿燃料，我还要回来！还要回来!"

案例中主持人确实与众不同，他能够让孩子把话说完，并且在"现场观众笑得东倒西歪时"仍保持着倾听者应具备的一份亲切、一份平和、一份耐心。所以优秀主持人不仅要善于表达，也要善于听。

事实上，大概60%的人只能做到第一层次的倾听，30%的人能够做到第二层次的倾听，15%的人能够做到第三层次的倾听，达到第四层次水平上的倾听仅仅只有至多5%的人能做到。我们每个人都应该重视倾听，提高自身倾听技巧，学会做一个优秀的倾听者。作为优秀的倾听者，通过对员工或者他所说的内容表示兴趣，可以不断地创建一种积极、双赢的过程。

倾听不是被动接受，而是一种主动行为。当你感觉到对方正在不着边际地说话时，可以用机智的提问来把话题引回到主题上来。倾听者不是机械地"竖起耳朵"，在听的过程中脑子要转，不但要跟上倾诉者的故事、思想内涵，还要跟得上对方的情感深度，在适当的时机提问、解释，使得会谈能够步步深入下去。

倾听，是一个渴望成功的人必须掌握的技能。当然，掌握倾听的艺术并不难，只要克服心中障碍，从小节做起，肯定能够成功。作为职业谈判者，或经常面对谈判工作的企业中高层经理，尤其要注重倾听技巧的修炼，这样你未来的谈判工作将游刃有余。

二、12 种提高倾听技巧的行为

1. 目光接触

当你说话时对方却不看你，你的感觉如何？大多数人将其解释为冷漠或不感兴趣。虽然你只是用耳朵在倾听，但是别人可以通过观察你的眼睛来判断你是否真的在听。倾听时面向对方的脸、嘴和眼睛，要有目光接触，将注意力集中于对方面部。这能帮助你倾听，同时能完全让对方相信你在倾听。

2. 要适时地点头表示赞许，配合恰当的面部表情

有效的倾听者会对所听到的信息表现出兴趣。通过一些非语言的信号，如表示同意的点头、恰当的面部表情，可以让说话的人知道你在认真地倾听。

3. 不要做出分心的举动和手势

尽量避免做出让人感觉你思想在游走的举动，这样说话者就知道你确实是在认真地倾听。在倾听时，不要进行下面的行为：一直看表、心不在焉地乱翻档案、随手拿笔乱写乱画，这些举动会让说话者感到你很厌烦，对话题不感兴趣，更重要的是，这表明了你并没有集中注意力，因此很可能会漏掉说话者传达的一些有效信息。

4. 分析自己所听到的内容，并提出问题

让对方相信你在注意倾听时的最好方式，是发问和要求阐明对方正在讨论的一些论点，适时用自己的话语查证对方。这样做可以确保对倾听内容的有效理解。避免误会的最好方法就是：把主要意思用自己的话表达出来，让对方加以证实。只有运用这样的方法，你才能正确地沟通。在大部分工作环境中，倾听者与说话者的角色常常在交换。有效的倾听者能够使说话者到倾听者再回到说话者的角色转换十分流畅。从倾听角度而言，这代表着倾听者正全神贯注于说话者谈话内容。

5. 有效重复

就是说用你自己的话把说话者要表达的信息重新叙述一遍。有些人在倾听时会这样说：“你的意思是不是……”或者“我觉得你说的是……”这样说的原因有二：一是因为有效重复是检查你是否认真倾听的最佳手段，如果你并没有注意倾听或者在思考别的内容，你一定不可能准确地叙述完整内容；二来这也是一种精确的控制机制。复述说话者的信息，并将此信息反馈给说话者，也可以检验自己理解的准确性。

6. 不要在倾听中途打断说话者

在你表达自己意见和态度之前，先听完说话者的想法。在别人说话时不要试图去猜测别人的意思，等到他讲完，你自然就一切都明白了。

7. 少说为妙

大多数人都只愿意倾诉自己的想法而不愿意聆听别人，很多人愿意去倾听，其目的也只是因为这样可以换取别人对他的倾听。尽管说的乐趣可能要远大于听的，因为沉默会让人难受，但是一个好的听众懂得我们不可能同时做到听和说这个道理。

8. 建立协调关系，对准焦点

了解对方，试着由他的角度看问题，试着将注意力集中于对方谈话要点，努力地检查、思索过去的故事、轶事和统计资料，以及确定对方谈话的实质。

9. 抑制要争论的念头

你和你的对手之所以为对手，是因为你们之间必定有意见不一致的地方，打断他的谈话，会造成沟通的阴影。学习控制自己，抑制自己要争论的冲动。

10. 不要猜测

猜测会让你远离你所要沟通的目标。所以，你要尽量避免对你的对手做猜测。不要猜测他想用眼光的接触、面部的表情来唬住你。有时候猜测可能是正确的，不过最好尽可能避免，因为猜测常是沟通的最大障碍。

11. 不要立即下判断

人们常会在一件事情还没有搞清楚之前就下了结论，所以要保留对对手的很多判断，直到事实清楚、证据确凿。注意自己的偏见，即使是思想最无偏见的人也不免心存偏见。诚实地面对、承认自己的偏见，并且倾听对手的观点，容忍对方的偏见。

12. 记录

做记录不但有助于倾听，而且有集中话题及取悦对方的优点。如果有人重视你所说的话并做了记录，难道你不会感到受宠若惊吗？

【实训模块8】 说服技巧

练习

四川乐山天成公司是一家专门生产以冻干蔬菜为主打产品的高新农产品公司，公司的脱水香葱长期出口日本，近年来，双方贸易的可持续性发展缓慢。公司派出以外贸部经理小张为代表的团队前往日本，与日本市场总代理A公司进行谈判。假设你就是小张，你将如何说服对方继续合作，并保持价格不变？

分组讨论10分钟，每组选一位代表阐述欲采用的技巧，时限5分钟，教师即时进行点评。

【知识点】

所谓说服，即设法使他人改变初衷，心悦诚服接受你的意见。商务谈判中就要想尽千方百计，改变他人观点，接受己方条件。

一、说服的几个环节

成功的谈判应该重视三个价值标准：目标实现、成本优化、人际关系改善。其中人际关系改善能有效支撑谈判成本优化和谈判目标实现。

诚恳说服对方接受建议将获得较多利益。建立良好的关系是为了利益，当然不能否认自己将获利，但是不能把自己获利放在第一位，而是要指出对方获利才是最重要的，在满足对方利益的同时满足自己利益。

简化对方接受说服的程序，趁热打铁，尽快确认，以免夜长梦多。当成功取得对方信任，说服对方接受自己观点时，要抓住时机，时间就是效益，尽快确认条款，签订相关协议。

二、说服的具体技巧

说服的技巧在不同场合、不同时间、针对不同对象、在不同情境下不尽相同。常用的具体技巧包括：先易后难，将容易达成一致的条件放在前面，为后面的谈判做铺垫；多提要求，尽量先施加隐性压力，影响对方；好坏都考虑，但是应该先谈好的情况，再谈坏的情况；强调合同中对对方有利的条件，强调互相合作、互惠互利的可能性和现实性；精心设计开头和结尾，最后结论要让自己提出，不让别人去揣摩；充分了解对方，以对方习惯的能够接受的方式、逻辑去展开说服工作；不要奢望对方能一下接受你的建议，铺垫在先，文火攻之；恰当地运用软硬兼施或红白脸策略等，一个寸步不让、态度强硬，一个以理服人，保持良好形象；从双方的生活、工作和兴趣爱好、共同认识的人等来寻找共同语言，寻找双方的认同点；换位思考，不能只考虑自己的理由；深入研究并分析对方心理、需求和个人性格特点等；保持耐心，不能操之过急；态度诚恳、平等并且不能随意批评对方，晓之以理，动之以情，不必讲太多大道理。

【实训模块9】 商务谈判记录、纪要与备忘录

练习

请分组设计一份常用的谈判记录、纪要或备忘录。

注：在模拟谈判实训中，设书记员做专职谈判记录。该记录可作为小组谈判成绩的支撑材料之一。

【知识点】

一、商务谈判记录、纪要与备忘录

商务谈判记录主要包括谈判概况和谈判内容两大部分，其中概况包括名称、时间、地点、主要人员、列席人员、主持人、记录人等；谈判内容包括记录发言人的发言，谈判所做的决议、结论等。谈判记录要求详细到细节，按照谈判顺序进行，不必进行刻意整理和修改，必要的话需要主持人和记录人在记录文件右下角签字，表示文字的真实性。记录无须对方签字，如果签字就具备了备忘录的性质。

谈判纪要和备忘录都是对谈判双方达成协议的重要发言内容的文字再现。纪要和备忘录都要求记录下要点，并按照一定结构进行整理，不需要过于详细，可以不是原话，但是要如实表达出谈判的准确意思。

备忘录和谈判纪要，要载明双方的权利和义务，不管谁起草，都要出示给对方，

征得同意并签字方可生效；虽然法律效力较弱，但双方签字后可以成为双方约束的凭据。对小宗买卖，备忘录和纪要可以起到协议或合同的类似作用，而谈判记录没有这种作用。对于期限较长的谈判，备忘录与记录都可以对下次的谈判议题和谈判内容起到决定或参考作用；备忘录和谈判纪要的形成要以每次谈判的记录为依据。

二、商务谈判纪要和备忘录格式

商务谈判对纪要和备忘录格式并没有特别严格的固定要求，只要将相关内容包含在内即可。下面仅提供两个范例参考：

（一）商务谈判纪要（范例）

×××股份有限公司（以下简称甲方）与×××股份有限公司（以下简称乙方）就建立合资公司一事于×年×月×日在×××公司本部举行商洽，在“真诚合作、互利互惠、共同发展”的基础上，就×××合作事宜达成如下共识：

1. 投资总额及注册资本

双方初步讨论了合资公司的投资总额及注册资本，分别为×××万元和×××万元。

2. 双方出资比例及出资方式

（1）出资比例：双方初步商定按甲方占合资公司注册资本的51%，乙方占合资公司注资本的49%的出资比例建立合资公司。

（2）出资方式

甲方以土地作为出资的一部分，其余以现金作为出资，如与×××高新技术产业开发区（以下简称为开发区）商谈土地价格时，应有乙方代表同时参加。

乙方以技术转让费作为出资的一部分，其余以现金形式出资，至于技术转让费的作价，由将来谈判确定。

3. 公司名称

×××有限责任公司。

4. 董事会及董事

董事会由双方各出×名董事组成，共×人。

甲方建议董事会设董事长和副董事长各 1 人，由双方每×年轮换担任，第一届董事会董事长由甲方担任，副董事长由乙方担任。为避免董事会表决时出现僵局，双方对不同重要程度的事项的决策办法在合资公司章程中确定。

5. 总经理及经理层

甲方建议合资公司设总经理和副总经理各 1 人，第一届总经理由乙方提名，董事会任命，副总经理由甲方提名，董事会任命。对总经理、副总经理的提名权每×年轮换一次。

6. 合资公司的员工来源

甲方认为中国有十分丰富的劳动力资源，同时甲方承诺向合资公司提供部分熟练工人、精通业务的技术及管理人员。

7. 产品及零配件报价

略。

8. 商标

双方初步商定合资公司的商标需重新设计，原则为：

（1）有利于合资公司的形象建立。

（2）有利于强化双方现有商标在中国市场的影响力。

10. 产品销售

（1）国内销售。双方认为在合资公司建立初期，合资公司产品由甲方现有的销售网络代理，但合资公司应逐步培养自己的销售队伍。

（2）海外销售。乙方原则同意其海外销售网络代理销售合资公司产品。

11. 合资公司年限

根据中国合资相关法律法规，双方同意合资公司首期合作为×年，逾期双方可协商延长。

12. 厂址

略。

××股份有限公司　　　　　　　　××股份有限公司

代表：（签字）　　　　　　　　代表：（签字）

×年×月×日

（二）商务谈判备忘录（范例）

×××股份有限公司（以下简称甲方）和×××公司（以下简称乙方）的代表，于×年×月在甲方公司本部就技术引进一事进行初步协商，双方交换了意见，形成以下初步意向：

一、×××产品技术转让问题

合资双方共同努力加快技术引进速度。先期可进行技术引进谈判，若谈判成功，双方先签订合同，编写可行性研究报告。

二、乙方合作意向

1. ×年×月，乙方组织一批考察团对中国生产企业进行考察之后，经董事会决定，只选择甲方谈技术转让或合资。

2. ×××公司董事会认为，主要以技术转让为主，基本上不与国内客车厂谈合资，即使合资，也只是象征性地投入非常少的资金。

三、甲方公司技术引进的意向

1. 甲方董事会已决定和外国公司进行技术合作，乙方是首先考虑的合作对象，并且认为若双方不尽快进行谈判，则会失去许多国内外的市场，因此甲方希望尽快在合作上有所进展。

2. 甲方谈了和有关公司谈判的进度情况，并承诺保留和乙方谈判优先权。

四、甲方公司与乙方公司的合作方式

1. 双方认为引进技术的合作，能生产最有国际竞争力的产品。这种国际间资源组合是产品成本降低的最有效途径。

2. 双方均不赞成“50%+50%”股份的合作方式。

3. 双方认为开始合作时，最好以贸易方式进行。

4. 技术引进的主要产品为（略）。

五、这次洽谈，虽未能解决主要的问题，但双方都表达了合作的愿望。期望在此后的两个月内再进行接触，以便进一步商洽合作事宜，具体时间待双方磋商后再定。

×××股份有限公司　　　　×××公司

代表×××（签字）　　　　代表×××（签字）

×年×月×日

【问题思考】

1. 商务谈判开盘技巧有哪些，如何让对方感觉自己的付出值？
2. 何时可以进行价格解释，如何解释？
3. 讨价还价有何技巧？
4. 如何把握好先发制人和后发制人的优劣和度？
5. 如何把握最后通牒的技巧？
6. 如何把握提问的技巧和答复？
7. 如何才能有效倾听？
8. 在商务谈判中记录、纪要和备忘录是什么关系？

实训项目五　国际商务谈判实训

【实训目的与要求】

1. 掌握国际商务谈判的特点。
2. 逐渐从自身做起，提升谈判人员在国际商务谈判中需表现出的素养。
3. 掌握影响国际商务谈判的文化因素。
4. 掌握国际国内商务谈判的技巧异同。
5. 领会综合国力对国际商务谈判的影响。
6. 掌握国际商务谈判中支付方式及报价方式。
7. 掌握不同国家和地区商务谈判的风格异同。

【实训学时】

本项目建议实训学时：4 学时。

【实训内容】

通过实训项目掌握影响国际商务谈判的各种因素，学会国际商务谈判语言技巧、出口报价技巧、沟通技巧，理解商务谈判跨国支付方式，了解综合国力对国际商务谈判的影响、主要国家和地区商务谈判的不同风格以及包装运输条款等知识。

【实训模块 1】 国际商务谈判概述

练习

小案例 1. 曾经有这样一个真实的例子。某些中国企业代表和不同专业的专家组成一个代表团去美国采购约 3000 万美元的化工设备和技术，美方自然想方设法令中方满意，其中一项活动是送给中方每人一个小纪念品。纪念品的包装很讲究，是一个漂亮的红色盒子，红色代表发达。可当大家高兴地按照美国人的习惯当面打开盒子时，每个人的脸色却显得很不自然，里面是一顶高尔夫球帽，但颜色却是绿色的，谈判因此而失败。

小案例 2. 张先生是位市场营销专业的本科毕业生，就职于某大公司销售部。他工作积极努力，成绩显著，三年后升任销售部经理。一次公司要与美国某跨国公司就开发新产品问题进行谈判，公司将接待安排的重任交给张先生。张先生为此也做了大量细致的准备工作，经过几轮艰苦的谈判，双方终于达成协议。可就在正式签约的时候，客方代表团一进入签字厅就拂袖而去。是什么原因呢？原来在布置签字厅时张先生错将美国国旗放在签字桌的左侧，项目告吹。张先生也因此被调离岗位。

思考：

1. 这两个该案例为什么会有这样的结果？
2. 这两个案例给我们的启示？

【知识点】

国际商务谈判是指在国际商务活动中，处于不同国家或不同地区的商务活动当事人为了达成某笔交易，彼此通过信息交流，就交易的各项要件进行协商的行为过程。国际商务谈判是国际商务活动的重要组成部分，是国内商务谈判的延伸和发展。可以说，国际商务谈判是在对外经贸活动中普遍存在的，解决不同国家商业机构之间不可避免的利害冲突，实现共同利益的必不可少的手段。

国际商务谈判既具有一般商务谈判的共性，又具有特殊性。一般商务谈判都是以经济利益为目的，以价格为核心的谈判，而国际商务谈判具有自己的特点。

一、国际商务谈判的特点

（一）政策性强

国际商务谈判既是一种商务交易谈判，也是一项国际交往活动，具有较强的政策性。因此在国际商务谈判中，当事人可能会面对一个以上国家的法律、政策和政治权利等方面的问题。这些法律和政策可能是不统一的，甚至是彼此矛盾的。所以国际商务谈判必须贯彻执行国家的有关方针政策和外交政策，同时还应注意国别政策以及执行对外经济贸易的一系列法律和规章制度。

（二）影响因素复杂多样

谈判者来自不同国家和地区，处于不同的社会文化背景和政治经济环境，他们的价值观念、思维方式、行为方式、语言及风俗习惯也不尽相同，从而使得影响谈判的因素更为复杂。国际商务谈判者必须做到小心谨慎，在处理与当地商人的关系时，不能在不知情的情况下生搬硬套固定的文化模式，而需在深入了解当地文化基础上做出现实假定。

（三）以国际商法为准则

由于国际商务谈判的结果会导致资产跨国转移，必然要涉及国际贸易、国际结算、国际保险、国际运输等一系列问题，因此在国际商务谈判中要以国际商法为准则，并以国际惯例为基础。谈判人员要熟悉各种国际惯例，熟悉对方所在国的法律条款，熟悉国际经济组织的各种规定和国际法。这些问题是一般国内商务谈判所无法涉及的，应当引起国际商务谈判人员的特别重视。

二、国际商务谈判人员的关键素养

（一）商务礼仪

一位优秀的国际商务谈判者首先必须是一位绅士或淑女。作为一位商务谈判者，必须在穿着、说话和做事方面显得有教养，尊重别人。这样你的谈判对手才能尊重你，也只有在尊重的基础上，谈判才能进行下去，这是成功谈判的第一关。

有人说“穿衣戴帽，个人所好”。在日常生活中这是对的，可在国际商务谈判中，这却有误。有些人因为这个还付出了很大的代价。有一次某国内企业和德国人谈一笔割草机的出口贸易，德国男士个个都西装革履，女士个个都穿职业装，而中方除部分人员穿西服外，大多数都穿休闲服，有的甚至穿工作服，此合同最终没有签成。其中一个重要原因是德国人认为中方不尊重他们。

（二）知识丰富

国际商务谈判对专业要求十分高，既要求谈判人员具备广博的综合知识，又要求有很强的专业知识。具体要求如下：

广博的综合知识。除掌握我国和对方国家的外贸方针政策和法律法规外，还应当了解一些国际商贸和经济知识。这些知识除了使你胸怀大局外，还会使你在和外商的闲谈中获得对方的尊重，从而加大你在谈判中的分量。可遗憾的是很多谈判人员在这些方面了解甚少，给外商留下了知识面狭窄的印象。

很强的专业知识。除对国际贸易知识、行业知识、标的物产品知识和国际市场知识熟练掌握外，还应该特别了解跨文化方面的知识。很多专家学者都把跨文化方面的知识归为综合知识，其实可以将其归为专业知识，而且是国际商务谈判人员的核心专业知识。

在练习的第一个案例中，美国商人的原意是签完合同后大伙去打高尔夫球，但他们哪里知道戴“绿帽子”是中国男人最大的忌讳。合同最终没有签成，不是因为他们骂我们，而是因为他们对工作太粗心，连中国男人忌讳戴“绿帽子”都搞不清，怎么能把几千万美元的项目交给他们。

在练习的第二个案例中，中国传统的礼宾位次是以左为上，右为下。而国际惯例的座次位序是以右为上，左为下。在涉外谈判时应按照国际通行的惯例来做，哪怕是一个细节的疏忽，也能会导致功亏一篑、前功尽弃。

（三）做事灵活

既然双方能坐在谈判桌前，就说明双方有诚意来达成协议。凡是有实践谈判经验的人都知道在这之前双方已做了大量的准备工作，包括初步询价、还价，甚至寄样品并验收样品。如果仅仅在商务谈判中某方坚持不必要的立场而导致谈判破裂实在是得不偿失，但在现实谈判中确实有这样的情况发生。

美国一家较大的贸易公司看中了中国某厂家生产的砂轮机，于是在样品验收后便派了三人组成的谈判小组来中方谈商务合同。可令美方费解的是中方一定要开立不可撤销的即期信用证，理由是初次与美方做生意。美方解释了他们公司的习惯做法均是不开信用证，并出示了他们的银行信用及中方客户名单。可中方厂长说啥也不听，最后谈判不欢而散。一条大鱼就这样眼睁睁地溜走了。事实上在国际贸易中使用信用证并不是非用不可，有经验的商家都知道“信用证并不信用”，信用证诈骗比比皆是。最保险的信用是客户的信用，所以如果事先调查好客户信用，使用何种付款方式并不重要，也就是说作为卖方我们的目的是卖货并安全收汇，并不是坚持用信用证，国际贸易中并不存在“行就行，不行就拉倒”的情况，一切事情都可以谈。

（四）观念独特

如果你和你的谈判对手有着相同的观念，你永远不会在谈判中争取到较大块的蛋糕。只有具有独特的见解或谈判技巧，才能出奇制胜。这方面有一个经典的例子。

柯伦泰被任命为苏联驻挪威的全权贸易代表，当时苏联国内急需大量食品，柯伦泰奉命与挪威商人洽谈购买鲱鱼。挪威商人十分清楚苏联的情况，想乘机敲竹杠，索价十分高。柯伦泰竭尽全力与他们讨价还价，但双方差距较大，谈判陷入僵局。柯伦泰心急如焚，她很清楚哀求是没有用的。态度强硬只能导致谈判破裂，经冥思苦想，终于心生一计。这天她又与挪威商人会晤，以和解的姿态主动做出让步，只见她十分慷慨地表示：“好吧，我同意你们提出的价格。如果我国政府不批准这个价格，我愿意用自己的薪金来支付差额。”挪威商人惊呆了，柯伦泰接着道：“不过我的工资有限，这笔差额要分期支付，可能要支付一辈子。如果你们同意的话，就这么决定吧。”挪威商人们从来没听说过这样的事，也没有见过这样全心全意为国效力的人。他们被她的行为感动，经过一阵子交头接耳之后，终于同意降价，按柯伦泰原先的出价签署了协议。

（五）幽默风趣

国际商务谈判是一项耗时、费力，又十分枯燥的工作。有时为一个条款谈几天几夜，唇枪舌剑、软磨硬泡、无计不施，但仍然达不成协议；有时气氛紧张；有时气氛沉闷令人萎靡不振。这时聪明的谈判者如果能用一个幽默的小故事打破这种僵局，使人重新振作起来，则实在是令人耳目一新。

（六）乐观向上

国际商务谈判充满了变数，常常是谈了几天几夜，可临到最后却突然因为一个小小的问题而破裂。这就要求谈判者不屈不挠，有着积极乐观向上的态度。下面这个小故事让很多谈判者铭记在心，有两个人在沙漠中迷了路，走了几天几夜，弹尽粮绝，却仍找不到路。其中一个人搜遍了所有包裹，只搜到半瓶水。叹了口气道：“唉！我们只剩下半瓶水了！”然后颓然倒下，再也没有爬起来。而另一个人却高兴地说：“哈哈，我们还有半瓶水！”然后继续前进，最后终于走出了沙漠。

【实训模块 2】 国际商务谈判 5 要素

练习

主动查询相关资料，讨论中、日、美、德、韩、北欧、东南亚等国家和地区在国际商务谈判中谈判团队选择、决策方式、民族性格、文化噪音、翻译选择等方面的不同特点。

【知识点】

费雪在 1980 年出版的《国际谈判》（*International Negotiation*）中提到当与来自另一文化背景的个体进行谈判时必须考虑到谈判团队、决策方式、民族性格、文化噪音、翻译人员的选择 5 个要素。

一、谈判团队

费雪认为，在正式谈判前，必须先了解谈判团队的构成，了解各自的文化背景并预测对手行为方式。文化是影响谈判团队构成的重要因素，不同国家在确定谈判人员的选择标准、数量、分工等方面都会有所不同。

西方社会通常权力距离较小，选择谈判成员时比较注重口才、专业水平、推理能力，与谈判者在公司的地位无关。

而东方社会通常权力距离较大，地位象征非常重要，所选择的谈判人员一般除了具备一定的社交能力外还拥有一定的地位和职务，因此所派谈判人员的身份和地位应该与对方谈判代表的身份和地位相当，否则，会被认为不尊重对方。

同时西方谈判团队人数较少，充分体现精干的原则；在他们眼中，人多表示能力不足，缺乏自信。而东方谈判团队一般成员较多，以示重视，也便于分工。

二、决策方式

决策方式即团队达成决定的方式。来自不同文化背景的谈判团队会有不同的谈判方式，对协议形式、最终的决策者甚至律师是否需要参与决策的态度也大不一样。

（一）谈判方式

一般来说，谈判有横向和纵向两种方式。横向谈判是采用横向铺开的方式，即首先列出要涉及的所有议题，然后对各项议题同时讨论，同时取得进展。纵向谈判则是确定所谈问题后，依次对各个议题进行讨论。在国际商务谈判中，美国人是纵向谈判的代表，倾向于以具体条款开局，对美国人来讲，一次交易过程实际上就是针对一系列的具体条款而展开一系列的权衡和让步。而法国人是横向谈判的代表，倾向于以总条款开局，对法国人来讲，谈判就是先就总条款达成一些共识，从而指导和决定接下来的谈判过程。

（二）协议形式

文化因素同样影响双方达成协议的形式。一般来讲，西方文化较倾向于一种非常细致的合同，因为他们认为交易本身即合同，要求它能解释所有可能发生的情况及应对方法，注重条款的严密性和完整性。相对而言，日本和中国更倾向总体化的合同，谈判本身是建立一种良好的关系，如果有意想不到的情况，双方依据相互的关系来解决。

（三）律师存在与否

东方文化强调做事凭良心，一旦发生纠纷，首先想到的是舆论支持。西方人对于纠纷的处置一般采用法律手段，谈判后的合同管理及后续交流都根据合同，一旦发生分歧，主张按正式途径解决。这点以美、日尤为极端。美国人遇商务谈判，特别是谈判地点在外国的，一定要带上自己的律师。而日本谈判团里一般不包括律师，他们认为事事同律师商量的人是不值得信赖的，甚至认为带律师参加谈判，是蓄意制造日后的法律纠纷。

（四）最终决策方式

在谈判中知道对方谁具有做出决策的权力，决策是怎样做出来的非常重要。文化是影响决策方式的一个重要因素。决策方式总体上可以分为两种：自上而下与自下而上。在西方，通常采取自上而下做出决策，谈判的主要负责人具有完成任务时决策的所有权力和精力，这样就可以尽快完成谈判。而在东方，一般强调共同参与和群体决策，所有成员协商一致，自下而上集体决策，所以做出一项决策要花费较长的时间。

三、民族性格

文化会对一个民族的个体产生怎样的影响？有着共同文化背景的集体是否具有一定的性格模式？冯骥才先生曾经说过一句话："文化似乎不直接关系国计民生，但是却直接关联民族的性格、精神、意识、思想、言语和气质。抽出文化这根神经，一个民族将成为植物人。"费雪也认为在一种共同文化下存在一种共有的性格模式，并且这种性格模式会极大地影响国际商务谈判。不同的民族性格在谈判中影响着谈判的气氛、节奏及手段。例如美国人坚持对事不对人的原则，在商务谈判中直截了当，通常不用寒暄去建立人情气氛。英国人较为保守，重视规则，只要他们认为某一细节没有解决，绝不会签字。中国人讲求以和为贵，创造和谐的气氛是谈判的重要环节。

四、文化噪音

文化噪音包括一切打断和影响有效信息传递的语言、行为及外部环境。其主要产生于非语言沟通，有些是很细微的事情，但不同文化的理解会很不一样，甚至彻底相反。如绝大多数的国家都是以点头方式来表示赞成的，但尼泊尔等国以摇头表示肯定。除身体语言外，时空语言，甚至是语言的停顿等也会成为文化噪音。一般而言强调个人主义的文化比强调集体主义的文化需要的个人空间更大，当私人空间遭到侵入，个体就会感到极端不安。有时一些语言理解上的差异也会让一些话语成为文化噪音，例如“是与否”的使用。对于美国人，他们办事干脆利落，不兜圈子，与美国人谈判，表达意见要直接，“是”与“否”必须清楚。日本人非常讲面子，认为直接的拒绝会使对方难堪，甚至恼怒，是极大的无礼。

五、翻译人员选择

在国际商务谈判中是否安排翻译人员，这是需要慎重考虑的问题。除非对对方的语言非常熟悉，不仅是指字面的含义，还包括一些深层文化含义都很熟悉，几乎达到母语水平，否则通常都会安排翻译。因为翻译通常是对对方语言及文化较为熟悉的专业人士，好的翻译人员可以成为文化沟通的缓冲剂，帮助双方了解彼此的文化差异，减弱文化差异带来的负面影响；同时又可以提供一个充分的思考时间；而且在翻译的过程中，谈判者可以有一个观察对方反应的机会；同时也避免了谈判者将错误直接暴露给对方。

但翻译人员不能慎重用词，或由于受教育程度以及某些领域的专业知识的制约而造成未能理解提供的信息内容，又或信息传递过程中缺乏文化意识，都会使谈判双方产生误解而出现争执并因此使谈判陷入僵局。

【实训模块3】 影响国际商务谈判的文化因素

练习

不同国家和地区的个人主义程度不同，目前国际上相对一致的个人主义由强到弱的排序是：美国——→澳大利亚——→英国——→加拿大——→丹麦——→意大利——→比利时——→瑞典——→法国——→以色列——→西班牙——→印度——→日本——→阿根廷——→巴西——→中国香港——→新加坡——→中国台湾——→委内瑞拉——→中国大陆。

讨论并说出你的观点。

【知识点】

国际商务谈判是一种跨文化的交际行为，它不仅是经济领域的交流与合作，也是文化之间的交流和沟通。在跨文化商务谈判中，不同国家的谈判参与者就共同和冲突的利益进行磋商，通常将其作为一项总额为零的行为，一方获利多就意味着另一方损益，因此双方既有合作的一面又有冲突的一面。谈判的任何一方在与对方合作的同时，都力图赢得最大利益。

影响国际商务谈判的因素很多，如国际经济环境、政治环境、谈判双方的经济实力、法律体制、文化及谈判者的综合素养等，而文化因素是最难以把握的。它是一个民族或群体在长期社会生产和生活中所形成的在价值观念、宗教信仰、生活态度、思维方式、行为准则、风俗习惯等各方面所表现出来的区别于另一民族或群体的显著特征。文化差异必然会引起文化冲突，从而在谈判中产生障碍，进而导致谈判的中断甚至失败。影响国际商务谈判的文化因素主要有：

一、语言因素

语言是文化的核心，也是承载和传承文化最主要的工具，因此民族的文化特征无不通过民族语言体现出来。不同语言有其不同的特征，例如汉语是重意合的语言，会话含义往往需要通过具体语境去理解和获得，而英语是重形合的语言，语境依赖程度低于汉语，因此汉语属于高语境文化，英语属于低语境文化。

所谓高语境是指交际双方具有很多的共同点和相似之处，交际信息隐藏于交际环境中或内在于参与交际的人本身，因此不需要把一切都清楚明了地以语言文字形式表达出来。而低语境文化正好与之相反，大部分信息都要通过文字清清楚楚地表达出来，人们更相信写在纸上或说出口的信息，而不相信只能意会不能言传的信息。在对话中要真正听懂对方的话、避免误解就要弄清这些话是怎么说出来的。说话方式的不同，表达出来的意义也就不同了。如高语境国家喜欢委婉间接的说话方式，他们常常要考虑说话的场合、对象等语境要素，说出来的话往往不是字面意义所能表达的，而这对低语境国家的人来说是交际中的一大障碍，他们喜欢直来直去，开门见山。所以因表达不清而产生的误解、冲突就可想而知了。中国会认为西方人太直白，而西方人会觉得中国人说话拐弯抹角，令他们费解。

二、思维方式

对中国人思维方式影响最大的三种哲学思想是儒家思想、道家思想和中国的佛教思想。这三种哲学思想都很重视悟性，即注重直观感受与切身体会或直观思考。因此中国人重领悟，言外之意，乃至重含蓄，追求韵致，往往采用螺旋式思维方式。

西方的哲学背景是亚里士多德严密的形式逻辑，以及从后来的16世纪到18世纪弥漫欧洲的理性主义。理性主义强调科学实验，注重形式论证，对欧洲自然科学发展起了推动作用，表现在语言上即强调形态外露及形式上完整，因而英美国家的人更重视表达的确切性。因为看待外部世界的方式不同，不同文化的人们在思维模式上也必然存在着差异：东方文化重整体、重主体、重领悟，而西方民族重逻辑、重理性、重分析。

三、价值观念

西方人非常重视个人主义取向，强调自我，在跨文化交际中表现出强烈的肯定和突出自我的色彩，西方这种肯定的突出自我的思想意识体现在行动上就是敢于标榜和突出自我，敢说敢为，敢于表现自己，表现出强烈的自我奋斗和自我实现的进取精神。在美国人看来，中国人不习惯公开个人观点，是因为中国人分不清对事与对人的区别。西方人发表个人见解是就事论事，对事不对人。此外，英美人对年龄、婚姻状况、收入、宗教信仰等的种种禁忌，在很大程度上也都因他们身体力行个体主义，个体化意识根深蒂固的。

东方文化崇尚社团价值，中国文化是东方文化的代表，因此这种价值观在中国得到了充分的体现。儒教极力推崇社会的有序与和谐；佛教也往往把个人看成是整个宇宙的一部分。孟子把道德和善作为人的真实本质，要求个人利益服从集体利益，甚至可以牺牲个人自由来保障社会利益。中国的很多谚语都体现了这种价值取向："枪打出头鸟""人怕出名猪怕壮""出头的椽子先腐烂"等。人们不愿意发表不同意见，要维护融洽、避免分歧，凡做事前都要考虑别人的看法。这在西方人看来是不可思议的。而且在中国，有时谈判人员和决策者并不统一，谈判者经常要将谈判进程、情况向决策者汇报，以期进一步的指示。

四、风俗礼仪

特殊的国情、浓厚的文化传统在交际中极易形成对该国度或文化的各种偏见。中国美食名扬天下，然而许多英美人士、尤其是基督徒，对于中国人几乎所有动物都可入菜的习俗另有定论。根据基督教的教义，除了少数动物，如牛、羊、鱼之外，大多数其他动物被视为不洁之物。中国人眼中的龙是权贵的象征，而在西方却代表邪恶。

五、时间观念

在时间观念上有单时制文化与多时制文化差异，所谓单时制文化是指一次只做一件事情，注重有序、整齐，要求做每件事都要有固定时间和地点，不喜欢被打断。多时制文化意味着同时可以做很多事情，要照顾到周围的每个人，允许被打扰，不限定某个时间段内只能做一件事情。所以在多时制文化中我们会经常看到敞开的办公室大门，不断鸣响的电话铃声与会议同时进行。

比如在中国我们常看到这样的情景：一位领导正在办公室接待一位来访的客人，他一边同客人聊天，一边接听电话并回答相关问题，在谈话过程中会有其他工作人员进来请示事情或要求签字。如果客人是中国人，他对此会习以为常；如果是单时制国家的人，他会感到自己受了冷落，因为这段时间应该是他所独有的，而不应该是为他人服务的。

美国、瑞士、德国和澳大利亚人时间观念强，生活节奏快，严格遵守时间规定，这与这些国家的技术、经济发展水平有关。对于其他一些诸如拉丁美洲的国家阿根廷、巴西以及中东国家来说，谈判被拖延是正常的事情。

六、团队意识

中西方人士在谈判过程中，其团队意识分歧最突出的是个人主义和集体主义。由于经济、政治、历史进程、社会文化等造成东方国度相对比较重视集体主义，而西方发达国家相对比较重视个人主义。个人主义非常关心自己、最亲密的家庭等，不关心集体，崇尚个人奋斗；而集体主义则有严密的社会机构，有内外部群体之分，期望内部群体的关心并对集体忠心。个人主义强调英雄的作用，而集体主义则强调统一思维和观念。

【实训模块4】 国际商务谈判的语言技巧

练习

外交辞令被称为“没有错误的废话”。外交辞令是适合于外交场合的话语。国与国交往在一些重要场合中，外交辞令非用不可。试着对如下周恩来的几个经典外教辞令进行评析：

在一次招待会上，尼克松问周恩来总理：“总理阁下，中国好，林彪为什么提出往苏联跑?”周恩来回答：“这不奇怪。大自然好，苍蝇还是要往厕所跑嘛!”

一位西方女记者问道：“周恩来先生，可不可以问您一个私人问题?”“可以的。”周恩来微笑着回答。“您已经60多岁了，为什么依然神采奕奕，记忆非凡，显得这样年轻、英俊?”周恩来温和地笑了笑：“因为我是按照东方人的生活习惯生活，所以我至今都很健康!”整个大厅里响起了经久不息的掌声和喝彩声，各国记者无不为周恩来的巧妙回答所折服。

一位西方记者提问道：“请问，中国人民银行有多少资金?”这实际上是讥笑新中国成立初期的贫穷。周恩来正色道：“中国人民银行货币资金嘛，有18元8角8分。”全场愕然，鸦雀无声。周恩来以风趣的语调解释说：“中国人民银行发行面额为十元、五元、二元、一元、五角、二角、一角、五分、二分、一分的10种主辅币人民币，合计为18元8角8分。中国人民银行是由全中国人民当家做主的金融机构，有全国人民作后盾，信用卓著，实力雄厚，它所发行的货币，是世界上最有信誉的货币之一，在国际上享有盛誉。”

【知识点】

一、国际商务谈判语言的基本特征

（一）客观性

客观性是指谈判语言要尊重事实，反映事实，能使谈判双方相互产生“以诚相待”的印象，有利于谈判双方立场的接近。

（二）针对性

针对性是指谈判时语言表述要始终围绕主体，有的放矢。如针对某类谈判，针对某次谈判具体内容，针对某个谈判对手及其具体要求。总之要围绕重点，不枝不蔓，言简意赅。

（三）逻辑性

逻辑性是指谈判语言要符合思维规律，表达概念明确，判断正确，推理严密，论证有说服力。提出问题要有的放矢，表述准确。叙述问题要清晰明了，注意衔接。回答问题要切题，不要答非所问，思路要清楚。只有很强的语言逻辑性，才能说服和打动对方。

（四）规范性

规范性是指谈判语言文明礼貌，符合商界特点和职业道德要求，清晰易懂，准确严谨。严禁粗鲁污秽的语言，更不能用方言、黑话、俗语等类语言。不要讲外行话，不要大声吼叫（除非是技巧的应用）。

二、国际商务谈判的语言使用

（一）商务谈判中的外交语言

1. 外交语言特点

国际商务谈判中外交语言具有可能性、圆滑性、缓冲性的特点。使用外交语言在谈判中容易受到尊重，有利于弄清问题，进退有余地。外交式谈判从不认为有“死局”。外交官认为，任何事物在一定条件下，都是可变的。外交式谈判语言随着丰富的谈判议题、场所不断变化，由谈判人员不断创造出来。

2. 典型外交用语

“很荣幸与您谈判该项目。”

“此事可以考虑。”

“有关谈判议程悉听贵方尊便。”

“愿我们的工作能为扩大双方合作做贡献。”

“有待研究。”

“我已讲了我能讲的意见。”

“请恕我授权有限。”

“可以转达贵方要求。”

“此事无可奉告。”

“请原谅我有为难之处，不能满足贵方愿望。”

“既然如此，深表遗憾。”

“贵方做法，不像我们两国政府所倡导的行动准则。”

“您的言行已违背了贵国政府对我国的友好精神。”

“您已说了我想说的意思。”

“我没有这样说，这是您的意思。”

“我们的谈判大门是敞开的，在贵方请示过后，可随时和我们联系。”

3. 外交语言在谈判中的功效

（1）拉拢对方

使用外交语言使对方感到受人尊敬，并感到遇到了通情达理、涵养较好的对话人，容易产生与对方的亲近感，有利于交流想法，增强谈判的信心和希望，也可以承受交易条件上的较大分歧。

（2）摆脱僵局

在己方处在不利谈判形势中，为了回避对方“是与否”的追逼，以外交语言搪塞对方抽身而出是有效的。

（3）争取机会

外交语言可防止谈判破裂。

第一，可以在进攻中争取机会。婉言陈述对方所持立场的利弊，劝其“再考虑”，从而动摇对方立场，在规劝对方让步中争取机会。

第二，可以在相持中争取机会。在双方均处在既有理也无理、均有力量但又不想过多消耗的情况下，陈述共同利益之所在，可说服双方同步走。

第三，可以在退却中争取机会。在对方论证有理，乙方不得不做出响应时，以退却的姿态引发对方响应。如：“贵方所做的努力，我方充分理解，并愿意考虑对方立场。同时也希望贵方对我方已讲过的问题进一步考虑。”好像是退却了，但又争取到提出新的交易条件的机会。

（二）商务谈判中的商业法律用语

商务谈判中的商业法律用语泛指与交易有关的技术、价格、运输、保险、税收、产权、法人和自然人、商检、经济和法律制裁等行业习惯用语和法规条例的提法。

1. 特点

商务谈判中的商业法律用语具有刻板性、通用性、严谨性。刻板性表现为商业法律用语表达商业利益简单明了，毋庸置疑。通用性表现为在国际商务活动中习惯用统一的定义和用语来表述，有的已经符号化、规格化。严谨性表现为谈判者的语言受到法律的约束，包括国内法和国际商法，法律的约束迫使人们经常引证法律条文。

2. 典型用语

国际商务谈判涉及对有关国内、国际商业法律条文的使用。如《国际贸易术语通则》《世界贸易组织规则》《跟单信用证统一惯例》《联合国国际货物多式联运公约》《国际商会调解与仲裁规则》等。

平时经常用到的商业法律用语，如产权、进出口、生产、成本、合资经营、三来一补、经销代理、拍卖、债权债务等。

贸易业务中的常用语，如货比三家、汇率、提货、压港、重复课税、电汇、信汇、投保等。

商业法律用语是谈判中的主体语言，涉及洽谈的每一个议题，是谈判手的最基本的语言工具。

3. 商业法律用语在谈判中的功效

简化理解。国际商务法律法规为全世界工商界提供了商业及法律方面的统一理解定义，使不同语言、不同文化传统的谈判者能理解对手的表达。

明确义务。交易双方的债权债务关系、权利义务的划分，只能用商业法律语言来确定。

提供交易手段。商业法律用语能告诉人们怎样选择交易方式，怎么成交和怎么执行，怎么处理执行中出现的问题等。

【实训模块5】 国际商务谈判中的沟通技巧

练习

四川峨眉山市金威利公司是一家知名的外资企业，主要做鞋类加工和代工，产品外销。2014年正好有一批运动鞋新产品欲销往印度，印度的A公司比较感兴趣，想做印度总代理。该公司员工素质较高，普遍用英文交流。

请设计一个桥段，并分组讨论后派代表担任金威利公司外贸部经理，和A公司先通过电话和邮件进行联系，然后邀约对方到位于峨眉山市的公司本部来详谈。

教师对不同小组进行点评并讲解相关知识。

【知识点】

在国际商务谈判中，沟通失败的例子有很多，造成沟通失败或障碍的原因除了语言表达上的气势太弱，声音、表情或阅读技能不足，遣词造句不当外，还有就是缺乏相应的跨文化交际礼仪知识及技巧。下面将从电话、邮件、接待三方面以实际的例子来介绍国际商务谈判中的沟通技巧。

一、电话的礼仪及技巧

随着中国的入世，越来越多的外资企业进入中国市场，我们与外商接触的机会随之增多，西方人非常注重事前电话预约。怎样拨打、接听越洋电话呢？应该说些什么？很多自以为能用英语进行简单会话的人，在面对用英语通电话时就会变得手忙脚乱，不知所措，这时候电话英语的重要性可想而知。其实，用英语打电话有一定的模式及惯用语。举个例子来说：

1. 电话的开场白："你好，请找Jack接电话好吗？我这里是山东海化集团的张吉海。"对应的英文则是：

Hello, may I speak to Jack?（不能说I want to find Jack.）

This is Ji Hai speaking from Haihua Group Shandong.（而不能说I am Shandong Haihua Group Zhangjihai.）

2. 询问对方是谁。中文一般都是"你好，请问哪里找？"对应的英文则是：

Who is calling, please?

Who is speaking, please?

Who am I speaking to?

May I have your name?

3. 先打招呼，说句客套话，然后才进入主题，这是电话英语或者是英语会话的一定程序，也是对话、会话所不可或缺的。

早晨（上午）：Good morning.（早安！）

午后（下午）：Good afternoon.（午安！）

黄昏（晚上）：Good evening.（晚安！）

“Hi.”在打给好朋友或亲近的人时，可以使用。在挂断电话时，最后应该道别。如：

Good-bye.

Bye-bye！

See you later！

二、邮件礼仪及技巧

目前在与海外客户的沟通中，电子邮件无疑是速度最快和最方便的。对于那些经常跟海外客户联系的人来说，一定要掌握邮件的沟通技巧或者这个方面的礼仪，特别应注意以下几点：

1. 当与不认识或不熟悉的人通信时，要使用正式语气，尽可能使用适当的称呼和敬语。知道姓氏的最好多用几个 Mr.，如 Dear Mr. Harris，对于那些不清楚性别的可以用 Dear Sir or Madam 统一来表示。

2. 要使用简单易懂的主题（Subject）准确传达电子邮件要点。千万不要发无主题的邮件，或者随便找一个以前的邮件直接回复一下。以前的邮件是针对过去的某一件事情，邮件历史和主题都和现在的事情无关，会导致对方一头雾水，无法快速辨认，甚至显得你很随便，或者对客户不是很重视。邮件主题不知道写什么的时候，可以写上客户公司名或自己公司名。

3. 对于邮件的字体，我们中文的 Windows 系统一般默认为宋体，但是如果用这个字体来显示英文的话，其效果不是很好。西方人趋向于用 Verdana 或 Arial 的英文字体，这两个字体可以将英文文字显示得很圆润，字体大小一般设置为 9 或者 10（或者是小四号字），便于任何人都能清楚地阅读。

4. 在发送之前，一定要确认一下所写的英文邮件有没有拼写错误，还要确认该发的附件有没有上传上去，这个是最容易忽略的。

5. 收到合法发件人（而非垃圾邮件发送者）的电子邮件时，即使无法立即提供一个完整的答复，也务必在 24 小时内向发件人确认收到邮件。如果您要外出 24 个小时以上，请使用自动回复功能。

6. 邮件签名也是一个很重要的方面。签名一般包括人名、部门名称、公司名称、联系方式等，切忌什么都不写，或者用个中文名字，除非客户认识汉字，不然给人的感觉很糟糕。由于字体编码的原因，世界各地的文字编码目前无法统一，可以在本地正常显示的中文汉字，在国外的电脑上就可能会显示乱码或者一些奇形怪状的字符。导致客户不知道你是谁，来自什么国家的什么公司。特别容易影响一些比较紧急的事情，最后得不偿失。

7. 关于邮件的抄送，把邮件抄送给第二个人或者抄送给两个以上的人（可能是客户的同事或者主管、经理）时，你回复的时候要选择“Reply All”（全部回复），而不要只回复发件的那个人。客户发邮件选择 Cc（抄送）的目的是希望多个人了解到目前此事的进展情况，你有义务回复全部的人。

8. 回复客户邮件的时候，不要把历史记录删除，否则客户记不清楚或者不知道先前发生的事情和交流的内容；也不要随意改变邮件主题。一件事情或一个产品的邮件要保持一个邮件主题。

9. 关于附件的问题。在发附件之前，首先要确认自己的电脑没有木马或者病毒，想一想带有电脑病毒的邮件发出去，客户会是什么样的反应。其次，一般不要直接发送 Exe.的可执行文件，文件比较多的话，一般要用 Winrar.或者 Winzip.打个包，推荐用 Zip.格式的打包文件，因为对方即使没有装解压缩的软件，Windows XP 或者 Vista 本身都支持。在很大程度上，良好的电子邮件礼仪是基本常识，得体的商务电子邮件，会使企业赢得同样的尊重。

三、接待外宾的礼仪及技巧

由于文化和生活习惯的不同，在跟外国人打交道时，其礼仪和技巧跟在国内有很大区别。

客人来到公司，可以带他到会议室或者展厅里面就座，不妨询问下：Can I bring you something to drink?（您想喝点什么?）或者简单点：Coffee or tea?（咖啡还是茶?）一般来说，很多客人在中国的时间安排比较紧，早餐都吃得比较仓促，有的餐厅早上没有咖啡供应，对于他们来说是很难受的，程度不亚于我们早上起来没有刷牙就去上班的感觉。如果在正式谈生意之前可以给他们来上一杯咖啡，不但有助提神，而且他们心情都会变得很好。当然，很多外国人不喜欢速溶咖啡，就像我们很多人不喜欢茶包泡的茶。如果是水的话，瓶装的矿泉水最好。会议室里与其放水果，不如放点小糖果，薄荷糖或者咖啡糖，小巧包装的巧克力也不错。外国人喜欢甜食，在中国的饮食不习惯会导致他们比较容易有饥饿感，这个时候，小糖果就起了大作用。

选择餐厅不一定豪华，但是一定要干净。因为外出工作，身体非常重要，要是因为拉肚子干不了活，他们的中国之行就亏大了。菜式选择之前一定要问：Do you have anything that you don't like?（有没有什么你是不吃的?）或者 What's your religion?（请问你的信仰是什么?）这些问题其实很关键。很多有信仰的人，都是有忌讳的，如信仰穆斯林的人不吃猪肉，信印度教的人不吃牛肉，甚至还有素食主义者，连鸡蛋都不吃，如是基督教则没有太多的忌讳。

吃饭时一般餐厅都有刀叉，如果发现上菜的时候没有刀叉，不妨询问外国客户是否要准备刀叉（Sir，do you want/need the folk and spoon?），征得客户的意见再让服务员准备。有的客户刚来中国很好奇，看中国人用筷子，他们也坚持用筷子。可以筷子和刀叉都上，看他们的偏好。由于公筷的使用也不是很普遍，上菜时大家先别动筷子，让服务员先用公共的筷子把菜拨到外国客人的盘子里（当然事先要询问：Do you want to try this?），然后大家再一起吃。如果有甜食，放到最后上就最合适了。没有的话，水果盘也可以凑合。对于大部分人来说，中国的啤酒度数比他们那边的高得多，要是饭后还有工作的话，不妨叫度数低点，口感也比较适合他们的啤酒。要是对方不喝酒，可以要点可乐，或者 100%纯果汁。但是无论什么时候都不要强迫客人喝白酒。我们的白酒对于他们来说都是非常烈的，外国大部分所谓的白酒就是10度左右的白葡萄酒。喝酒时，不要劝酒，对方说能喝一杯，就给他一杯，两杯就两杯。拥有沟通技巧就可以说服别人，对生意上的商谈也有可能达到极佳的沟通效果。而所谓沟通，正是一种使别人信服的艺术。真正懂得用心聆听、用眼观察的人，才能真正掌握沟通技巧的真谛。

【实训模块6】 综合国力对国际商务谈判的影响

练习

分组讨论，并回答以下几个问题：

1. 一个国家的综合国力包含哪些内容？
2. 综合国力如何影响商务谈判？
3. 当综合国力不对等时，如何化解或应对？

【知识点】

进入21世纪以来，随着经济全球化步伐加快，中国与世界的交流合作更加密切。经济全球化成为世界经济发展的必然趋势，它需要各国的企业打破国别经济界限，树立全球发展意识，积极参与国际交流与合作，以提高其国际竞争力。越来越多的政治、经济、文化、法律等方面的差异对跨国商务谈判产生巨大的影响。这些方面的差异实质上是各国综合国力差异的体现，综合国力的诸多差异容易造成谈判冲突、终止甚至破裂。

综合国力是指一个主权国家赖以生存与发展所拥有的全部实力及国际影响力的合力。综合国力的内涵非常丰富，它的构成要素中既包含自然的，也包含社会的；既包含物质的，也包含精神的；既包含实力，也包含潜力以及由潜力转化为实力的机制。综合国力是一个国家的政治、经济、科技、文化、教育、国防、外交、资源、民族意志、凝聚力等要素有机关联、相互作用的综合体。综合国力也正是通过这些方面进而影响国际商务谈判的。

一、综合国力左右国际商务谈判原则

国际商务谈判的原则是平等性原则和互利性原则。国际商务谈判不能以胜负输赢而告终，要兼顾各方的利益。在国际经济往来中，企业间的洽谈协商活动不仅反映着企业与企业的关系，还体现了国家与国家的关系，相互间要求在尊重各自权利和国格的基础上，平等地进行贸易与经济合作事务。

为了更好地发展本国贸易，各国都想通过利用国际性组织或者地区性组织的规则来更好地为自己服务，以消除贸易壁垒，并在商务谈判中占据有利地位。对于国际性或者地区性的组织，其规则的制定是在各成员国的共同参与之下完成的。规则的制定

需要一定的话语权，这需要有较强的综合国力作为后盾，只有这样才能达成对本国发展对外贸易有力的规则。这样，综合国力较强的国家将会在国际性或者地区性组织中占据重要地位，它们可以很容易地左右这些组织的规则并用之为自己服务，进而在国际商务谈判占据主动。

二、综合国力通过政治因素影响国际商务谈判

国际商务谈判既是一种商务交易的谈判，同时也是一项国际交往活动，具有较强的政策性。由于谈判双方的商务关系是两国或两个地区之间整体经济关系的一部分，常常涉及两国之间的政治关系和外交关系，因此在谈判中两国或地区的政府常常会干预和影响商务谈判。国际商务谈判必须贯彻执行国家的有关方针政策和外交政策，同时，还应注意国别政策，以及执行对外经济贸易的一系列法律和规章制度。

弱国无外交，国际商务谈判亦是如此。看似平常的企业之间的商务谈判无形之中却夹杂着一国政策的影响，为了让本国企业在国际贸易中占据有利位置，更多的国家实施保护性的贸易政策，同时在国际商务谈判中对外国实施政治压力，借此使谈判的结果对本国企业有利。综合国力较强的国家同时也拥有着较强的政治实力，它们可以很从容地在国际商务谈判中发挥这一优势，以更好地保护本国企业。

三、综合国力通过经济因素影响国际商务谈判

一国的综合国力是由多方面因素构成的，其中经济实力占着重要的位置，在综合国力的构成中发挥着重要的作用，在一国的国际商务谈判中它起着最直接、最有效的作用。

在国际商务谈判中，经济实力较强的国家可以很好地利用这一优势。它们可以在谈判进行之前对其他国家在经济上进行施压，在谈判进行的时候通过丰厚的经济实力雇佣一批高素质的谈判人员，以此在谈判上占据有利位置。

四、综合国力通过文化因素影响国际商务谈判

文化因素在一国综合国力中扮演着重要的作用，同时文化对人们的价值观、思考问题的方式及解决问题的方法起着潜移默化的作用，换句话说一方文化塑造一方人。进行商务谈判时，更多的是双方人员的语言沟通。语言沟通和沟通方式差异将导致信息障碍，这将不利于谈判的进一步进行。

文化还会影响谈判人员的待客之道、谈判风格。待客之道的差异将破坏双方初步印象；谈判方式差异将导致双方不能正确理解让步时机、成交时机；谈判风格差异将可能破坏谈判气氛，引起争端。只有在谈判前尽可能了解可能出现的文化差异，在谈判中正确处理文化差异，谈判后针对文化差异做好后续交流，才能在国际商务谈判中有所建树，以避免在国际商务谈判中屡屡败北却不知其然。

五、综合国力通过法律因素影响国际商务谈判

国际商务谈判以国际商法为准则并强调谈判双方平等互利。法律因素是综合国力

的一部分，法律比较健全的国家可以很好地利用本国的法律系统为本国企业服务。与此同时，较强的综合国力还可以帮助本国企业在国际商法规则制定中拥有话语权，最终左右国际规则，以达到为本国企业争取利益的目的。相反，综合国力较弱的国家只会让这些全球性法律规则成经济强国屠宰弱国的工具。

六、综合国力通过谈判人员的素质影响国际商务谈判

谈判人员是进行国际商务谈判的载体，他们分别代表着不同国家不同企业，为了完成自己的任务而奋斗在国际商务谈判的前沿。在综合国力中，文化教育占据着重要的地位，通过文化教育可以为自己培养更出色的谈判人才，然而较强的综合国力才是发展文化教育事业的根本基础。

谈判者必须有广博的知识和高超的谈判技巧，不仅能在谈判桌上因人而异，运用自如，而且要在谈判前注意资料的准备、信息的收集，使谈判按预定的方案顺利地进行。

唯有较强的综合国力作为基础才可能培养出优秀的商务谈判人才。

【实训模块7】 商务谈判跨国支付方式

练习

通过查询国际贸易相关资料，讨论：

1. 汇付、托收、信用证的特点、优缺点及应用范围。
2. 信用证的种类和内容。
3. 信用证的收付程序及单证要求。
4. 信用证付款的注意事项。
5. 选择支付方式应考虑的因素。

【知识点】

在国际商务谈判中，签约紧随其后的就是款项支付，主要有汇付、托收和信用证。

一、汇付

汇付是付款人通过银行，使用各种结算工具将货款汇交收款人的一种结算方式，属于商业信用。汇付分订单付现和见单付现，见单付现根据付款方式又分为信汇、电汇、票汇。汇付业务涉及当事人有四个：付款人、收款人、汇出行、汇入行。

信汇。买方提出申请并交款付费给本地银行，银行开具付款委托书，通过邮政寄交卖方银行，委托其向卖方付款，信汇费用低，速度慢。

票汇通常称D/D。买方向当地银行购买即期汇票，自行寄给卖方，由卖方或其指定人持汇票向卖方所在地的有关银行取款。债务人或买方填写票汇申请书，将款项缴

本地银行，即汇出行，由该行签发一张以债权人（卖方）所在地的该行总分支行或代理行，即汇入行或解付行为付款人的即期汇票，交给债务人（买方）后，由其寄给卖方，凭票向付款银行兑款的结算方式。

电汇（T/T）。汇入行应汇款人申请，通过拍发加押电报、电传或Swift电文给国外的分行或代理行，指示其解付一定金额给收款人的一种汇款方式。特点：快捷、方便。属于商业信誉，建立在互信基础上。卖方能很快收到钱，安全性高。缺点：费用高、收手续费，还收相应的电讯费用。

汇付使用范围。汇付的缺点是风险大，资金负担不平衡。汇付结算方式完全是建立在商业信用基础上的。因为以汇付方式结算，可以是货到付款，也可以是预付货款。如果是货到付款，卖方向买方提供信用证融通资金，出口商有收不到货款的风险。而预付货款则是买方向卖方提供信用并融通资金，进口商有收不到商品的风险；不论哪一种方式，风险和资金负担都集中在一方。

由于汇付结算方式的风险较大，这种结算方式只有在进出口双方高度信任的基础上才适用。一般只用来支付订金货款尾数，佣金归还垫款、索赔理赔、出售少量样品等也可以采用。在发达国家之间，由于大量的贸易是跨国公司的内部交易，而且外贸企业在国外有可靠的贸易伙伴和销售网络，因此，汇付是主要的结算方式。

二、托收

托收指由债权人开立汇票，委托银行通过其海外分支行或代理行，向国外债务人收取货款或劳务价值的一种结算方式。属于商业信用，分光票托收和跟单托收。四个当事人：委托人、托收行、代收行、付款人。

根据交单条件的不同分：付款交单的D/P和承兑交单D/A。这两种方式多用于信用好的进口商，因为容易出现拖欠或拒付货款的现象。

D/P分两种方式，一种是D/P即期，客户马上付款才能拿到单据，买方应凭卖方开具的即期跟单汇票，于见票时立即付款，付款后交单；另一种是D/P远期，客户保证在一定的时间付款（比如一个月），客户资金紧张会这样做。

买方对卖方开具的见票后××天付款的跟单汇票，于提示时应即予承兑，付款人做出承兑后，银行还有收回单据，等到汇票到期后再做出付款提示，只有在付款方承担付款责任后，银行才会把象征货物所有权凭证的单据交给对方。

三、信用证L/C

信用证（Letter of Credit，L/C）是一种开证银行根据申请人（进口方）的要求和申请，向受益人（出口方）开立的有一定金额、在一定期限内凭汇票和出口单据，在指定地点付款的书面凭证。信用证把由买方承担的义务转化为银行的付款义务，从而加入了银行信用。

银行承担一定的付款责任，有审单义务，使结算程序更加严格、规范，对双方而言，结算风险进一步得到控制，资金融通也更加便利。银行既提供服务，又提供信用和资金融通，属于银行信用。优点：风险性小，是一种单证交易，对出口方收款有银行保证，进口商也可在发货见单后承付，利于促成贸易。不完善的地方是买方不按时按要求开证，故意设陷阱，使卖方无法履行合同，甚至遭降价、拒付、收不回货款等损失。卖方造假单使之与信用证相符，欺骗买方货款。信用证费用较高，业务手续繁琐，审证、审单技术性强，稍有失误，就会造成损失。

缺点：双方承担一些银行费用，时间周期长，费用高，影响交单。

使用情况：大金额的交易，第一次交易的客户，落后国家或客户信誉度不好。

要求：必须单证一致，单单一致。

【实训模块8】 主要国家和地区商务谈判风格

练习

查询资料并分组讨论美国人、德国人、日本人、韩国人、阿拉伯人、俄罗斯人、法国人、英国人、拉美人和华侨商人的谈判风格，并说出理由。

不同的商人	谈判风格	注意事项
美国人		
德国人		
韩国人		
阿拉伯人		
俄罗斯人		
法国人		
英国人		
拉美人		
华侨商人		

【知识点】

来自不同国家或地区的客商处于不同的历史背景和政治经济制度，其文化背景和价值观念也存在着明显的差异。因此，他们在商务谈判中的风格也各不相同。在国际商务谈判中，如果不了解这些不同的谈判风格，就可能闹出笑话，产生误解，既失礼于人，又可能因此而失去许多谈判成功的契机。如欲在商务谈判中不辱使命，稳操胜券，就必须熟悉不同背景下商人不同的谈判风格，采取灵活的谈判方式。

一、美国人

在美国历史上，大批拓荒者曾冒着极大的风险从欧洲来美洲，寻求自由和幸福。

顽强的毅力和乐观向上勇于进取的开拓精神，使他们在一片完全陌生的土地上建立了新的乐园。他们性格开朗、自信果断、办事干脆利落、重实际、重功利、事事处处以成败来评判每个人，加上美国人在当今世界上取得的巨大经济成就，这就形成了美国商人独特的谈判风格。

干脆直爽，直截了当。美国商人在谈判中习惯于迅速将谈判引向实质阶段，不兜圈子，不拐弯抹角，不讲客套，并将自己的观点全盘托出。他们对谈判对手的直言快语很欣赏，如果对方换个角度或从某个侧面也令其心服，最终将达成妥协，皆大欢喜。

重视效率，追求实利。美国人习惯于按照合同条款逐项进行讨论，解决一项，推进一项，尽量缩短谈判时间。他们十分精于讨价还价，并以智慧和谋略取胜，他们会讲得有理有据，从国内市场到国际市场走势，甚至最终用户的心态等各个方面劝说对方接收其价格要求。

全盘平衡，一揽子交易。美国人在谈判某一项目时，除探讨所谈项目的品质规格、价格、包装、数量、交货期及付款方式等条款外，还包括该项目从设计到开发、生产工艺、销售、售后服务以及为双方能更好地合作各自所能做的事情等，从而达成一揽子交易。

同美国人谈判，是与非必须认清楚，如有疑问，要毫不客气地问清楚，不要拐弯抹角，不要抹不开面子，以免日后造成纠纷。

二、德国人

德国人的特点是倔强、自信。他们办事谨慎，富有计划性。他们敬业精神很强，工作重视效率、追求完美。德国能在短短几十年内在世界经济中再度崛起，是同他们这种自强不息的民族奋斗精神分不开的。

严谨认真，准备周密。德国人在谈判前准备充分，对所要谈判的标的物以及对方公司的经营、资信情况等均进行过详尽认真的研究，掌握大量翔实的第一手资料，以便在谈判中得心应手，左右逢源。他们的企业技术标准十分精确具体。所以他们在购买别国的产品时往往用自己国家的标准来衡量（作为选择标准）。让他们相信你的产品质量这点很关键。

缺乏妥协性和灵活性。德国人在谈判中审慎稳重有余，而适当的妥协性和灵活性不足。如果我们对出口商品报价过高，他们可能会觉得双方的价格相距太远，不值得进一步探讨，从而可能使我们失去一次贸易机会。相反，他们一旦报出价格，那这个价格几乎不可更改。德国商人很少讨价还价，即便是有，讨价还价的余地也会很小。他们特别讲究效率，信奉“马上解决”，讨厌“研究研究”“考虑考虑”等拖拉现象。

重合同、守信用、审慎、稳重。德国人在签订合同之前，往往要仔细研究合同的每一个细节，并认真推敲，感到满意后才会签订合同。合同一经签订，他们会严守合同条款，一丝不苟地去履行。他们不轻易毁约，同样，他们对对方履约的要求也极其严格。

谈判之前准备充分。将研究谈判的标的产品的所有方面信息，包括资产、管理状况、生产能力等，不喜欢与信誉差的、短视的、唯利是图的公司交易。

在乎头衔。初次会面可能拘谨或含蓄，甚至不友好，但是熟悉以后会很好。强调自己提出的方案的可行性而不轻易让步，即使让步也限于很小范围内，因为自己的报价是合理的。

谈判中正式而严肃，尊重高层（要预约）。不谋求正式谈判以外的私下交易；讨价还价要合理，避免过分要求，建议要具体而切实，分析要精确仔细；对交易会的业务很感兴趣；喜欢啤酒和足球的话题；避免谈及政治。

三、日本人

日本人深受中国传统文化的影响，儒家思想已深深地沉淀于日本人内心深处，并在行为方式上处处体现出来。日本是一个岛国，资源缺乏、人口密集，具有民族危机感。这就使日本人养成了进取心强，工作认真，事事考虑长远影响的性格。他们慎重、礼貌、耐心、自信地活跃在国际商务谈判的舞台上。

讲究礼节，彬彬有礼地讨价还价。日本商人走出国门进行商务谈判时，总希望对方能前往机场、车站或码头迎接，迎接人的地位要等同或略高于日本商人的地位。他们经常说说笑笑地讨价还价，体现了一种礼貌在先，慢慢协商在后的指导思想，使谈判在友好的气氛中进行，以便达成协议。

注重建立和谐的人际关系。日本人把与谁做生意同怎样做生意看得同样重要。他们往往将相当一部分时间、精力花在人际关系中，愿意与熟悉的人做生意并建立长期友好的合作关系。他们不习惯直接的、纯粹的商务活动，如果有人不愿意开展人际交往活动而直接进入实际性的商务谈判活动，就会欲速则不达。

商品的质量至关重要。日本人在商务谈判中首先着眼于商品的质量、包装和生产工厂，而后才会谈及价格。当然，价格问题也很重要，但必须是以符合要求的质量标准且能提供优质服务为前提。在他们心中，产品的质量、优质的服务和可接受的价格这三个要素缺一不可。一旦他们与你做成了第一笔生意，而且很顺利，他们就会继续与你合作下去，即使再有其他贸易公司报以更优惠的价格，他们也不会轻易转向那家公司。

四、韩国人

韩国是一个自然资源匮乏，人口密度很大的国家。韩国以“贸易立国”，近几十年经济发展较快。韩国商人在长期的贸易实践中积累了丰富的经验，常在不利于己的贸易谈判中占上风，被西方国家称为“谈判的强手”。

进行充分的咨询准备工作。谈判前，韩国人通常要对对方进行咨询了解，如经营项目、规模、资金、经营作风以及有关商品的行情等。一旦韩国人与你坐在一起谈判，那么可以肯定地说，他已对这场谈判进行了周密的准备。

注重礼仪，创造良好的谈判气氛。韩国人十分注意选择谈判地点，他们一般喜欢选择有名气的酒店进行会晤，并且特别重视谈判开始阶段的气氛。见面时总是热情地与对方打招呼，向对方介绍自己的姓名、职务等。当被问及喜欢用哪种饮料时，他们一般选择对方喜欢的饮料，以示对对方的尊重。

巧妙地运用谈判技巧。韩国人常用的谈判方法有两种，即横向式谈判和纵向式谈判。前者是先谈主要条款，然后谈次要条款，最后谈附加条款；后者即对双方共同提出的条款逐条协商，达成一致后，再转向下一条款进行讨论。有时也会两种方法兼而用之。他们还时常使用“声东击西”“先苦后甜”“疲劳战术”等策略。有些韩国商人直到最后一刻仍会提出“价格再降一点”的要求。

五、阿拉伯人

由于地理、宗教和民族等方面的影响，阿拉伯人以宗教划派，以部落为群。他们性情固执，比较保守，家族观念及等级观念很强，不轻易相信别人，整个民族具有较强的凝聚力。

先交朋友，后谈生意。阿拉伯人通常要花很长时间才能做出谈判的决策。他们不希望通过电话来谈生意。当外商想向他们推销某种商品时，必须经过多次拜访，有时甚至第二次、第三次拜访都接触不到实质性问题。与他们打交道，必须先争取他们的好感和信任，建立朋友关系。只有这样，下一步的交易才会进展顺利。

对讨价还价情有独钟。在他们看来，没有讨价还价就不是一场严肃的谈判。无论是在大商店还是小商店均可讨价还价，标价只是卖主的报价。在商务谈判中更是如此，他们甚至认为，不还价就买走东西的人，还不如讨价还价后什么也不买的人受卖主的尊重。

通过代理商进行商务谈判。几乎所有阿拉伯国家的政府都坚持让外国公司通过代理商来开展业务，代理商从中获取佣金。一个好的代理商对业务的开展大有裨益。他可以帮雇主同政府有关部门取得联系，促使有关方面尽早做出决定，帮助安排货款的收回，劳务使用、物资运输、仓储等诸多事宜。

六、俄罗斯人

俄罗斯人固守传统，缺乏灵活性。提出的要求往往很极端，要有心理准备，计划与审批需要繁复的程序。

对技术细节感兴趣。俄罗斯人特别重视谈判项目中的技术内容和索赔条款，对图纸的索取很苛刻，这与这个昔日的技术强国的传统有关。

善于在价格上讨价还价。准时，但是进展速度慢，要有耐心准备好详细资料，随时准备使用拖延战术，没有必要期望建立长期的关系，因为他们的要求可能会很极端。

避免谈政治。

七、法国人

法国人喜欢建立个人之间的友谊，并且这种友谊将影响生意。特别关注个人关系和生意关系的紧密联系。喜欢在社交场合交往，而不是在家里宴请朋友。谈论话题与法国浪漫情调有关，范围广，避免谈论政治、金钱和私事。

坚持在谈判在中使用法语。这是一般原则性问题，最大的让步也许就是不用法语。陈述要规范，高信息量，理性和克制。谈判进入要点要简短。一般很坦诚公开。

偏爱横向谈判，不喜欢苛刻的交易。喜欢先勾画轮廓，再达成原则性协议。喜欢签署大概内容，如果以后执行对自己不利则毁约重新谈。

重视个人力量。很少集体决策，他们的机构明确简单，个人权力很大，效率高。

严格区分工作与休息时间。8 月是度假的季节，一般全国都放假，不做生意。

八、英国人

不轻易与对方建立个人关系。保守，传统而具有优越感。英国人的自由和平等是形式上的，平民与贵族仍然不同，在交往中注重对手的身份和业绩、经历等。对谈判不如日本人、美国人那样看重。对谈判本身准备也不充分，不够详细周密，善于简明扼要阐述立场，陈述观点。谈判中更多的是沉默、平静、自信和谨慎，而不是激动冒险和夸夸其谈。不喜欢风险大的、利润大的买卖。

一般不能按时交货，不能保证合同的按期履行，但是产品的质量、性能优越。和英国人谈判一定要在延迟交货的条款上写上重罚的条款。缺乏灵活性。既固执又不愿意花费很大力气。不喜欢太多讨价还价。

避免谈政治或宗教，避免谈私人问题，不要开美国人的玩笑，别嘲笑他们，避免将英国与美国比较，要绅士不要放肆。注重追求生活的秩序与舒适，注意各种规矩，守时，相对忽视勤奋和努力。在谈话中要使用“British”（英国的）而不是“English”（英格兰的）。

九、拉美人

拉美国家大多属于非工业化国家，生活节奏慢，这边的人意识不严谨。要表现出对他们的风俗习惯、信仰的尊重与理解，争取他们的信任，坚持公平友好互利。看重朋友关系，商业交往带有感情成分。注意关系的建立比谈判本身更加重要。

拉美国家政治复杂，冲突很多，部分地区社会治安较差。避免谈论政治。不对巴西人讲西班牙语；避免对巴西人谈论阿根廷；避免开种族玩笑；避免使用“OK”手势，这里的“OK”是猥亵的手势，相当于中国的中指。

重视合同实施，经常要求修改合同，履约率不高，特别是付款，最好要求用美元付款可以避免通货膨胀带来的负面影响。不同国家外汇管制不同，所以对外汇要有具体的细致的条款。

根据不同国家的特点进行安排。巴西人好娱乐，重感情，喜欢讨价还价，要心眼，特别是针对不熟悉的人；注意对政府的沟通，找一个代理人。智利、巴拉圭和哥伦比亚人做生意保守。

十、华侨商人

华侨分布在世界许多国家，他们乡土观念很强，勤奋耐劳，重视信义，珍惜友情。由于经历和所处环境的不同，他们的谈判习惯既与当地人有别，也与国内有所不同。

作风果断，雷厉风行。在商务谈判中，他们从不优柔寡断，看准了就干。他们富于冒险精神，敢于正视困难，对前途充满了信心，善于抓住每一个商贸机会。

善于讨价还价。华侨商人有一套巧妙的讨价还价办法，从不以一次让价为满足，总是一而再，再而三地讨价还价，直到该商品不能再降价为止。他们认为谈判双方都很精明，谈判的时候应当“有小便宜就占”。他们这种敬业精神和积极稳妥的现实风格，使得他们在创业道路上勇往直前，硕果累累。

华侨老板亲自出面谈判，即使在谈判之初由代理人或雇员出面，最后也要由老板拍板才能成交。

以上介绍的只是世界主要贸易国家或地区不同商人的主要谈判风格，我们应从中悟其真谛。当然，随着当今世界经济一体化和通信的高速发展，以及各国商人之间频繁的往来接触，他们相互影响，取长补短，有些商人的风格已不是十分明显了。因此，我们既应了解不同国家和地区商人之间谈判风格的差异，在实际的商务谈判中更应根据临时出现的情况随机应变，适当地调整自己的谈判方式以达到预期的目的，取得商务谈判的成功。

【实训模块9】 出口报价技巧

练习

讨论：出口报价与国内贸易报价有何异同?

项目	相同点	不同点
出口报价		
国内报价		

【知识点】

国际商务谈判报价和国内贸易报价有些许差别。国内客户距离近，文化相同，体制相同，谈判时可以面对面进行近距离沟通。这里的距离包括自然距离和心理距离。在国际商务谈判中，会更多依赖邮件、网络等，一旦报价，解释起来没有当面方便，所以报价需要更科学合理。报价太高，容易吓跑客户，报价太低，客户一看就知道你不是行家里手，不敢冒险与你做生意。对老客户报价也不容易：他会自恃其实力而将价压得厉害，以至在你接到他的询盘时，不知该如何报价——报得太低没有钱赚，报得太高又怕他把订单下给了别人。国际商务谈判至少要掌握常见的5种报价技巧。

一、报价前充分准备

首先，认真分析客户购买意愿，了解他们的真正需求，拟出一份有的放矢的报价单。有些客户将价格低作为最重要的因素，一开始就报给他接近你底线的价格，那么赢得订单的可能性就大。广州市某进出口公司的曾先生说：“我们在客户询价后到正式报价前这段时间，会认真分析客户真正的购买意愿和意图，然后才会决定给他们尝试性报价（虚盘），还是正式报价（实盘）。”

其次，做好市场跟踪调研，清楚市场最新动态。由于市场信息透明度高，市场价格变化更加迅速，因此，出口商必须依据最新行情报出价格“随行就市”，买卖才有成交可能。现在一些正规的、较有实力的外商在香港、内地都有办事处，对中国内外行情、市场环境都很熟悉和了解。这就要求出口公司自己也要信息灵通，要经常去收集货源信息，对当地一些厂家卖价要很清楚。

二、选择合适价格术语

在一份报价中，价格术语是核心部分之一。采用哪一种价格术语实际上就决定了买卖双方的责权、利润的划分，所以出口商在拟就一份报价前，除要尽量满足客户的要求外，自己也要充分了解各种价格术语的真正含义并认真选择，然后根据已选择的价格术语进行报价。

选择以 FOB 价成交，在运费和保险费波动不稳的市场条件下于自己有利。但也有许多被动的方面，比如：由于进口商延迟派船，或因各种情况导致装船期延迟，船名变更，就会使出口商增加仓储等费用支出，或因此而迟收货款造成利息损失。出口商对出口货物控制方面，在 FOB 价条件下，由于是进口商与承运人联系派船的，货物一旦装船，出口商即使想要在运输途中或目的地转卖货物，或采取其他补救措施，也会颇费一些周折。

在 CIF 价出口的条件下，船货衔接问题可以得到较好的解决，使得出口商有了更多的灵活性和机动性。在一般情况下，只要出口商保证所交运的货物符合合同规定，所交单据齐全、正确，进口商就必须付款。货物过船舷后，即使在进口商付款时货物遭受损坏或灭失，进口商也不得因货损而拒付货款。就是说，以 CIF 价成交的出口合同是一种特定类型的“单据买卖”合同。

一个精明的出口商，不但要能够把握自己所出售货物的品质、数量，而且应该把握货物运抵目的地及货款收取过程中每一个环节。对于货物的装载、运输及货物的风险控制都应该尽量取得一定的控制权，这样盈利才有保障。一些大的跨国公司，以自己可以在运输、保险方面得到优惠条件而要求中国出口商以 FOB 价成交，就是在保证自己的控制权。

在现在出口利润普遍不是很高的情况下，对于贸易全过程的每个环节精打细算比以往任何时候更显重要。国内有些出口企业外销利润不错，它们的做法是，对外报价时，先报 FOB 价，使客户对本企业的商品价格有个比较，再询 CIF 价，并坚持在国内市场安排运输和保险。他们很坦诚地说，这样做不但可以给买家更多选择，而且有时在运保费上还可以赚一点差价。

三、利用合同其他要件

合同其他要件主要包括付款方式、交货期、装运条款、保险条款等。在影响成交的因素中，价格只是其中之一，如果能结合其他要件和客户商谈，价格的灵活性就要大一些。例如，对于印度、巴基斯坦等国家或地区的客户，有时候你给其30天或60天远期付款的信用证条件，或许具有很大的吸引力。

还可以根据出口的地域特点、买家实力和性格特点、商品特点来调整报价。根据销售淡旺季之分，或者订单大小也可以调整自己的报价策略。

四、以综合实力取胜

报价要尽量专业一点，在报价以前或报价中设法提一些专业性问题，显示自己对产品或行业很熟悉、很内行。所以报价前，一方面要考虑客户信誉，另一方面对自己的产品和质量要有信心。在与新客户打交道时，让客户了解清楚自己的情况很重要，比如请他们去工厂参观，让他们了解自己的运作程序，这样客户下单时就更容易下决心。

同时，通过你的报价，了解和熟悉该行业的外商能够觉察到，你是否也是该行业中的老手，并判断你的可信度，过低的价格反而让客户觉得你不可信、不专业。

最后，在对新客户报价前，一定要尽量让他了解你的公司实力和业务运作模式。只有对你和你的公司具有充分信心，客户才有可能考虑你的交易条件，这一点很多没有经验的出口商常常忽略。虽然目前很多外商到处比价询盘，但良好的公司形象和口碑能够帮助你吸引和留住客户。

五、选择合适的报价渠道——以网上贸易为例

在进行网上贸易时，可直接进行报价。阿里巴巴网上报价功能只提供给“诚信通会员”使用。当你有感兴趣的求购信息，直接填写完“报价单”发送后，为了让采购商迅速收到您的反馈，可以通过以下方式：

在“报价单”中选择“手机短信”，将报价内容发送到对方手机上，或短信提醒对方查看报价。最快速地将你的报价信息传达给采购商，取得进一步的意向商谈，从而避免报价不及时，失去潜在客户。

当E-mail或系统留言收到客户询价单时，可选择直接通过E-mail或回复留言进行报价。

可以利用贸易通及时进行网上报价，把握商机。如果向你询价的采购商在线，你可以马上与他洽谈。详细了解对方的采购需求和进一步核实对方身份及意向程度。可随时向对方进行报价，并获得对方对价格的反馈；如果采购商召开网上会议谈生意，还可通过贸易通进行多方商务洽谈。

【实训模块10】 包装运输条款

练习　提单破绽案例分析

2001年3月，国内某公司（以下简称甲方）与加拿大某公司（以下简称乙方）签订一设备引进合同。根据合同，甲方于2001年4月30日开立以乙方为受益人的不可撤销的即期信用证，要求乙方在交单时，提供全套已装船清洁提单。

2001 年 6 月 12 日，甲方收到开证银行进口信用证付款通知书。甲方业务人员审核单据后发现乙方提交的提单存在以下疑点：

1. 提单签署日期早于装船日期。

2. 提单中没有“已装船”字样。

根据以上疑点，甲方断定该提单为备运提单，并采取以下措施：

1. 向开证银行提出单据不符点，并拒付货款。

2. 向有关司法机关提出诈骗立案请求。

3. 查询有关船运信息，确定货物是否已装船发运。

4. 向乙方发出书面通知，提出甲方异议并要求对方做出书面解释。

乙方在收到甲方通知及开证银行的拒付函后，知道了事情的严重性并向甲方做出书面解释，片面强调船务公司方面的责任。在此情况下，甲方公司再次发函表明立场，并指出，由于乙方原因，设备未按合同规定期限到港并安排调试，已严重违反合同并给甲方造成了不可估量的实际损失。要求乙方及时派人来协商解决问题，否则，甲方将采取必要的法律手段解决双方纠纷。乙方遂于 2001 年 7 月派人来中国。在甲方出具了充分的证据后，乙方承认该批货物由于种种原因并未按合同规定时间装运，同时承认了其所提交的提单为备运提单。最终经双方协商，乙方同意在总货款 12.5 万美元的基础上降价 4 万美元并提供 3 年免费维修服务作为赔偿并同意取消信用证，付款方式改为货到目的港后以电汇方式支付。

思考：

1. 跨国贸易的货物运输方式是什么？

2. 运输单据怎样分类？

3. 不同海运提单的区别及应用范围是什么？

【知识点】

一、国际商务中的运输方式

（一）海洋运输

海洋运输是国际贸易中最常用的运输方式。

其优点是：①通过能力大；②运量大；③运费低廉；④适货性强。

缺点是：①运速慢；②易受天气影响；③风险较大。

（二）班轮运输

班轮运输也称定期船运输。特点：“四定一负责”，即航线、停靠港口、船期、运费率固定，承运人负责装和卸。

租船运输。租船方式的主要种类：定程租船、定期租船、光船租赁。

班轮运费的计算标准包括：按货物的毛重（重量吨，W）；按货物的体积（尺码吨，M）；按货物的价格（A. V. 或 Ad. Val）；按货物重量或尺码从高计收（W/M）；

按货物的重量、尺码或价值三者从高计收（W/M or A. V.）；按货物重量或者尺码选择其高者，再加上运费计收（W/M plus A. V.）；按每件货物作为一个计费单位收费；临时议定运价（Open Rate）。

（三）铁路运输

铁路运输特点：一般不受气候条件的影响，运量大，速度快，具有高度的连续性，风险小，手续简单。

铁路营运方式包括国际铁路联运和国内铁路运输。

（四）航空运输

航空运输是现代化的运输方式，运输速度快，货运质量高，不受地面条件的限制。

空运方式包括班机运输、包机运输、集中托运、急件专递等。

（四）管道运输（Pipeline Transport）

管道运输是指货物借助管道内高压气泵的压力输往目的地的一种运输方式，适用于液体和气体货物的运输。

特点主要为建设投资大，营运成本低。在美国、俄罗斯、欧洲、中东、北非等地区广泛应用管道运输天然气和石油，我国起步晚，但发展较快。

（五）集装箱运输（Container Transport）

集装箱运输的特点包括提高装卸效率，加速船舶周转；提高运输质量，减少货损货差；节省各项费用，降低货运成本；简化货运手续，便利货物运输；变单一为成组运输，促进 IMT 发展。

根据装运用途不同，集装箱分类包括：

1. 干货集装箱（通用集装箱）（Dry Cargo Container）

使用范围极广，占全部集装箱的80%以上。这种集装箱通常为封闭式，在一端或侧面设有箱门。干货集装箱通常用来装运文化用品、化工用品、电子机械、工艺品、医药、日用品、纺织品及仪器零件等，不受温度变化影响的各类固体散货、颗粒或粉末状的货物都可以由这种集装箱装运。

2. 散货集装箱（Bulk Container）

一种密闭式集装箱，有玻璃钢制和钢制两种。前者由于侧壁强度较大，故一般装载相对密度较大的散货，后者则用于装载相对密度较小的货物。散货集装箱顶部的装货口应设水密性良好的盖，以防雨水侵入箱内。

3. 冷藏集装箱（Reefer Container）

专为运输如鱼、肉、新鲜水果、蔬菜等食品而特殊设计的。

目前基本上分两种：一种是集装箱内带有冷冻机的叫机械式冷藏集装箱；另一种箱内只有隔热结构，箱端壁上设有进/出气孔，箱子装在舱中，由船舶的冷冻装置供应冷气，叫做外置式冷藏集装箱。

4. 罐状集装箱（Tank Container）

专用以装运酒类、油类（如动植物油）、液体食品以及化学品等液体货物。这种集装箱有单罐和多罐数种，罐体四角由支柱、撑杆构成整体框架。货物一般由罐顶装货孔进入，由排出孔靠重力自行流出，或由顶部吸出。

5. 开顶集装箱（Open-top Container）

没有钢性箱顶的集装箱，但有由可折叠式或可折式顶梁支撑的帆布、塑料布或涂塑布制成的顶篷，其他构件与通用集装箱类似。这种集装箱适于装载大型货物和重货，如钢铁、木材，特别是像玻璃板等易碎的重货，利用吊车从顶部吊入箱内不易损坏，而且也便于在箱内固定。

6. 框架式集装箱（Plat Form Based Container）

没有箱顶和侧壁，甚至连端壁也去掉，而只有底板和四个角柱的集装箱。这种集装箱可以从前后、左右及上方进行装卸作业，适合装载长大件和重货件，如重型机械、钢材、钢管、木材、钢锭等。框架式集装箱没有水密性，怕水湿的货物不能装运，或用帆布遮盖装运。

7. 牲畜集装箱（Pen Container）

用于装运活家禽和活家畜。为了遮蔽太阳，箱顶采用胶合板覆盖，侧面和端面都有用铝丝网制成的窗，以求有良好的通风性。侧壁下方设有清扫口和排水口，并配有上下移动的拉门，可把垃圾清扫出去。还装有喂食口。牲畜集装箱在船上一般应装在甲板上。

8. 汽车集装箱（Car Container）

运输小型轿车的专用集装箱。其特点是在简易箱底上装一个钢制框架，分为单层和双层两种。因为小轿车的高度为1.35~1.45米，如装在8英尺（2.438米）的标准集装箱内，其容积要浪费2/5以上。因而出现了高度为10.5英尺（3.2米）的双层集装箱。

9. 服装集装箱

在箱内侧梁上装有许多根横杆，每根横杆上垂下若干条皮带扣、尼龙带扣或绳索，成衣利用衣架上的钩直接挂在带扣或绳索上。这种服装装载法属于无包装运输，它不仅节约了包装材料和包装费用，而且减少了人工劳动，提高了服装的运输质量。

10. 组合式集装箱

又称“子母箱”，它的结构是在独立的底盘上，箱顶、侧壁和端壁可以分解和组合，既可以单独运输货物，也可以紧密地装在20ft和40ft箱内，作为辅助集装箱使用。它拆掉壁板后，形似托盘，所以又称为“盘式集装箱”。

还有一种是国际多式联运（IMT），以集装箱为媒介，把海/陆/空各种传统的单一运输方式有机地结合起来组成一种国际间的连贯运输。

构成条件包括一个多式联运合同、一份多式联运单据、一个联运经营人、全程单一的运费费率、两种以上的运输方式。

二、装运条款

（一）装运时间

装运时间与交货时间不同。装运时间有不同规定，包括具体时间、收到信用证后的若干天或月、收到信/电/票汇后的若干天或月、近期装运或“立即装运”。

近期装运要注意掌握表述，如货物不得迟于（或于）2006年7月30日装运；最迟装运日期是2006年7月30日；列明货物在2006年7月30日或在该日以前装运/发送；不迟于2006年8月31日从中国大连装船至日本神户。

（二）装运港和目的港

装运港和目的港包括港口明确（选港）、不接受内陆城市、装卸港的条件、国外重名港口（E. g. Victoria）等。

（三）分批装运和转船

1. 分批装运

在合同中如没有规定不准分批装运，视为可以；如果信用证中规定了每批装运的时间和数量，若其中任何一期未按规定装运，则本期及以后各批均失效；运输单据表明同一运输工具、同一路线、同一目的地，即使其表面上注明不同的装运日期及不同的装运港，将不视作分批装运。

2. 转船

《跟单信用证统一惯例》规定：未明确规定禁止转船的视为可以。

（四）装运通知

装运通知要明确买卖双方责任，做好船货衔接工作；装卸时间指允许完成装卸任务所约定的时间，一般以天数或小时数来表示。

（五）装卸率

装卸率指每日装卸货物的数量。装卸率的具体确定，一般应按照习惯的正常装卸速度掌握实事求是的原则。装卸率的高低关系到完成装卸任务的时间和运费水平，装卸率规定过高或过低都不合适。

（六）滞期费/速遣费

滞期费（Demurrage）：在规定的装卸期间内，如果租船人未能完成装卸作业，为了弥补船方的损失，对超过的时间租船人应向船方支付一定的罚款。

速遣费（Dispatch Money）：如果租船人在规定的装卸期限内提前完成装卸作业，则所节省的时间船方要向租船人支付一定的奖金。速遣费一般为滞期费的一半。

三、运输单据

运输单据是承运人收到承运货物后签发给托运人的证明文件，是交接货物、处理索赔与理赔以及向银行结算货款或进行议付的重要单据。

（一）海运提单（Ocean Bill of Lading，B/L）

海运提单是货物承运人或其代理人收到货物后，签发给托运人的一种证明。这是货物收据/物权凭证/托运人与承运人之间的运输契约的证明。

海运提单的基本内容包括提单的正面内容，如托运人、收货人、被通知人、收货地或装货港、目的地或卸货港、船名及航次等；提单的背面内容，如运输条款等。

海运提单的分类。根据标准不同，有如下分类：

1. 货物是否装船：已装船提单（Shipped B/L）和备运不清洁提单（Unclean B/L）。

2. 有无外表状况不良批注：清洁提单（Clean B/L）和提单（Received for shipment B/L）。

3. 收货人的填写：记名提单（Straight B/L）、指示提单（Order B/L）和不记名提单（Barer B/L）。

4. 运输方式：直达提单（Direct B/L）、转船提单（Transshipment B/L）和联运提单（Though B/L）。

5. 内容的繁简：全式提单（Long form B/L）和 略式提单（Short form B/L）。

6. 提单有效性：正本提单（Original B/L）和副本提单（Copy B/L）。

7. 其他：舱面提单（On deck B/L）、过期提单（Stale B/L）、倒签提单（Ante-dated B/L）和预借提单（Advanced B/L）。

（二）铁路运输单据

铁路运输单据包括国际铁路联运运单（国际铁路联运）和承运货物收据（港澳国内铁路）。

（三）航空运单

航空运单是承运人与托运人之间签订的运输契约，也是承运人或其代理人签发的货物收据。航空运单正本一式三份，分别交托运人、航空公司和随机带交收货人，副本若干份由航空公司按规定分发。航空运单还可以作为承运人核收运费的依据和海关查验放行的基本单据。

【问题思考】

1. 国际商务谈判有何特点？
2. 描述作为国际商务谈判人员的关键素养。
3. 怎么理解国际商务谈判的5要素？
4. 影响国际商务谈判的文化因素有哪些？
5. 国际商务谈判与国内商务谈判的沟通技巧有何异同？
6. 如何理解综合国力对国际商务谈判的影响？
7. 商务谈判有哪些跨国支付方式？
8. 不同国家和地区商务谈判风格有何异同？
9. 出口报价有何技巧？

实训项目六　商务谈判交易实训

【实训目的与要求】

1. 通过训练了解影响成交的因素，把握谈判结束时机。
2. 通过模拟训练逐渐掌握及时成交技巧。
3. 掌握协议签订的格式和常用内容条款。
4. 掌握签约技巧及签约注意事项。
5. 熟悉处理谈判合同纠纷相关知识。
6. 了解如何确保当事人履行协议。

【实训学时】

本项目建议实训学时：4 学时。

【背景素材】

K 公司是国内知名的化妆品、洗涤品制造商，自成立以来始终以“清洁、美、健康”为宗旨，现已拥有覆盖全国的销售网络。由于产品结构调整，2015 年将重新布局经销商网络，并将在中央电视台黄金时间发布全年广告。目前招商会邀请函已经发出，老经销商和部分新经销商报名人数超过预期，潜在竞争激烈。

【实训内容】

通过实训项目，掌握影响成交的因素、谈判结束时机判定、及时成交技巧、签约技巧、签约注意事项、不同协议格式、处理谈判合同纠纷技巧、确保当事人履行协议技巧等知识。

【实训模块 1】 影响成交的因素

练习

按照下表思维深入讨论影响成交的因素。

影响成交的因素									
宏观	微观	政治	经济	文化	人	财	物	自然	其他

【知识点】

严格来说，影响成交的因素很多，可以说任何与谈判相关的要素都会影响的最后成交。有时候谈判者心情不好、突然的道听途说、外部天灾人祸、内部经营状况转换，甚至人事调整等都可能会导致成交或交易失败。有很多偶然因素，无法预测，仅选主要一二进行研究。

一、谈判者自身素养与组织授权

商务谈判过程是一个权谋并重、虚实结合、充满竞争的过程，能否在这个过程中尽可能多分一些蛋糕、多获取一些利益，很大程度上取决于谈判人员自身的素质与修养。

谈判涉及不同组织，组织间差异也会影响谈判效果。客观和主观两方面综合因素对谈判效果都会产生很大影响。即使是合作已久的“老朋友”，因为各方利益追求不同，也会有很多意想不到的情况出现，更何况谈判经常面对第一次合作的组织或个人，人文上的差异将直接影响谈判的过程和结果。对于同样的事务，谈判参与者不同，可能会出现不同的谈判结果。因此，在随机决策情况下，谈判代表被组织授权的程度在一定意义上不仅影响谈判桌上实际获利多少，甚至会决定谈判成功与失败。

二、现实的社会条件和双方物质基础

经济是社会运行体系的一个组成部分，必然受现实社会条件的制约和影响，商务谈判业务也不能独善其身，也受到国家产业政策、社会政治经济环境、经济市场化程度等的影响；此外，自身物质基础经济实力强弱，如企业规模、资金实力、资信程度、产品竞争力等也必然直接影响谈判的结果。故谈判者应不失时机地利用谋略展示企业谈判实力。

三、谈判持续时间和信息容量

谈判持续时间长短对谈判结果有很大影响。例如在机械设备购置谈判业务中，买方急需使用设备，希望谈判时间短些，签订协议后就快速交货，这就很可能在相应让步的条款上，表现得慷慨一些。卖方的货由于很紧俏，所以希望谈判时间长些，迟些交货，为供货准备更充分的时间，便故意拖延谈判时间，在相应让步的条款上也尽力不开绿灯，争取一个更好的谈判结果。

谈判是一种决策活动，决策准确性在很大程度上依赖于对信息掌握的全面程度，

信息不全面、不正确会影响到决策质量。当谈判涉及多个参与方时，往往很难掌握完备信息。尤其是国际商务谈判，涉及事务更为复杂，就更难掌握完备信息。信息容量对谈判结果的影响力随着信息社会的到来变得更为重要。谁占有信息量大，信息处理手段更先进、及时、科学，谁就会在谈判中居于主动地位，获取更大利益。而且时间和信息的关系极为密切，谈判持续时间长，对信息不灵、准备不充分的一方有利，他可以利用时间获得新信息；而信息准备充分者则希望速战速决。

商务谈判过程中影响谈判成功的因素很多，谈判和所有事物一样，存在着大量不确定性因素，或者说谈判中存在着多种形式的风险。谈判各方在谈判过程中，面对复杂问题要善于分析形势，把握机会。

【实训模块 2】 谈判结束时机判定

练习

一位法国人家有一片小农场，种的是西瓜。他在家里经常有人打电话，要订购他家西瓜，但每一次都被他拒绝了。有一天，来了一位小男孩，约有 20 岁，他说要订购西瓜，被法国人回绝了，但小男孩却不走，主人做什么，他都跟着走，在主人身边，专谈自己的故事，一直谈了将近一个小时。主人听完小男孩的故事后，开口说：“说够了吧？那边那个大西瓜给你好了，一个法郎。”“可是，我只有一毛钱。”小男孩说。“一毛钱？”主人听了便指着另一个西瓜说：“那么，给你那边那个较小的绿色的瓜好吧？”“好吧，我就要那个。”小男孩说，“请不要摘下来，我弟弟会来取，两个礼拜以后，他来取货。先生，你知道，我只管采购，我弟负责运输和送货，我们各有各的责任。”

思考：

请从谈判利益、成交条件、成交期限、谈判策略与技巧等各个方面对该案例进行分析。

【知识点】

一、评估谈判总利益

对谈判总利益评估，需要从三个方面进行：

第一，谈判综合目标的实现程度。

第二，谈判效率的高低。主要是看谈判收益和谈判成本之间的对比关系，是高效还是低效或不经济的。该处成本应该考虑预期收益与实际收益之间的差值，为谈判而耗费的各种资源之和，机会成本——该谈判被占用的人力、物力和财力以及该时段失去的其他获利机会。

第三，谈判后的人际关系维系。

二、谈判结束时机确定

在商务谈判中，谁都不想旷日持久，时间长了不仅浪费财力，还会让人疲倦，让所有涉及的人脱不开身，无端增加谈判成本，最后对谁都没有好处。所谓见好就收，谈判到一定程度时，就应该及时结束谈判，要么签约，要么延后或取消。

（一）判定谈判结束的标志

1. 从交易条件判定

第一种情况首先看交易条件中余留问题数量，是否共识远超出分歧；多数重要和关键问题是否达成一致。如果大多数问题已解决，关键和重要问题已解决，即可考虑结束谈判。第二种情况要看谈判对手交易条件是否进入己方成交底线，如果谈判基本按照预期进展进行，符合原定计划和心理价位，即可进入结束阶段，找准时机结束谈判。第三种情况是双方交易条件完全达成一致，这是最佳结束时间。

2. 从谈判时间判定

判定标准首先看是否已经到双方约定时间，既然已经到事先确定时间，按照程序进行，自然进入结束阶段。其次看如果没有到双方约定时间，但是是否到了自己单方限定时间，之所以有单方约定时间，一定是有谈判成本和机会成本等考虑，“不能在一棵树上吊死”，特别是有优势一方可以选择其他伙伴，有更大余地，所以果断选择结束谈判，投入第二个目标谈判中。最后是政治经济形势突变造成谈判环境恶劣，或时间紧迫，或供需关系突变导致谈判缺乏实际意义，谈判条件不具备或不充分等使得谈判不得不终止。

3. 从谈判策略来判定

如果经过多次认真而投入的磋商也没有达到双方都满意的结果，不妨表明最后立场，成败在此一举，给对手施加压力。

（二）确定结束时间

选择恰当时机结束谈判，对于谈判成功有着重要意义。当谈判已经进入成交区，就必须及时抓住机会成交，结束谈判，不要过于贪心，有时机会稍纵即逝，此时所有的延时谈判都是多余的。

结束阶段要采取一种平静的会谈心境，要消除对方顾虑，用一种满怀信心的态度含蓄地暗示生意将会成功，会帮助谈判者度过变化莫测的关键时刻。在结束之前应该有所暗示，让对方感觉在此时结束对他最有利。对对方稍加测试，就会发现对方是否准备下决心。如果对方也正好有结束谈判的意思，那正好顺水推舟，符合双方的意愿。

（三）谈判结果判定

双方谈判一般可能有六种常见结果：

第一种情况为达成交易，关系没有变化。这种情况可能在于不刻意建立长期关系，互相有让步。

第二种情况为达成交易，关系有所改善。这是理想的谈判，谈判双方着眼于未来，有真诚让步。

第三种情况为达成交易，但是关系恶化。可能是由于双方确有需求，但是谈判不愉快，属于孤注一掷的一锤子买卖。

第四种情况为没有达成交易，但是关系改善。双方谈判很愉快，但是由于诸多条件限制，无法达成一致，关系因为谈判中相互理解而改善，买卖不成仁义在，眼光放长远，希望以后继续合作。

第五种情况为没有达成交易，关系无变化。谈判平淡无奇，毫无结果，双方对以后是否继续合作都没有强烈愿望，无疾而终。

第六种情况为没有达成交易，关系恶化。双方在谈判中互不相让，有利益冲突，也有语言冲突，关系恶化，谈判对立并最终破裂，这是最差的结果。

三、向对手发出信号

用最少的言辞阐明立场，如“好，这就是我最后的主张，现在看你的了。”提出完整建议，没有不明白之处，除非不接受或中断，否则应是最后结局。回答对方问题尽可能简单，回答是或否，少谈论，表明确实没有折中的余地；一再向对方保证，现在结束对对方最有利，告诉他理由。

四、结束方式

结束方式一般是三种：①成交。②破裂，包括：友好破裂——互相体谅，为以后合作留下可能；对立破裂——双方或单方在愤怒中结束。③中止，包括有约期中止——约定恢复谈判的时间；无约期中止——对恢复谈判时间没有约定。

【实训模块3】 及时成交技巧

练习

某日，佛下山宣讲佛法，在一家店铺里看到一尊释迦牟尼像，青铜所铸，形体逼真，神态安然，佛大悦。若能带回寺里，开启其佛光，传世供奉，真乃一件幸事，可店铺老板要价5000元，分文不能少，加上见佛如此钟爱它，更加咬定原价不放。

佛回到寺里对众僧谈起此事，众僧很着急，问佛打算以多少钱买下它。佛说：“500元足矣。”众僧唏嘘不止：“那怎么可能？”佛说：“天理犹存，当有办法，万丈红尘，芸芸众生，欲壑难填，得不偿失啊，我佛慈悲，普度众生，当让他仅仅赚到这500元！”

“怎样普度他呢？”众僧不解地问。“让他忏悔。”佛笑答。众僧更不解了。佛说：“只管按我的吩咐去做就行了。”

第一天，第一个弟子下山去店铺里和老板砍价，弟子咬定4500元，未果回山。

第二天，第二个弟子下山去和老板砍价，咬定4000元不放，亦未果回山。

就这样，直到最后一个弟子在第九天下山时所给的价已经低到了200元。眼见着一个个买主一天天下去、一个比一个价给得低，老板很是着急，每一天他都后悔不如以前一天的价格卖给前一个人了，他深深地怨责自己太贪。到第十天时，他在心里说，今天若再有人来，无论给多少钱我也要立即出手。

第十天，佛亲自下山，说要出500元买下它，老板高兴得不得了——竟然反弹到了500元！当即出手，高兴之余另赠佛龛台一具。佛得到了那尊铜像，谢绝了龛台，单掌作揖笑曰："欲望无边，凡事有度，一切适可而止啊！善哉，善哉……"

思考：

1. 该案例给我们什么启示？

2. 谈判中该如何运用及时成交技巧？

【知识点】

在谈判中该成交时就需要及时成交，不能错失机会，常见的及时抓住机会成交的技巧包括：

一、尝试多次成交

很少交易在第一次尝试成交时就取得成功，聪明的你应准备好几次成交的步骤，因为每位客户面临重要抉择时，都有举步维艰的感觉，心情一直摇晃不定，所以应该给他几次下决定的机会，你要传递给他恰当信息，让对方感觉及时成交的好处。

二、灵活变化逐点成交

不要重复相同的成交方法，这样容易使客人感到厌烦，需要用不同的成交技巧，提出不同问题。也就是说，如果谈判分成几个阶段，几个部分，不妨将每个部分分别成交，敲定下来，以书面形式落实。但是不同部分由于重要性不一样，需要采用不同的思路和方法。

三、运用激励故事

可以运用已成交客户的回馈，甚至以前客户对你的感激等，使他设身处地思考，这种方法在零售谈判中经常遇到。一些服装零售业务员，或专卖店售货员都喜欢用以前的成功客户的成交案例来证明价格和产品选择的正确性。

四、以客为先试探成交

假设谈判至某阶段，客户应该已愿意成交，因此用试探的方式企图成交，只要认为时机成熟，就可采取"试探成交"，因为若试探不成功，客户必然会说出目前仍不能同意成交的理由（即异议）。此时不要一味强调成交，而忽视了客户所提的异议，否则客人会感觉到你最终目的只是甩包袱，而非想长期合作，提供后续服务。要进一步解除隐藏在客户内心的异议，早日达至成交。

要求做评估是间接要求客户决定成交的时间，要表示你乐意为客户解决问题，并提供有利的解决方法，不要直接针对客户的观点。没可能给太多的首期，可换一个方式说，让客户不会过于尴尬。

【实训模块4】 签约技巧

练习

根据【背景素材】，假设该公司已经和四川某公司达成交易，进入签约谈判环节，请使用三种签约技巧进行模拟签约。分组两两模拟，老师及时进行点评。

【知识点】

一、先入为主

在签约阶段先入为主的目的是使合同条款内容及其履行有利于己方。在操作上要以各种理由，争取由己方起草合同，理由要充分，斟酌选择对己方有利的措辞，巧妙对有关条款做出解释，并安排条款顺序，明确对方责任和义务，同时尽可能减少己方责任与义务，设法缩短对方审核与双方讨论、修改合同条款的时间。

这样做主要是可以增加交易整体利益，为今后履行合同争取到主动地位。在起草条款时需要多斟酌，谨慎小心。因为既然是自己起草的，对方只会为自己争取利益，而容易对条款中的漏洞以及不合理的地方视而不见，将计就计，即使将来蒙受损失，也只能吃哑巴亏。

如果遇到对方也在争取主动起草合同，采用先入为主策略。则为了应对，应争取起草合同第二稿；用足够多的时间和精力对起草的合同条款详细审核，尤其是对关键条款、重大责任和义务、专业术语及相关解释，尽量群策群力，利用集体智慧，甚至请教专家，逐条逐款、逐词逐句斟酌修订。遇到都想争夺起草权时，最好是提出各自起草一份合同然后一起进行讨论修改定稿。

二、请君入瓮

该技巧要求一开始就拿出一份有利于己方的完整合同文本，要求对方按照此合同文本内容讨论条款，并最终以此为基础签约。目的就是为限定对方讨价还价的范围和要价幅度，限制对方谈判策略和技巧发挥，占据有利谈判地位，使谈判结果不过分偏离己方目标。

一般来说在请君入瓮签约技巧中，要注意在合同文本中设置一些不利于对方的条款，故意遗漏己方必须承担的责任与义务，但是要注意控制整体形势，不能太偏离谈判中涉及的合同文本轨道。此技巧通常卖方较为喜欢。

当遭遇对方采用该方法时，要坚决拒绝接受对方提出的霸王条款式合同文本和谈判方式，由己方提出，至少应当是双方协定后议定出新的谈判方式和程序，并按照此方式与程序展开谈判，据此另行拟定合同文本。

三、金蝉脱壳

该技巧的基本做法是以各种理由，诸如：经请示，上级主管部门或上司不同意按照已经谈妥的条件签约；本谈判小组无权或权限受限按谈妥条件签约，并据此提出重新谈判或退出谈判。

目的主要有几点：①谈到最后，发现越谈越亏，前期考虑不周，只能借此退出谈判。②对方使用了某些阴谋，最后被识破，或在合同文本中有严重不利于己方的条款，最后才被发现，但不想因此撕破脸，只能咽下这口气，但绝不能签约。③由于己方的原因，即使签约也可能无法履约，与其以后违约还不如干脆不签约。④己方的战略发生变化，全面利益调整，只能出此下策，迫使对方因为前期已经投入太多，不舍得放弃，只有再退让而签约。

操作时要能拿出充分的理由和证据，并表示歉意，然后见机行事，或果断退出，并不去理会对方的谴责言辞。长痛不如短痛，毕竟这会影响到自己的商业信誉，如果没有到必须退出谈判的情况，切不可滥用。

如果对方采用该技巧，则首先反省是否己方有过分之处，然后判断对方是在耍花招还是真想退出，如果有继续谈判可能，不妨降低姿态，不让之前努力白费；如果是对方耍花招，则要予以指出，严重的不妨向同行揭露，直至采取相关行动。

【实训模块5】 签约注意事项

练习

根据【背景素材】资料，延续实训模块4的分组和安排，讨论双方签约的具体条款，尽量详细。

【知识点】

一、合同条款内容

合同条款包括如下内容：

1. 品质条款。要求交货品质与样品品质一样；对品质规定也可以有一定的机动幅度（按质论价）；整个质量约定要清楚详细。
2. 数量条款。要求明确具体，多考虑需求和消化能力或生产能力。
3. 包装条款。包装材料、包装方式、包装规格和包装费用的负担等。
4. 价格条款。充分考虑地区因素和季节因素、汇率因素，注明佣金和折扣等。
5. 装运条款。包括运输方式、装运期、交货期、地点、时间等。
6. 保险条款。选择保险类别，确定保险金额，充分考虑可能出现的风险。

7. 支付条款。选择支付时间、地点、途径、方式、货币。

8. 检验条款。选择检验权，检验机构，检验时间、地点、标准与方法，检验证书等。

9. 索赔条款。注明索赔依据、期限、办法。

10. 不可抗拒力量条款。要明确范围，体现对等原则。

11. 仲裁条款。选择友好协商、仲裁和司法诉讼。

12. 履约与管理。

二、合同签定时的注意事项

合同条款要清楚、准确，不得含糊，以免以后发生纠纷。正式合同签定时，一定要仔细检查，反复核对，看单价、数量、总额是否一致，是否有遗漏和错误等。签约时，合同文本要一式三份，自己和对方以及公证处各一份（至少也要两份）的合同检查并无错误以后，一定要验证各方是否签字盖章。没有签字和盖章的合同是废纸一张。双方当事人是否具有签约资格；双方确认事项拟成条款，是否与合同的目的相符；订立合同的条款要符合有关法律规定和要求；确定的合同条款，其内容不得违反我国法律和社会共同利益；合同中的违约责任条款必须明确具体；对对方提出的免责条款要慎重研究，弄清其范围，才能表示是否同意；仔细拟定适用法律条款和仲裁条款；要注意中外文本的一致性。

【实训模块 6】 不同协议格式

练习

根据【背景素材】资料，假设自己是 K 公司负责市场开拓的经理，根据需要制订一份规范的协议。

【知识点】

一、协议的概念

协议是指当事人双方就某一事情、问题，经过协商后订立的一种具有经济关系或其他关系的契约。协议是与合同同属一大类的经济文书，两者都具有法律效力，联系也很密切。协议可以成为当事人订立某项合同愿望的草签意见，合同则是落实意见的具体表现。但是协议和合同还是有区别的：

角度范围不同。协议往往较多地涉及宏观角度、总的原则。协商的是政治、经济、军事、法律等有关问题，大至国家关系，小至个人往来、合作办事、解决纠纷，适应范围大；合同则较多从微观角度，就某一具体事项签约。

内容要求不同。协议的内容不及合同具体细微，如两个企业签订联营或者联合的合作关系要用协议书，可在协议书下另外签订有关内容的单项活动就用合同来规范。

失效期长短不同。合同的有效期限一般较短，标的一旦实现，合同就失效了；协议的有效期限一般较长，有的则是永久的，比如换房之类的协协议书，不到房主再次易人，其作用便长期存在。

二、协议的格式和注意事项

协议一般由标题、立约单位、正文、落款四部分组成。

标题。协议标题和合同标题写法相同，即内容+文种。

立约单位。当事人名称或姓名及地址（写法和合同相似）。

正文。正文由缘由和主体组成。缘由写明签订协议的目的、依据等内容。主体分条列项写出协议的事项。具体有：协议要实现的共同任务和标的、当事人应尽的义务和享有的权利、违约责任、有效期限、协议份数和保存、仲裁办法。

落款。落款写在正文右下方，签写协议人单位全称和代表姓名，并盖章。再在下方写明签订日期等。

协议写作需要注意平等互利、合法和用语明确。

三、协议范本

甲方：

乙方：

经甲乙双方友好协商，在平等互利的原则下，就合作投资创办出租汽车公司事宜，达成如下协议：

一、合营企业定名为北方出租汽车公司。经营大、小车 100 辆。其中包括……（内容略）

二、合营企业为有限公司。双方投资比例为 3∶7，甲方占 70%，乙方占 30%。总投资 140 万美元，其中：甲方 98 万美元（含库房等公用设施），乙方 42 万美元。合作期限定为 5 年。

三、公司设董事会，人数为 5 人，甲方 3 人，乙方 2 人。董事长 1 人由甲方人员担任，副董事长 1 人由乙方人员担任。正、副总经理由甲、乙双方人员分别担任。

四、合营企业所得毛利润，按《中华人民共和国税法》照章纳税，并扣除各项基金和职工福利等，净利润根据双方投资比例进行分配。

五、乙方所得纯利润可以人民币计收。合作期内，乙方纯利润所得达到乙方投资额后，企业资产即归甲方所有。

六、双方共同遵守我国政府制定的外汇、税收、合资经营以及劳动等相关法规。

七、双方商定，在适当的时间，就有关事项进一步洽商，提出具体实施方案。

甲方代表　　　　乙方代表

×××　　　　×××　　　　×年×月×日

【实训模块 7】 处理谈判合同纠纷

练习

假设在 2014 年中，已经签约的四川代理商和 K 公司之间发生了一些不愉快，陷入合同纠纷。请讨论解决这些纠纷有哪些方式，并分别有何优缺点。

合同纠纷解决方式	优点	缺点	应用范围

【知识点】

根据《中华人民共和国合同法》第四百三十七条的规定，解决合同纠纷共有 4 种方式。一是用协商的方式，自行解决，这是最好的方式。二是用调解的方式，由有关部门帮助解决。三是用仲裁的方式，由仲裁机关解决。四是用诉讼的方式，即向人民法院提起诉讼以寻求纠纷的解决。

一、协商

当事人自行协商解决合同纠纷，是指合同纠纷的当事人，在自愿互谅的基础上，按照国家有关法律、政策和合同约定，通过摆事实、讲道理，以达成和解协议，自行解决合同纠纷的一种方式。合同签订之后在履行过程中，由于各种影响因素容易产生纠纷，尽管可以用仲裁、诉讼等方法解决，但这样解决不仅费时、费力、费钱财，而且也不利于团结，不利于以后的合作与往来。用协商的方式解决，程序简便、及时迅速，有利于减轻仲裁和审判机关的压力，节省仲裁、诉讼费用，有效地防止经济损失的进一步扩大。同时也有利于增强纠纷当事人之间的友谊，有利于巩固和加强双方的协作关系。由于这种处理方法较好，在涉外经济合同纠纷的处理中，相当盛行。

合同双方当事人之间自行协商解决纠纷应当遵守以下原则：

平等自愿原则。不允许任何一方以行政命令手段，强迫对方进行协商，更不能以断绝供应、终止协作等手段相威胁，迫使对方达成只有对方尽义务，没有自己负责任的“霸王协议”。

合法原则。即双方达成和解协议，其内容要符合法律和政策规定，不能损害国家利益、社会公共利益和他人的利益。否则当事人之间为解决纠纷达成的协议无效。

发生合同纠纷的双方当事人在自行协商解决纠纷的过程中应当注意以下问题：

第一，分清责任是非。协商解决纠纷的基础是分清责任是非。当事人双方不能一味地推卸责任，否则不利于纠纷解决。

第二，态度端正，坚持原则。在协商过程中，双方当事人既要互相谅解，以诚相待，勇于承担各自责任，又不能一味地迁就对方，进行无原则的和解。对于违约责任处理只要合同中约定的违约责任条款是合法的，就应当追究违约责任，过错方应主动承担违约责任，受害方也应当积极向过错方追究违约责任。

第三，及时解决。如果当事双方在协商过程中出现僵局，争议迟迟得不到解决，就不应该继续坚持协商解决的办法，否则会使合同纠纷进一步扩大，特别是一方当事人有故意的不法侵害行为时，更应当及时采取其他方法解决。

二、调解

合同纠纷的调解，是指双方当事人自愿在第三者（即调解的人）的主持下，在查明事实、分清是非的基础上，由第三者对纠纷双方当事人进行说明劝导，促使他们互谅互让，达成和解协议，从而解决纠纷的活动。

（一）调解的特征

第一，调解是在第三方的主持下进行的，这与双方自行和解有着明显的不同。

第二，主持调解的第三方在调解中只是说服劝导双方当事人互相谅解，达成调解协议而不是做出裁决，这表明调解和仲裁不同。

第三，调解是依据事实和法律、政策，进行合法调解，而不是不分是非，不顾法律与政策“和稀泥”。

（二）调解纠纷时应当遵守的原则

第一，自愿原则。自愿有两方面的含义：一是纠纷发生后是否采用调解方式解决，完全依靠当事人的自愿。二是指调解协议必须是双方当事人自达成。调解人在调解过程中要耐心听取双方当事人的意见，在明事实清是非的基础上，对双方当事人进行说服教育，耐心劝导，晓之以理，动之以情，促使双方当事人互相谅解，达成协议。调解人既不能代替当事人达成协议，也不能把自己的意志强加给当事人。如果当事人对协议的内容有意见，则协议不能成立，调解无效。

第二，合法原则。根据合法原则的要求，双方当事人达成协议的内容不得同法律和政策相违背，凡是有法律、法规规定的，按法律、法规的规定办；法律、法规没有明文规定的，应根据党和国家的方针、政策，并参照合同规定和条款进行处理。根据国家有关的法律和法规的规定，合同纠纷的调解方式主要有行政调解、仲裁调解和法院调解三种类型。

需要特别强调，根据《中华人民共和国仲裁法》的有关规定，由仲裁机构主持调解形成的调解协议书与仲裁机构所做的仲裁裁决书具有同等的法律效力。在人民法院主持下达成调解协议，人民法院据此制作的调解书，与判决具有同等效力。

三、仲裁

仲裁也称公断。合同仲裁，即由第三者依据双方当事人在合同中订立仲裁条款或自愿达成仲裁协议，按照法律规定对合同争议事项进行居中裁断以解决合同纠纷的一种方式。

根据《中华人民共和国仲裁法》规定，通过仲裁解决的争议事项，一般仅限于在经济、贸易、海事、运输和劳动中产生的纠纷。如果是因人身关系和与人身关系相联系的财产关系产生的纠纷，不能通过仲裁解决，而且依法应当由于政机关处理的行政争议，也不能通过仲裁解决。

（一）经济贸易仲裁类型

1. 民间仲裁，即按照法律规定经双方当事人约定，在发生经济纠纷地，由双方选择约定的仲裁人进行仲裁，对当事人来说，同法院的判决有同等的效力。

2. 社会团体仲裁，即当事人的双方约定，对于现在或者将来发生的一定经济纠纷，由社会团体内所设立的仲裁机构进行仲裁，这种仲裁裁决，同样具有法律效力。

3. 国家行政机关仲裁，即对国家经济组织之间的经济纠纷，由国家行政机关设置一定的仲裁机构进行仲裁，而不由司法机关进行审判。

（二）合同仲裁的特点

1. 合同仲裁是合同双方当事人自愿选择的一种方法，体现了仲裁的“意思自治”性质。第一，选择仲裁方式解决纠纷是以当事人自愿协议为前提的。任何仲裁机构都不应受理未经自愿协议而提交仲裁的案件。第二，当事人要以自愿协议选择仲裁机构和仲裁地点。第三，当事人有权自愿选择审理案件的仲裁员。被选定的仲裁员行使的仲裁权并非来源于国家的司法权力或行政权力，而是来自当事人的自愿委托。第四，当事人有权约定仲裁事项。对于合同纠纷来说，就是双方当事人认为最需要解决的那部分争议。

2. 合同纠纷仲裁中，第三者的裁断具有约束力，能够最终解决争议。

3. 合同纠纷的仲裁，方便、简单、及时、低廉。首先，我国合同仲裁实行一次裁决制度，即仲裁机构做出的一次性裁决，为发生法律效力的裁决，双方当事人对发生法律效力的仲裁决都必须履行不得再就同一案件起诉。其次，仲裁可以简化诉讼活动的一系列复杂程序和阶段。再次，合同纠纷仲裁的收费也比较低。

4. 仲裁的独立性原则。从整个仲裁法的精神来看，该原则主要表现为仲裁机构的独立性和仲裁员办案的独立性这两个方面。

四、诉讼

合同在履行过程中发生纠纷后，如经协商，调解不成又不愿意仲裁，诉讼是解决合同纠纷的最终形式。所谓合同纠纷诉讼是指人民法院根据合同当事人请求，在所有诉讼参与人参加下，审理和解决合同争议的活动，以及由此而产生的一系列法律关系的总和。

合同纠纷诉讼和其他解决合同纠纷的方式具有以下几个特点：

1. 诉讼是人民法院基于一方当事人请求开始的，当事人不提出要求，人民法院不能依职权主动进行诉讼。

2. 人民法院是国家审判机关，它通过国家赋予的审判权来解决当事人双方之间的争议。审判人员是国家权力机关任命的，当事人没有选择审判人员的权利，但是享有申请审判人员回避的权利。

3. 人民法院对合同纠纷案件具有法定的管辖权，只要一方当事人向有管辖权的法院起诉，法院就有权依法受理。

4. 诉讼的程序比较严格、完整。审判程序包括第一审程序、第二审程序、审判监督程序等。另外，还规定了撤诉、上诉、反诉等制度。

5. 人民法院依法对案件进行审理做出裁判生效后，不仅对当事人具有约束力，而且对社会具有普遍的约束力。当事人不得就该判决中确认的权利义务关系再行起诉，人民法院也不再对同一案件进行审理。

【实训模块8】 确保当事人履行协议

练习

按下表分组讨论合同履行原则的重要性和必要性。

合同履行原则	适当原则	协作原则	经济原则	情势原则
重要性				
必要性				

【知识点】

一、合同履行概述

合同履行指的是合同规定义务执行。任何合同规定义务的执行，都是合同的履行行为；相应地，凡是不执行合同规定义务的行为，都是合同的不履行。因此，合同的履行，表现为当事人执行合同义务的行为。当合同义务执行完毕时，合同也就履行完毕。合同的履行是合同目的实现的根本条件，也是合同履行合同关系消灭的最正常原因。由此可见，合同履行是合同制度的中心内容，是合同法及其他一切制度的最终归宿或延伸。

合同履行是一个过程，这其中包括执行合同义务准备、具体合同义务执行、义务执行善后等。在这一过程中，具体合同义务执行是合同履行的核心内容，传统意义上的合同履行，指的就是这一阶段的合同履行。

合同履行制度应包括合同履行在法律效力上的总体要求，确保合同履行的一般法律制度，合同履行中的具体规则等。具体表现为：合同履行保全制度、合同履行规则、合同履行中的抗辩等，由此构成《中华人民共和国合同法》完整的合同履行制度。

合同履行与合同的完全履行是两个不同的概念。履行强调的是行为的过程，完全履行强调的是行为的结果。虽然法律对合同履行的要求是完全履行，但我们却不能把对履行的要求当成履行本身，因为，合同的部分履行也是合同履行。

二、合同履行原则

合同履行原则是指法律规定的所有种类合同当事人在履行合同整个过程中所必须遵循的一般准则。根据中国合同立法及司法实践，合同履行除应遵守平等、公平、诚实信用等民法基本原则外，还应遵循合同履行特有原则，即适当履行原则、协作履行原则、经济合理原则和情势变更原则。

适当履行原则是指当事人应依合同约定标的、质量、数量，由适当主体在适当期限、地点，以适当方式，全面完成合同义务的原则。这一原则要求：第一，履行主体适当。即当事人必须亲自履行合同义务或接受履行，不得擅自转让合同义务或合同权利让其他人代为履行或接受履行。第二，合同履行标的物及其数量和质量适当。即当事人必须按合同约定的标的物履行义务，而且还应依合同约定的数量和质量来给付标的物。第三，履行期限适当。即当事人必须依照合同约定时间来履行合同，债务人不得迟延履行，债权人不得迟延受领；如果合同未约定履行时间，则双方当事人可随时提出或要求履行，但必须给对方必要的准备时间。第四，履行地点适当。即当事人必须严格依照合同约定地点来履行合同。第五，履行方式适当。履行方式包括标的物的履行方式以及价款或酬金的履行方式，当事人必须严格依照合同约定方式履行合同。

协作履行原则是指在合同履行过程中，双方当事人应互助合作共同完成合同义务的原则。合同是双方民事法律行为，不仅仅是债务人一方的事情，债务人实施给付，需要债权人积极配合受领给付，才能达到合同目的。由于在合同履行过程中，债务人比债权人更多地应受诚实信用、适当履行等原则的约束，合同履行协作往往是对债权人的要求。协作履行原则也是诚实信用原则在合同履行方面的具体体现。协作履行原则具有以下几个方面的要求：第一，债务人履行合同债务时，债权人应适当受领给付。第二，债务人履行合同债务时，债权人应创造必要条件、提供方便。第三，债务人因故不能履行或不能完全履行合同义务时，债权人应积极采取措施防止损失扩大，否则应就扩大的损失自负其责。

经济合理原则是指在合同履行过程中，应讲求经济效益，以最少的成本取得最佳合同效益。在市场经济社会中，交易主体都是理性地追求自身利益最大化的主体，因此，如何以最少的履约成本完成交易过程，一直都是合同当事人所追求的目标。交易主体在合同履行的过程中应遵守经济合理原则是必然的要求。

情势变更原则。所谓情势，是指合同成立后出现不可预见的情况，即影响及于社会全体或局部之情势，并不考虑原来法律行为成立时，为其基础或环境之情势。所谓变更，是指合同赖以成立的环境或基础发生异常变动。我国学者一般认为，变更指的是构成合同基础的情势发生根本的变化。在合同有效成立之后、履行之前，如果出现某种不可归责于当事人原因的客观变化会直接影响合同履行结果，若仍然要求当事人按原来合同的约定履行合同，往往会给一方当事人造成显失公平的结果，这时，法律允许当事人变更或解除合同而免除违约责任的承担。这种处理合同履行过程中情势发生变化的法律规定，就是情势变更原则。

三、合同履行要素

（一）履行主体

合同履行主体不仅包括债务人，也包括债权人。因为，合同全面适当地履行的实现，不仅主要依赖于债务人履行债务的行为，同时还要依赖于债权人受领履行的行为。因此，合同履行的主体是指债务人和债权人。除法律规定、当事人约定、性质上必须由债务人本人履行的债务以外，履行也可以由债务人的代理人进行，但是代理只有在履行行为是法律行为时方可适用。同样，在上述情况下，债权人的代理人也可以代为受领。

（二）履行标的

合同标的是合同债务人必须实施的特定行为，是合同的核心内容，是合同当事人订立合同的目的所在。合同标的不同，合同类型也就不同。如果当事人不按照合同的标的履行合同，合同利益就无法实现。因此，必须严格按照合同的标的履行就成为合同履行的一项基本规则。合同标的的质量和数量是衡量合同标的的基本指标，因此，按照合同标的履行合同，在标的的质量和数量上必须严格按照合同的约定进行履行。如果合同对标的的质量没有约定或者约定不明确，当事人可以补充协议，协议不成的，按照合同的条款和交易习惯来确定。如果仍然无法确定，按照国家标准、行业标准履行；没有国家标准、行业标准的，按照通常标准或者符合合同目的的特定标准履行。

（三）履行期限

合同履行期限是指债务人履行合同义务和债权人接受履行行为的时间。作为合同的主要条款，合同履行期限一般应当在合同中予以约定，当事人应当在该履行期限内履行债务。如果当事人不在该履行期限内履行，则可能构成迟延履行而应当承担违约责任。不按履行期限履行，有两种情形：迟延履行和提前履行。在履行期限届满后履行合同为迟延履行，当事人应当承担迟延履行责任，此为违约责任的一种形态；在履行期限届满之前所为之履行为提前履行，提前履行不一定构成不适当履行。

（四）履行地点

履行地点是债务人履行债务、债权人受领给付的地点，履行地点直接关系到履行的费用和时间。在国际经济交往中，履行地点往往是纠纷发生以后用来确定适用的法律的根据。如果合同中明确约定了履行地点，债务人就应当在该地点向债权人履行债务，债权人应当在该履行地点接受债务人的履行行为。如果合同约定不明确，依据《中华人民共和国合同法》的规定，双方当事人可以协议补充，如果不能达成补充协议，则按照合同有关条款或者交易习惯确定。如果履行地点仍然无法确定，则根据标的的不同情况确定不同的履行地点。如果合同约定给付货币，在接受货币一方所在地履行；如果交付不动产，在不动产所在地履行；其他标的，在履行义务一方所在地履行。

（五）履行方式

履行方式是合同双方当事人约定以何种形式来履行义务，主要包括运输方式、交货方式、结算方式等。履行方式由法律或者合同约定或者由合同性质来确定，不同性质、内容的合同有不同的履行方式。根据合同履行的基本要求，在履行方式上，履行义务人必须首先按照合同约定方式进行履行。如果约定不明确，当事人可以协议补充；协议不成的，可以根据合同的有关条款和交易习惯来确定；如果仍然无法确定，按照有利于实现合同目的的方式履行。

（六）履行费用

履行费用是指债务人履行合同所支出的费用。如果合同中约定了履行费用，则当事人应当按照合同的约定负担费用。如果合同没有约定履行费用或者约定不明确，则按照合同的有关条款或者交易习惯确定；如果仍然无法确定，则由履行义务一方负担。因债权人变更住所或者其他行为而导致履行费用增加时，增加的费用由债权人承担。

【问题思考】

1. 影响成交的因素有哪些？
2. 谈判结果的六种情况优缺点各是什么？
3. 谈判一旦遇到机会，如何及时成交？
4. 协议和合同有何异同？
5. 签约有哪些注意事项？
6. 如何解决合同纠纷？
7. 如何确保当事人履行协议？

第二部分
推销技巧部分实训

实训项目七　推销准备实训

【实训目的与要求】

1. 正确理解推销的概念与特征。
2. 提高推销技能。
3. 了解推销人员的素质与能力要求。
4. 掌握推销礼仪。
5. 了解顾客购买心理。
6. 熟悉寻找顾客的方法。
7. 掌握推销计划的制订。

【实训学时】

本项目建议实训学时：4 学时。

【实训内容】

在掌握相应知识点基础上，以推销员身份进行模拟推销前的准备，通过各种练习要求，按照模块设定，认识推销、培养良好的心理素质、掌握一定的销售知识、训练和提高销售技能、分析顾客心理、寻找客户心理、进行客户鉴定和制订推销计划，为后续的市场推销奠定良好的基础。

【实训模块 1】 推销概述

练习

有两位推销员向顾客推销电褥子。

甲介绍："这种电褥子是自动控温的，有两个开关，宽 1.5 米，长 2 米，重 3 斤，由 50%的毛、25%的棉、25%的化纤组成，可以水洗……"

乙介绍："这种电褥子是自动控温的，不用担心温度过高或过低；有两个开关，各置一头，方便开启；宽 1.5 米，长 2 米，足够双人床铺用；重 3 斤，保管收藏很方便；所用面料可以水洗，不用花很多钱就可以将电褥子洗干净，25%的棉使人感觉舒服……”

你认为哪位推销员的销售效果更好？为什么？

【知识点】

一、推销的概念

狭义的推销，一般是指设法帮助买方认识到商品或劳务，并激发买方购买欲望，实现商品或劳务转移的一系列活动。

广义的推销，既是一种说服、暗示，也是一种沟通。在日常生活和工作中，进行推销活动，比如为了一份理想工作而推荐自己，为加薪而游说上司，为了推行某种观念而说服周围的人。目前国内外专家学者对于“推销”的定义不同，不同的定义也侧面反映了推销的内涵。

综合多个学者的定义，可以将推销定义为：推销是企业推销人员根据营销规划，通过与消费者面对面接触，运用一定手段和技巧，将商品或劳务的信息传递给消费者，使消费者认识商品或劳务的性质特征，进而激发其购买欲望，实现购买行为的整个过程。

随着社会经济的发展，推销通过沟通来激发并满足顾客的需要，以达到交易双方长期互惠互利的目的。推销与市场营销的关系：市场营销是个人或集体通过满足顾客需要来获取所需所欲的一种社会管理过程，其综合运用产品、定价、渠道和促销，其中促销包含广告、营业推广、公共关系和人员推销四种不同的工具。可以看出人员推销只是促销中的一部分，同时推销与市场营销关系密切。

二、推销的特征

推销的特点包括特定性、主动性、互动性、互利性、说服性。推销的特点决定了推销必须考虑顾客需求，将商品或劳务的特点有针对性地表现出来，从而有效激发顾客购买欲望，将企业的商品或劳务销售出去，达到互惠双赢。

（1）特定性。欧洲著名推销专家戈德曼的调查研究表明，推销活动从寻找潜在目标顾客入手，事先把潜在顾客进行合理的分析归类，推销活动的效率可以提高30%。

（2）主动性。销售人员主动将产品或劳务介绍给潜在顾客的销售方式，更容易促进交易的实现。

（3）互动性。在推销活动中，没有一成不变的推销方法与技巧，因推销对象年龄、性别、背景、需求等不同，推销人员需根据顾客的不同灵活地运用和调整各种推销方法与技巧。

（4）互利性。推销是由推销者和购买者共同参与的，具有双重目的的活动，推销人员不仅要考虑自己的利益，同时需要考虑顾客的利益，只有双方互利，推销才会成功。

综合而言，推销活动具有普遍性；推销的核心内容是说服顾客；推销目的是追求互利共赢性；推销过程具有相关性。

三、推销绩效评估

推销绩效评估可以从三个方面进行：

（1）推销业绩。销售量和推销额是推销绩效评估的首要标准，但不是唯一标准。

（2）推销成本。推销成本包括推销产品过程中所发生的直接和间接费用，主要有销售费用、销售利润、劳动效率。在评估销售量和销售额的前提下，还需要考虑为此所付出的经济费用、时间成本和人员成本。

（3）品牌价值提升。过去推销评估主要衡量上述两个标准，但是越来越多的企业开始关注推销员提供服务优质程度、顾客对推销员评价及其对推销企业或品牌价值提升作用。

【实训模块 2】 推销技能与知识测试

练习

选择几位同学完成下列练习，同学互评，教师点评。

1. 现场拟定题目，在众人面前连续演讲 5 分钟。

2. 模拟在大街上或商店里找两个陌生人，交谈 5 分钟。有条件和时间安排的可以在校园真实操作，并用 DV 记录下来，全班点评。

3. 模拟作为上海大众公司的一名汽车推销员，介绍本公司的一种产品。

【知识点】

国内外著名的推销员无一不是知识渊博的人，他们不断积累自己的知识和修养。因为推销是一个复杂的过程，需要了解顾客，又要了解产品及公司，还要了解沟通技巧，所以推销员掌握的知识应非常宽泛，包括广博的社会知识和丰富的专业知识。

一、推销技能

推销技能主要包括以下 5 方面能力：

（1）语言表达能力。语言是推销中表达思想、交流信息的主要工具。推销中需要推销者运用通俗易懂的语言介绍产品，恰当准确地回答顾客的提问，循循善诱地启发和有力地说服顾客。语言表达能力的标准是清晰自然、条理井然、重点突出；富有感情、能感染顾客；诚恳、逻辑性强，能增加客户信任感；生动风趣、吸引顾客；热情友善、增进友谊。

（2）观察能力。顾客的任何行为都与内心活动有关，推销员可通过顾客的外部行为去发现很多反映顾客心理活动的信息，因此推销员深入了解顾客心理活动和准确判断顾客特征成为了必要前提。有经验的推销员能从顾客的细小动作、眼神明白顾客兴趣、成交信号，及时调整推销技巧，促成交易。

（3）创造能力。推销工作需要体力劳动与脑力劳动结合，需要很强的创造能力，在不同的环境下创造性地解决问题，出奇制胜。首先需要唤醒自己的创造天赋，具有“别出心裁”的创新精神；其次要突破传统思路，养成独立的思考习惯。

（4）社交能力。推销人员应该具有与各种各样的顾客进行交往的能力，有效的社交能力能够加强自己与顾客的关系，增加获取信息的渠道，提高销售效率，要在推销实践中逐步培养社交能力。一方面是努力拓宽自己的知识面，尽量做到上知天文下知地理；另一方面就是掌握必要的社交礼仪常识，敢于与人交往，就能在各种场合应付自如。

（5）应变能力。在各种复杂的、突如其来的情况下，推销员要有灵活头脑，思维敏捷清晰，分析问题的速度较快，判断推理准确，能针对变化及时采取必要、正确的推销对策，真正做到能在“山穷水尽”之时找到“柳暗花明”之路。

【小案例】

一名推销员正在向一大群顾客推销一种钢化玻璃杯，他首先向顾客介绍产品，宣称其钢化玻璃杯掉到地上是不会坏的，接着进行示范演示，可是碰巧拿到一只质量不过关的杯子，只见他猛地往地上一扔，杯子“砰”一声全碎了。真是出乎意料，他自己都非常吃惊，顾客更是目瞪口呆。面对这样的尴尬局面，怎么办？推销员急中生智，首先稳定自己的情绪，笑着对顾客说：“看见了没有，这样的杯子我是不会卖给你们的。”接着，他连续扔了几次杯子，都获得成功，并赢得了顾客的信任。

二、提高推销能力的方法

（1）学习。要做一流的推销员，需要足够的见识，努力掌握推销技术。世界上有很多优秀推销员，如推销之神原一平、全球最伟大的汽车销售员乔吉拉德等，需要不断学习他们推销方面的方法技巧和心得体会，还可以向顾客学习。

（2）实践。要求理论与实践结合，将书本上的道理变成指导自己行为的重要理论，把它付诸现实，及时总结有效的经验，然后再去实践与修正，从中学得宝贵的经验和积累自己处理问题的能力，从而不断提升自己的推销能力。

（3）反思。对自己的推销行为进行反思。将正确之处加以发扬，找出不足之处加以弥补，找到错误之处加以改正。只有不再犯曾经犯过的错误，这样才能离成功更加接近。

三、具有合理的知识结构

推销员在推销过程中，始终存在与顾客的博弈与谈判，所以推销员也应该具有与谈判者相同的知识结构。不仅要求具有丰富的专业知识，还需深厚的社会知识。

专业知识不仅能让顾客认识到商品或劳务的特点，能给顾客带来特殊价值，同时还能让顾客产生信任感，信任是顾客接受推销员及推销员所推销产品的关键所在。专业知识主要包括：①企业知识。顾客接受到的企业信息越充分，越准确，就越容易形成企业的信誉度。②商品知识。推销员只有熟悉自己的产品，才能向顾客推荐合适的产品，也才能更好地介绍产品的优势和特色，并能引导顾客正确使用、保管公司产品。③市场知识。④经济、法律知识。

推销人员需要与社会中不同层次、不同性格、不同兴趣、不同需求的顾客打交道，这就需要利用一定的社会知识。推销员应熟练地掌握发掘顾客的各种方法，吸引顾客，具有高度的职业感，善于找到顾客的真实需要；善于接近顾客，取得顾客的信任，有效地克服客户购买时的心理障碍；善于交谈，能正确处理顾客在面谈中提出的各种异议；善于把握成交合适时机；诚心为顾客服务，排忧解难。具体而言主要需掌握：人际关系和公共关系方面的知识、语言知识、消费心理学知识和风土人情方面的知识。

【实训模块3】 推销人员形象及物质准备

练习

教师收集整理销售人员形象礼仪相关讲解视频，并组织学生观看，观看后组织学生讨论观后感受。

【知识点】

推销员必须衣冠整洁、举止大方、一言一行都能表现出积极认真和奋发向上的精神面貌，努力塑造良好的形象。推销员的外表形象和整体素质关系到企业的形象，同时也直接关系到顾客对推销员的印象。推销的最高境界是先把自己推销出去，也就是说，在客户购买你的产品之前，你首先需要让客户相信你这个人，而且良好的外在形象有助于让顾客接受你，并能树立专业的形象，因此推销人员形象准备是必要的，推销人员形象具体包括仪表、体态、礼仪和自信的精神面貌等。

一、推销人员形象仪表准备

平时我们所讲的“一表人才”中的表就是讲仪表，推销员就更应该重视仪表，仪表不仅能展示推销员的外部形象，同时也可以反映出推销员的精神状态和素质修养，能给顾客留下良好的第一印象，增加推销员的个人魅力，赢得顾客的尊重与好感。推销员的仪表包括容貌、姿态、服饰和个人卫生等方面。具体内容参见商务谈判礼仪部分要求。

二、物质准备

推销员在开展推销之前还应该进行物质准备，具体物质准备包括以下几个方面：

与产品有关的物质准备。包括产品的样品、样本、图片、宣传资料、说明书、价目表、产品检验合格证等。

与公司有关的物质准备。企业法人营业执照、产品卫生许可证和企业相关的介绍。

与推销员个人有关的物质准备。个人身份证明、企业法人的授权委托证明、工作证、名片等与推销有关的物品。

【实训模块4】 推销员信心提升

练习

选择几位同学，完成两个任务。

1. 发现自己的十个优点，包括个人专长、已做过有建设性或有意义的事情以及别人是如何称赞你的。

2. 讲述推销的好处，越多越好。

【知识点】

自信是一切行动的原动力，没有自信就没有良好的行动。但是有很多因素会降低自信心，如害怕拒绝、无法处理客户的问题、对产品没有信心等，影响推销员的信心。只有自信的人才能感染别人，让人产生信任感，也才会成功，因此，有自信心是一个合格推销员的必备条件之一。

一、推销人员具备自信心的重要性

自信心是面对销售必然的要求。美国亚瑟职业潜能管理中心根据32年对380万的营销人员进行评估后，得出的结论是4%的推销人员具有较高的社交自信得分。如果得分指数是0~100分，那优秀的推销员至少是80分以上，普通的推销人员也要在42~75分，社交自信太低的推销人员将无法面对陌生环境、高管客户、突发项目、强权领导者等问题。害怕拒绝和失败是推销人员最大的天敌。

自信能够克服面临的困难，没有拒绝就没有销售。

自信可以激发个人的聪明才智。人们对于不了解的事会拒绝接受，这是人本能上自我保护的反应，是人之常情，不必在意。

二、推销人员自信的表现

推销员的职责就是诚恳地为客户服务，拜访客户不是求他购买商品而是向他介绍或推荐一种对他有用的商品，就像医生上门看病一样，是给患者带来便利和实惠。销售工作对推销员来说，不是一种负担，而是一种奉献和乐趣。

（1）对自己自信。学会在工作点滴中体会成就感，只要每天体会到成就感，就会更加有信心。

（2）对销售职业自信。推销员不是一种卑微的职业，是一种高尚、有意义的职业，是一种为客户谋福利、提供方便的职业。具体好处有：

推销是自由的职业，不是按部就班的工作，可以灵活安排工作时间，工作比较富有活力，有机会可以发挥聪明才智。

推销是充满惊喜和富有激情的职业，遇到的一个个障碍，可能处于一个个惊心的时刻，通过自己的努力推销，最后成交，将是一个个喜出望外的收获。

推销是获得自我认同的职业，坚信你的产品或服务能给客户带来贡献，同时经过自己推销过程的努力，客户也能从中获得极大的利益，会真正认同自己的工作。

推销是一个高收入的职业，成功的推销员的收入一般较高，是其他工作岗位报酬的很多倍。

(3) 对公司自信。相信所属的公司是一家有前途的公司，是时刻为客户提供最好的商品与服务的公司。

(4) 对商品自信。在整个销售过程中，不要对你销售的商品产生怀疑，没有“完美”的产品，只有“适合”的产品，最完美的产品不会出现，符合客人需求的产品会不断地推出。要相信你销售的产品是受大众欢迎的，一些业绩不好的推销员会将原因归咎于商品，但是任何一家公司、任何一种商品都有自己的销售冠军。

三、建立推销自信的方法

阅读有关获得自信的书籍，如《立获自信》，还可以针对推销中有些问题，养成随时记录的习惯，不断总结。

进行演讲或口才方面的训练，提升自己表达的技巧，娴熟的表达技巧会使得沟通更加容易，自己的观念和想法更加容易获得别人的认同，自信随之会增加。

点燃心中的渴望。自己要拥有非常强烈的、如火般的热情，积极地渴望，积极想改变命运，成功的机会也会增大。亚科卡——美国实业界巨子、松下幸之助——松下集团的大老板，他们都曾经当过推销员。为什么他们能够在推销员中脱颖而出，就是因为他们具有成功的欲望，并为之奋斗。

自律。严于律己，去计划、准备、交流、学习、体验、找他人反馈、自我修正，一次又一次地不断挑战自己没做过的事，坚定梦想，坚定选择，不断地放下紧张、恐惧、胆小、忧虑。

坚持。不论遇到何种挑衅、怀疑、挫折或障碍，感到如何尴尬，都不要浅尝辄止，轻易放弃。人生是种修行，今天放弃，就会卡在这里，明天还会在这里会跌倒。通过不断积累知识和技能，知识经验和技能越丰富、越熟练，成功的机会就会越大，自信心就会越强。

找一个你认为很自信的人，请教经验，并将他的经验运用到自己的实践中，不断训练自己。

心理暗示。每天念诵下面这句话十遍以上，如：我很棒，我是最棒的；我是很有力量的；我相信我能行，这是我的使命；我是自己心的主人，我愿意接受考验；我愿意100%地投入生活和工作。

【实训模块5】 推销员心理素质和态度

练习

组织全班同学充分利用场地和其他条件，进行心理拓展项目——信任背摔游戏，然后轮流交流感受。

【知识点】

心理素质是指以先天遗传为基础，在后天的环境和教育影响下，形成并发展起来的稳定心理品质。推销不是一帆风顺的过程，会遇到很多挫折和障碍，这要求推销员具备良好的心理素质，并拥有好的态度。

一、销售员应具备的心理素质

良好的心理素质除坚定的自信心外，还应包括以下几个方面：

乐观而稳定的情绪。在销售过程中各种情况都会出现：顺利的推销和快速的成交会令人高兴；接二连三的事变，会让人感觉到沮丧；艰苦推销来之不易的成交，会让人感到欣喜；胜利在望但最后成交的失利，让人惋惜；无端的指责、怀疑让人感到委屈。这些情绪必然会引起推销员的情绪变化，因此要学会情绪调节、控制和转换，不仅要形成和谐的推销氛围，更要冷静思考和正确判断，保证推销工作完成。

坚强的意志。在推销中会遇到各方面的困难，如瞬息万变的市场、激烈的竞争、不分昼夜的奔波、严厉的拒绝、冷嘲热讽、怀疑与奚落等，这些无不是对推销员意志的考验。推销员需要以积极的态度正确对待遇到的困难和打击，只有坚强才能经得起时间考验，才能勤奋进取，才能收获更多成功。

协调合作精神。看起来推销员是单兵作战，但实际上推销员要做出成绩，需要技术人员、生产人员、物流配送人员、服务人员和财务人员等配合，任何一个环节出问题都会影响到推销员销售。推销员要有团结合作的精神，只有自己先配合别人，才能得到别人的配合和支持。

二、推销人员应具备的心态

推销员需要与来自各行各业、形形色色的人打交道，同时推销也是一个高压力、高要求的职业，怎样面对一些在生活、工作中的酸甜苦辣，需要推销员具有良好的心态，正确、理智、客观、多角度和多方位看待周围人和事。

双赢心态。推销的有效结果表现在卖出了商品，实现了盈利，但是推销所要解决的问题，主要是满足顾客需要。双方共同利益是进行交易活动的支撑点和结合点，只有双方感受到利益存在，才能自觉地去推动交易，这要求推销员必须站在双赢的心态上去处理你与企业、你和顾客之间的关系。

积极心态。在销售中遇到困难，可能会遭人白眼、横眉冷对，可能也会碰到怀疑和不信任，还会碰到无法成交的情况等，推销员必须正确面对这些挫折，相信困难是暂时的，想到克服这些困难后的一片蓝天，从而积极解决这些困难。

主动心态。推销中有很多事情也许没有人安排你去作，需要自己主动行动起来，不要什么事情都需要领导安排。主动是为了给自己增加锻炼、实现自己价值的机会。社会、企业只能给你提供道具，而舞台需要自己搭建，演出需要自己排练，能演出什么精彩的节目，有什么样的收视率决定于自己。

包容心态。包容不仅要包容别人的缺点，还要包容别人的做事风格等。任何人都有自己的缺陷，自己相对较弱的地方，需要用包容的心态去吸收别人正确的东西以提高自己较弱部分。同时作为销售人员，会接触到各种各样的经销商，也会接触到各种各样的消费者。他们具有不同需求，推销员需要学会包容不同喜好和做事风格的对象，进行换位思考，考虑他们需求的差异点。

老板心态。尽管老板形形色色，不论智慧、个性或人格方面都不尽相同，但是其共同之处，就在于具有强烈的成功欲望，并将成功的欲望转化为必要的驱动力。此外还需要像老板一样思考，像老板一样行动，去考虑企业成长、企业费用，会感觉到企业的事情就是自己的事情。知道什么是自己应该去做的，什么是自己不应该做的。反之，你就会得过且过，不负责任，认为自己永远是打工者，企业的命运与自己无关。你不会得到老板认同，不会得到重用，低级打工仔将是你永远的职业。

【实训模块6】 顾客购买心理分析

练习

张强力图向一家纺织公司推销一种新染料。张强知道，要说服公司订货，就必须说服它的车间工长，因为向工业公司推销新产品时，推销阻力主要来自车间工长。于是张强先找工长谈话，以便各个击破，稳定人心。经过多次尝试，他终于说服两个工长，并且使他们认识到使用这种新染料的好处。这家纺织公司的购货代理人对张强的态度友好。张强特意安排了一次会议，以促成该公司购买他推销的新染料，除了两位工长，应邀参加会议的还有公司的两位技术经理和实验室的一个负责人。会议前，张强同两个工长讨论了他们在会上应持有什么态度和应当发挥什么作用的问题，他们爽快地答应了。但是会议一开始，他们的表现令张强大为吃惊，他们的所作所为破坏了他的周密计划。在会上别人不征求他们的意见，他们就一言不发，即使说几句，也是慌里慌张，前言不搭后语。可以说，他们所谓的支持实际就是帮倒忙。

讨论这是为什么？哪些人会影响组织购买决策？

【知识点】

顾客是推销对象，推销人员应该洞察顾客的购买心理，采用的推销理论与技巧必须符合消费者心理活动规律，从而带来更多的销售收益。

一、购买者的分类

购买者可分为个人购买者和组织购买者。

个人购买者。针对个人购买者，产品或服务主要是个人或家庭使用。在产品采购中，一般少量购买、购买频率高、购买流动性大，属于非专家购买，购买决策简单，一旦产生需求，立即购买，受推销宣传影响大。在家庭中由于分工不同可能购买决策者会有所不同，针对化妆品、家庭用品主要决策者为女性；像香烟、汽车更多的决策者是男性；家庭使用的价位较高的商品决策者则是家庭共同决策。

组织购买者。组织购买者主要代表组织采购，为组织的生产经营或业务需要而采购，因而购买数量大，购买次数少，采购人员经过专业培训，熟悉产品的性能与质量，重视价格，促销宣传对购买者影响较小，一旦正确把握推销对象并影响到推销对象，就可以与组织顾客形成稳定的购销关系。在决策中参与人数多，购买者、决策者和使用者分离。

二、购买行为的类型

顾客的购买行为可以分为三种，分别为扩展性购买决策、有限性购买决策和名义性购买决策。

扩展性购买决策。属于复杂的购买行为，顾客购买产品单价很高，偶尔购买，非常重视购买的行为，对相关信息了解少，而市场上的相关品牌很多，也未建立评价标准。这种类型的购买行为需要花费较长时间去收集信息、建立评价标准、购买并进行购买后评价。推销员需要提供相关决策的信息，并需要花费相对较长的时间进行推销。

有限性购买决策。顾客对某一产品领域或该领域的各种品牌有一定程度的了解，或建立起了一些产品购买评价标准，但是还需要进一步收集信息，以做出满意的购买行为。推销员需要帮助顾客建立品牌偏好。

名义性购买决策。属于最简单的购买决策，当产品是顾客低介入度和品牌之间没什么差异的时候被购买。顾客能在较短时间做出决策，价格和销售促进是非常有用的方法。

三、顾客购买心理类型

顾客购买心理分为五种类型：

漠不关心型。既不关心推销人员也不关心购买行为，这种类型的顾客或是受人之托，自己没有购买决策权，或是由于害怕承担风险，避免引起麻烦。

软心肠型。重视与推销员建立融洽的关系，而对于自己的购买行为不是很关心。

这类顾客极易被说服，推销员需要妥善处理人际关系，给顾客留下好印象。

防卫型。极为重视自己的购买行为，而对推销员漠不关心，甚至对推销员抱有一种敌视的态度。推销员应主动推销自己，要以实际行动说服和感化顾客，使顾客产生信任，打消顾客的偏见。

干练型。顾客会比较冷静，通常会经过全面的分析和客观的判断，才做决策。愿意倾听推销员的意见和购买建议，但是不会轻信全部。推销员应摆事实讲道理，比较竞争对手与推销品的优缺点，帮助分析如何购买才能获得最大的实惠，然后让其判断后做出决策。

寻求答案型。能明确自己需要什么样的产品或服务，而且也希望购买到自己所需要的东西，愿意接受帮助自己解决问题的推销员。推销员应该认真分析顾客需要解决的问题，向他们推荐最合适的产品。

【实训模块 7】 寻找潜在顾客

练习 1

通过抽签的方式分组从普通寻找法、广告法、介绍寻找法、委托助手寻找法、核心人物法中任意抽取一种方法，编写情景小品并进行表演，其他组成员对剧情评价，选出最佳剧情创意奖和最佳表演奖。

练习 2

假如你是 A 省企业的业务员，由于企业发展需要，决定将产品打入 B 省，因为你曾就读于 B 省大学，认识 B 省的许多朋友。现在企业决定将你派出开拓市场，你将用什么方法来寻找客户，请写出详细的寻找客户的方案。分组讨论。

【知识点】

寻找客户是整个推销行动的开始，推销活动首先要有推销对象，即需要在众多的客户中寻找符合条件的准客户，选择具有成交希望的推销对象并运用恰当方法找到最好的销售机会。否则狂轰滥炸式的推销只能有大炮打蚊子般的后果。

一、寻找客户的必要性

客户的寻找是推销活动成败的关键性工作，如何没有合适的推销对象，推销活动就无法进行。推销人员拥有客户的多少，直接关系到推销业绩的好坏。客户忠诚度和产品生命周期的发展都要求寻找新客户。

二、寻找客户的方法

（1）地毯式访问法。也称“普访寻找法”或“全户走访法”，是指推销员在不太熟悉或完全不熟悉推销对象的情况下，逐个访问某一地区或某职业的所有个人或组织，从中寻找客户的方法。这是一种看似较“笨”的寻找客户的方法，实践经验表明访问10个人中有1人会购买某种推销品。但是这种寻找客户的方法可以借机进行市场调查了解客户需求；不会遗漏有价值顾客；可以扩大企业或推销品影响。不足之处在于比较盲目。现在根据客户的不同有“扫街”和“扫楼”两种方法：“扫街”针对商业客户，“扫楼”主要是针对非商业客户。

（2）“滚雪球”法。就是推销员请求现在的客户介绍未来可能的准客户的方法。经验表明在耐用品消费领域，有50%以上的客户是通过朋友的引荐而购买商品的，有62%的购买者是通过其他消费者得到新产品的信息的。著名的250定律意味着每个顾客或朋友后面都有250人。“滚雪球”法不仅有利于扩大客户群，还能树立信任感，有利于提高成交率3~5倍。这种寻找客户的方法要求推销员必须取信现在的顾客，树立真心实意帮助顾客解决实际问题的好印象。

（3）权威介绍法。推销员在某一特定的推销范围发展或挖掘出一些具有影响力和号召力的核心人物，他们通过消费推销商品，并影响周围的人，使其成为潜在顾客。核心人物主要是指政界要人、企业界名人、文体界巨星以及知名学者专家、教授等。这种方法的关键是选好权威人物，并争取他的支持。

（4）广告开拓法。也称“广告吸引法”和“广告搜寻法”，是推销员利用某种广告媒介刊登多种形式的广告来寻找客户的一种方法。广告法需要推销员选择合适的广告媒体，效率会较高，但费用可能比较高，尤其是在广告作用下降的今天，其效果会受到一定的影响。

（5）委托助手法。推销员通过委托聘请的信息源或兼职推销员等有关人士寻找顾客，以便集中精力从事推销活动。

（6）市场咨询法。推销人员利用社会上各种专门的市场信息服务部门或国家行政管理部门所提供的咨询信息来寻找顾客。

（7）资料查询法。推销员通过查阅各种现有的信息资料来寻找顾客。

（8）互联网寻找法。通过互联网建立自己的网站或网页，利用搜索引擎找寻客户。

【实训模块8】 顾客资格鉴定

练习

假如你是自己所在城市的一家房地产公司的推销员，试草拟一份包括10名潜在顾客名单的寻找顾客报告，认真分析后准确地提出潜在顾客的基本条件，最后分析报告中潜在顾客的质量。

【知识点】

并非每一个潜在顾客都是合格的目标顾客。从潜在顾客到目标顾客，还需要进行顾客鉴定，即推销员对寻找到的顾客进行判断是否为准顾客的活动过程，主要鉴定顾客是否有购买力、是否具有购买决策权、是否具有需求。

一、顾客鉴定的目的

顾客资格鉴定是顾客研究的关键，目的在于发现真正的推销对象，避免徒劳无功的推销活动，确保推销工作做到实处。主要的目的：

将不具备条件的对象排除掉，可提高推销访问效率。通过初步认定，避免和减少访问那些不可能成为准顾客的人，将主要时间和精力去拜访那些有需要、有购买力和有决策权的人，将大大提高拜访效率。

只对准顾客进行访问，可以节省推销访问费用，把不符合资格的顾客从目录中删除，必然避免徒劳无功的推销活动和各种费用开支。

只对准顾客进行访问，可以节省推销访问时间。了解购买能力及购买决策者，可以直接明确访问对象，不必在接近时再去摸索，不需要对无购买能力的顾客进行试探，从而使推销员平均访问时间缩短，提高推销效率。

顾客鉴定中对准顾客有更多了解，有利于访问员有的放矢地实施推销策略，提高推销成功率。

二、准顾客应具备的条件

选择准顾客时一般而言应遵循 MAN 原则，即：

准顾客具有支付能力（Money），即推销员寻找的客户要买得起其推销的产品，主要从现有的购买能力、潜在支付能力进行考核。

准顾客具有购买决策权（Authority），即想要买产品而且也是有钱的客户，具有购买的决定权。根据购买对象为个人或组织不同进行家庭购买决策权分析和组织购买决策权分析。

准顾客具有需求（Need），即你所推销的对象是否对产品具有需求，主要表现在是否需要推销产品、对推销产品的态度和能够接受何种价格水平。

【实训模块9】 推销计划拟订

练习

组织同学们参加一场销售游戏，了解并做好拜访顾客的准备工作。

参加游戏的人员将回答5个“何”问题，限制时间为5~10分钟。

步骤一：准备计时器一个、各种颜色的即时贴若干以及一块供各小组粘贴即时贴的白板，将白板分成5栏，分别写上标题：何人、何事、何地、何时、为何。

步骤二：设想有乐山明星电缆公司或其他企业可能成为你们的顾客，并且准备好关于该公司的介绍，包括下列内容：公司名称与地址、公司具体位置、规模、经营的产品与售后服务、公司内各种决策者或能够影响决策的人士姓名和简介、该公司与本公司的关系（以往的合作与竞争情况）。

步骤三：回顾在拜访之前准备工作重要性之后，把同学们分成几个小组，并给每个不同小组分配不同颜色的即时贴。

步骤四：每小组向大家介绍这家公司的情况，然后教师就5个“何”（何人、何事、何地、何时、为何）提一个问题，每个小组讨论60秒，最后每组派一个人将答案贴到白板上。

步骤五：哪个小组第一个把问题贴到白板上，该小组就取得1分。在游戏快要结束时，得分高的那个小组就颁发一个小小的奖品，并请各小组把他们的即时贴取下来，花5分钟时间总结一下他们的拜访顾客的整体计划。

【知识点】

推销以行动为导向，没有行动，必定没有成绩。行动要有效率，必须有好的推销计划。推销计划是根据企业的实际生产情况，确定推销目标、销售利润和销售费用以及实现目标的方式与步骤。它对推销工作具有重要意义，不仅是公司考核推销员的依据，也是推销员取得良好业绩的前提与基础。

一、推销计划考虑因素

简单地说，计划就是在一定时期内，采取一连串的活动，以达成目标。因此在制订推销计划前要考虑三个因素：

第一，接触顾客时间。没有接触就没有业绩，业务员和潜在客户接触的时间决定了业务员的业绩。在推销计划制订时必须尽可能增加和潜在客户面对面的接触时间，并确认接触、商谈对象是正确对象，否则所耗费时间没有任何价值。

第二，推销目标。推销计划制订前应了解推销目标，这些目标通常遵循公司策略优先顺序，具体来说，这些目标有：了解销售数量和销售金额；了解自己的销售区域；制定出潜在区域客户的拜访率（又称涵盖率）；维持一定潜在客户数量；维持与现有客户关系；每月新拜访及再拜访次数；工作培训次数。

第三，拥有的资源。自己所拥有和可用的资源。如产品知识、价格权限范围、现有客户关系、潜在客户资料库、销售区域、各项推销辅助器材等。

二、推销计划的内容

推销计划制订得合理与否，关系到企业推销业务的活动进程和实际效果，一份完整的推销计划包括：

（1）推销目标。如果是需要若干次的推销访问才能完成的，必须明确写出每一次推销访问的明确目标。如每月销售额、每日拜访次数、新拜访次数、重复拜访次数。

（2）拜访顾客路线。可将顾客进行分类，根据不同顾客类型、长远推销目标以及顾客地址和方位设计出最有效的推销行动日程表及顾客拜访路线。

（3）推销洽谈要点。确定洽谈要点是针对洽谈对象的具体情况和推销产品的特殊性，提出在推销洽谈中需要重点介绍说明的、用来刺激顾客产生购买欲望的产品特征、交易条件、服务保证等内容。

（4）推销策略和技巧。在推销洽谈过程中，顾客可能会提出各种问题，推销人员应事先估计洽谈中顾客可能提出的问题。推销人员应提前准备以下问题：应该用什么样的方法接近顾客？怎样在最短的时间内吸引顾客的注意？如何激发顾客购买欲望？怎样使顾客相信和接受产品？如何促使顾客最终作出购买决定等。

（5）推销访问日程安排。根据洽谈双方时间安排，拟定好访谈日程，掌握好谈判进度，也是取得推销成功的必要条件之一。

三、推销计划制订原则

推销计划成功与否，不仅仅取决于科学地确定推销计划的内容，更重要的是计划制订时遵循的原则。一般来说，推销计划制订应遵循以下原则：

具体化原则。需要在计划中将所要做的事情逐项详细地做出计划，并且将事情界定清楚，将所要达到的目标制订得清清楚楚。

务实性原则。应以团队计划为中心，而后根据个人实际情况和销售区域特性拟订，计划不要订得太高或太低。充分利用现有资源和时间，要切合实际。

动态性原则。由于推销环境不断变化，推销人员应在计划制订前对未来可能发生的事情进行考虑，并对变数较大的情况设定次选方案，同时应经常对推销计划进行改进，根据形势发展调整自己的行动方案，使推销计划始终与推销环境相适应。

顺序性原则。行动计划要有连贯性，避免造成行动中脱节，但还需要突出重点，根据事情重要程度和急待处理优先列出优先顺序。此外，还要考虑类似的情况可以放在一起，以便提高工作的效率。

【实训模块 10】 推销时间管理

练习 1

以班级为单位，讨论哪些事情我们能控制，但我们认为我们不能；哪些事情不能控制，但是我们认为我们能。

练习 2

请区分以下事项的重要性，排出一个轻重缓急的顺序，并说出理由：吃饭、培训、过生日、锻炼身体、应酬、拜访客户、做工作计划。

【知识点】

一天只有 24 小时，任何从事推销的人一定要懂得善用时间，否则就会出现越忙越乱，推销效率低的现象。根据经验现实，能力相同、业务相似的两位推销员，如果其中一位拜访客户的次数是另一位的两倍，那么成绩也一定是另一位的两倍以上。所以要成为优秀的推销员一定要学会合理安排自己的工作和生活，最大限度发挥时间的效力。

一、时间管理的意义

人一生中的时间是有限的，能创造价值的时间更少。而时间又是不可再生、不可储存的资源。推销员需要拜访客户、整理资料、学习和培训，因此利用好时间关系到事业成功和生活幸福。

二、时间管理的基本准则

准则一：明确目标。推销员的时间主要分配到约见、拜访、处理客户抱怨、售后服务、培训和会议。应根据SMART原则在规定的时间设定明确的、可衡量的、可以完成的工作目标。

准则二：制订计划。首先有组织地进行工作：制订年计划、月计划、周计划、日计划，按照计划合理完成，尽量避免时间上的闲置。其次根据工作需要、客户的熟识程度、客户的订货周期巧妙安排拜访频率与线路，尽量保证客户在同一区域，减少拜访客户时间浪费。

准则三：分清轻重缓急。应时刻关注重要客户和多做对未来有益的事情。根据ABC原则和二八定律将所要做的事情进行分类，根据工作轻重缓急安排先后顺序。

准则四：合理分配时间。根据事情的紧急性和重要性编制时间计划表，在黄金时间完成相对重要、紧急和收益最多的事情。劳逸结合保持充沛精力。

准则五：协调各方时间。在拜访之前与客户进行沟通，避免出现拜访客户不在的情况。

准则六：堵住时间漏洞。不做无价值的事情；有序放置文件和物品；给每件重要事情设定期限，控制拖延；全心全意投入到工作中去。

【问题思考】

1. 如何全面把握推销的定义？
2. 推销前的准备工作应包括哪些方面？
3. 客户心理有哪些？
4. 推销人员应具备哪些素质、能力？
5. 推销计划制订的意义及内容是什么？
6. 为什么要进行顾客鉴定？如何鉴定？
7. 时间管理在工作和生活中有什么注意事项、技巧等？
8. 评估作为一个推销员的形象价值。
9. 如何提升推销员的信心？
10. 推销与销售、营销之间的关系如何界定？

实训项目八　推销过程实训

【实训目的与要求】

1. 学习并掌握推销活动的过程与步骤。
2. 了解并克服心理障碍。
3. 掌握顾客约见的方法。
4. 掌握顾客接近的方法与技巧。
5. 掌握产品演示的方法。
6. 了解顾客异议的类型。
7. 掌握处理顾客异议的方法与原则。
8. 了解客户渗透的方法。
9. 掌握销售推进与跟踪的方法。

【实训学时】

本项目建议实训时长：8 学时。

【实训内容】

在掌握相应知识点基础上，以推销员身份进行模拟推销全过程，具体实施顾客约见、顾客接近、产品演示、处理顾客异议、客户渗透、推销推进和跟踪等工作，在实践中掌握推销技巧，提高推销技能。

【实训模块 1】 克服心理障碍

练习

在众人面前连续演讲 5 分钟或唱一首歌。

【知识点】

从事推销工作的人普遍都具有一些心理障碍，如果心理障碍不克服，就无法完成推销工作。这种心理障碍在刚进入推销工作的新业务员中比较普遍，有部分老业务员也存在心理障碍。如果能有效克服，40%以上的销售会得到大幅度提高。

一、心理障碍类型

从事推销工作的大多数人都会经历两个阶段的心理障碍。

恐惧心理。恐惧是每一个正常人都会有的心理反应，但却是推销人员的天敌，表现在总是在客户门前徘徊，不敢进去。

逃避心理。对拜访过的客户产生成见而找理由不去拜访。老推销员也常常有这种逃避心理。

二、克服心理障碍的方法

（一）勇敢正确面对顾客拒绝

再成功的推销员也会遭到顾客拒绝，推销就是从面对拒绝开始的，成功的推销员视拒绝为正常，并养成不在乎闭门羹的气度，毫不气馁。也可以换个角度思考：销售的目的是使自我价值实现，基础是满足客户需要、为客户带来利益和价值，如果客户的确不需要，当然有拒绝的权利；如果是客户需要却不愿购买，正好利用这个机会了解客户拒绝的本意，为以后的销售提供有价值的信息。

（二）全面正确自我认识和自我评价

每个人都有自己的优点和缺点，十全十美的人几乎没有，每个人也都有一个成长过程，刚入门的推销员需要首先得到自己的认可，相信自己的能力会不断提高，拥有积极自信的自我评价才能获得别人的认可。

（三）克服职业自卑感和畏难情绪

推销是一个富有挑战性的职业，通过努力会不断实现目标，从中获得成就感。与重要客户或顶头上司进行相处时需要自信，每个人都是重要角色，你也重要，当与这些人相处时，就要想到双方都是对等的，在讨论有共同兴趣和共同利益的事情时，只要保持双方之间的平衡，就可以消除掉恐惧感。

（四）在推销实践中加强心理训练

人的恐惧是天生的，他们生怕什么事情做得不好，丢失已经得到的。对于销售人员来讲，这种心理将有百害而无一利，还不如放下思想包袱，大胆进取。在实践中逐渐明白失败乃兵家常事，并在实践中战胜恐惧，就会有一种胜利感，然后不断尝试和进步，在不断进步和实践中重建自我，增强自信心。

【实训模块 2】 约见顾客

练习 1

山东省的黄达一次收听广播时，偶尔听到河南省永新花生公司制造的新花生酱上市。他听了很激动，心想本地也盛产花生，于是灵机一动，一口气写了十几封信寄往北京、天津、上海等大城市副食品公司，询问要不要用新收获的花生制作花生酱。没过多久，他首先收到了天津河东区副食品公司的回函，要求寄送样品。黄达立即请能人研磨，制作了一小桶，亲自送到天津，对方见过样品后，当即要求立即订货4万公斤，盈利上万元。

请根据上面案例提供的情景，每组灵活选择面约、信约、电约中的一种方法与顾客预约并写出约见文稿。

练习2

2015年是某学校建校80周年，学校经过研究决定于2015年9月举办建校80周年校庆系列活动。尽管校庆能够提高学校知名度，但是年代久远，加上档案不全或遗失，好多人都失去了联系。假如你是校庆筹备组成员，请利用约见顾客的理论，谈谈可以利用哪些方法找到校友，并设计具体的约见方案。

【知识点】

约见也叫商业约见，是推销员请求客户同意会面的行动。在推销过程中起到非常重要的作用，它是推销准备过程的延伸，又是实质性接触顾客的开始。只有通过约见，推销人员才能接近准顾客，顺利开展面谈。

一、约见的作用

（一）有助于接近顾客

现在工作节奏加快，企业厂长、经理和负责人一般不愿意被人打扰，设有秘书或办事员协助处理内务和协调日程安排。如果推销对象是个人，不欢迎不速之客，也需要事先约见。只要顾客同意见面，接近和谈成的机会就很大。若实现不约见就直接“闯入”，通常会面不会实现，即使实现，效果也不一定好。

（二）有助于做好充分的准备

事先约见可以使顾客就约会的时间和地点做适当安排，对推销员的推销建议也会进行事先考虑，为进一步推销面谈做好铺垫，顾客能够积极参与推销谈判，可以形成双向沟通，提高准顾客购买决策认可程度。推销员也可利用约见机会了解顾客更多信息，增强后续推销说服力。

（三）约见有助于推销员合理利用时间，提高推销效率

推销员时间极为宝贵。通过事先约见可以指定一个节奏合理的推销日程表，增强推销计划性。若推销员不事先约见顾客，盲目制订推销访问计划，就可能与被访问顾客工作计划发生冲突，甚至见不到被访顾客。

二、约见内容

约见的内容应根据与顾客关系密切程度、约见方法灵活安排，主要有以下几个

方面：

访问对象。如果准顾客是企业组织，企业管理中分工明确，职责范围比较清楚，应根据约见事由，要求约见有关职能部门人员，但是各个企业管理结构不一样，首先碰到的人可能是秘书或一般办事人员，他们对约见的事由往往有一定的“发言权”，对这些人要尊重，多和他们建立良好关系。通过他们约见所需有关人员，要容易得多。

访问事由。约见客户必须有明确目的，具体可以是推销商品、市场调查、提供服务、签订合同、收取货款、走访用户等。

访问时间。一般情况应该客随主便，什么时候会见，最好由顾客决定。为了取得约见的较好效果，应考虑访问对象的工作和生活特点、访问目的、访问地点和路线。推销员应该准时赴约，万一因故不能赴约，应事先通知客户，并表示歉意，同时再约定另一时间会面。

访问地点。约见的事由、对象不一样，约见的地点也应有些讲究。如果推销的是生产资料，选择在客户工作单位比较好。如果是生活资料，而且是个人消费用，则选择在客户家里比较好。有的客户不便在工作单位或家里接待推销员，可以选择公共场所进行约见。招待会、展销会、订货会、座谈会、学术报告会和新闻发布会都可以作为约见场所。

三、约见的主要方法

当面约见。推销员与顾客当面约定访问事宜。这种约见方法可以观察顾客的态度、性格等，有机会交流感情，但是一旦遭顾客拒绝就会陷入被动。

电信约见。通过电话、网络、传真、电报等手段约见顾客。这种约见方法的优点是速度快。

信函约见。通过邮递信函约见的方法。这种约见能够畅通无阻地进入目标顾客的办公司或居住地，能够比较深入表达，费用低廉，但是其缺点是花费时间多，反馈率低。

委托约见。通过委托第三方约见顾客的方法。

四、约见顾客技巧

学会换位思考。在约见顾客时需站在顾客角度考虑约见理由、约见时间、约见地点，要考虑约见对象职业、工作生活和习惯等。

适度提醒。当与顾客进行约见后，顾客会比较容易忘记约见的事情，需要在适当的时候进行有效的提醒。

要有亲和力。约见顾客需要体现亲和力，主要表现在微笑、音量和语速要协调，而不是过分强势和强硬。这样顾客容易放下戒备心理，约见的成功几率也会更高。

正确对待第一印象。第一印象会影响顾客的评价，积极良好的第一印象可以为约见成功及后续的推销打下良好基础。主要注意礼貌用语和相应礼仪。

正确处理拒绝。当顾客在约见的时候拒绝了你，应该冷静处理，等待后面约见的成功，不要在顾客拒绝后进行纠缠，不管约见成功与否都要注意礼貌和必要的礼仪。

【实训模块 3】 接近顾客

练习 1

讨论推销员赢得客户第一印象的方法。

练习 2

选择一种产品，每组选择一定的技巧接近潜在客户进行演示，其他每组进行评议。老师给予点评。

【知识点】

接近顾客是指推销员为了推销洽谈顺利开展而与推销对象正式接触的过程。接近顾客 3 秒，即可决定推销成败，因此推销员的主要任务是善于就人、时、地的不同而采用各种有效的顾客接近方法，并使顾客感觉到有必要继续进入面谈。

一、接近顾客的基本原则

原则一：因人而异，随机应变。不同顾客的购买动机、可以接受价格、购买方式和购买行为不同。因此，对于不同客户，接近方法和技巧也应有所不同。

原则二：注意销售礼仪，文明接近。推销员应该讲究规范的推销礼仪，掌握文明接近的技巧。顾客购买的不仅是产品，还是服务，因此，应从自己的言谈举止中散发出个性与风格，做一个受顾客欢迎的推销员，并为后面的销售打下良好基础。

原则三：把握客户心理，避免硬性推销。当顾客与推销员接近时，顾客容易产生一种必须购买的心理压力，一开始就有一种害怕和抗拒推销员的心理。因此要想顺利接近和销售产品，推销员必须掌握和减轻客户心理压力的技巧，先建立人际关系，培养顾客情感入手，避免硬性推销。

原则四：控制时间，顺利转入实质性洽谈。接近顾客的目的不仅在于引起顾客注意和兴趣，更重要的是要转入进一步的洽谈。因此，一方面要设法引起顾客的兴趣和保持客户的注意力；另一方面要看准时机，及时转入正式洽谈。

二、接近前的准备

（一）了解顾客相关资料

针对不同的顾客了解内容不同。针对个体潜在顾客，了解客户姓名、年龄、性别、民族、教育程度、出生地、需求状况、购买能力、购买决策权；针对组织潜在顾客，具体了解组织的名称、性质、规模、所在地、机构设置、采购状况、经营状况、购买习惯；针对老顾客，了解其基本情况、变动情况、反馈信息。

（二）打开潜在顾客的“心防”

与从未谋面的人接触，任何人都有些戒备心理，需迅速打开签字客户的内心防线，使其敞开心扉，用心面对推销。让客户产生信任感，引起客户注意和兴趣。

（三）积极的形象准备，将自己先推销出去

接近客户首先是将自己推销出去，不能一味向客户低头也不能迫不及待地向客户说明产品。接近客户的重点是让客户对一位以推销为职业的业务员抱有好感。

三、接近的方法

介绍接近法。推销员自己介绍或有第三者介绍而接近推销对象的方法。介绍的主要方式有口头介绍和书面介绍。

赞美式接近法。推销员利用人们的自尊和希望被他人重视与认可的心理来引起交谈的兴趣，当然赞美一定要出自真心，而且要讲究技巧。

馈赠接近法。推销员利用赠送小礼品给客户，从而引起客户兴趣，进而接近顾客。

利益接近法。推销员通过简要说明产品的利益而引起客户兴趣，从而转入面谈的接近方法。利益接近法主要是陈述和提问，告诉购买推销产品的好处。

产品接近法。也就是实物接近法，是推销员直接利用介绍产品的卖点而引起客户的注意和兴趣，从而接近顾客。

问题接近法。推销员直接向顾客提出有关问题，引起顾客注意和兴趣，从而接近顾客。

好奇接近法。利用顾客的好奇心达到接近顾客之目的的方法。

请教接近法。推销员利用慕名拜访顾客或请教顾客的理由接近顾客的方法。

【小案例】

别具一格的接近法

“将此函寄回本公司，即赠送古罗马银币。”这是美国一家人寿保险公司的推销员寄给准顾客的一封信中所写的话。信发出后效果很好，公司不断收到回信。于是，推销员拿着古罗马银币，逐一拜访这些回函的准顾客：“我是×××人寿保险公司的业务员，我把你需要的古罗马银币拿来给你。”对方面对这种希望得到的馈赠和免费的服务当然欢迎。一旦推销员进入顾客的家门，就可以逐步将对方引入人寿保险的话题，开展推销行动。

【实训模块4】 产品演示（展示）

练习

结合某一种产品（如MP5盘或功能饮料），每组成员在小组内演练一次产品演示说明，总结出产品特点、功能、优点、价值利益，演练完后，共同制作一份标准的产品说明范本。

产品说明	运用技巧
客户特殊需求	
特性	
优点	
特殊价值	

教师对整体表现给予点评和分析。

【知识点】

销售是客户与推销员共同参与的活动，将客户引至产品或媒介（如电视、电脑）前，通过实物操作或观看媒介，让顾客充分了解产品外观、操作方法、具备的功能及给顾客带来的利益，让顾客眼见为实，留下深刻的印象，借以达成销售的目的。只要顾客愿意投入时间观看演示，这表示他确实具有潜在需求，重要的是把握住最好的机会。并记住：演示不是做产品的特性说明，而是要激发顾客的购买欲望。

一、产品演示的优点

“一次演示，胜过千言”这表明产品演示的重要性，产品演示包括实物展示和虚拟展示。产品演示是客户了解与体验产品利益的过程，也是推销人员诉求产品利益的最好时机，顾客愿意花一段时间专注地倾听销售人员的说明，推销人员也能够有序地、有逻辑地、有重点地完整说明及证明产品的特性和利益。产品演示效果影响要素有两个：一是产品本身，另一个是推销员给顾客的感觉及展示技巧。

产品演示的优点主要包括以下几个方面：

优点一，保持顾客的注意力与兴趣。尽量简洁或增加演示的戏剧性，努力引起顾客的兴趣，可适当引用一些动人的实例来增强产品的感染力和说服力，从而有效保持顾客的兴趣和注意力。如一家减肥机构向顾客介绍减肥设备及步骤时，会发给每一位客户一个相当于10公斤猪肉体积及重量的物品，请客户提在手上，然后询问：“你们愿意让这个东西一天24小时带在自己的身上吗?”以戏剧性的方式增加顾客减肥的欲望。

优点二，鼓励顾客参与演示。标准的产品演示会详细配合产品操作动作，层次清晰地讲述产品的特性、优点和利益，最好的产品演示是让顾客参与进来，鼓励顾客参与表演操作，有的顾客不会操作可请其为助手，眼见为实会增加顾客的认同感，增强演示的说服力和感染力。

优点三，使推销重点更容易了解。演示需要用客户听得懂的话语，切忌使用过多的专业名词，让客户不能充分理解你所要表达的意思，过多的专业术语会让客户觉得过于复杂，使用起来不方便。同时，重点是体现产品的优势和利益，推销员需要将产品的利益通过深入浅出的演示方法来表现产品优势及利益。

优点四，使推销说明顺序更加合理。产品的使用有一个先后顺序，顾客对推销品也有认知、接受的过程，一般是先具体后抽象、先了解后接受。推销员需要研究演示和讲解的先后顺序，保证顾客看得清、听得懂。最好根据顾客对产品的关注点，先讲质量、再讲价格，最后讲售后服务。

二、产品演示的原则

FFAB 原则。遵循“特性（Feature）→功能（Function）→优点（Advantage）→价值利益（Benefits）”的陈述原则。产品的特性是产品设计上的特点及功能，可以从产品样式、功能、材料等方面发现产品的特性。产品优点是指产品的优势。特殊价值是能满足客户本身特殊的需求。将特性转换成利益的技巧：首先从事实调查中发掘客户的特殊需求，再从询问中发掘客户的特殊需求，接着介绍产品的特性，其次介绍产品的优点，最后介绍产品的特殊利益。

【小案例】

特性转化成利益的技巧

客户特殊需求	特性	优点	特殊价值
客户的头皮屑特别多，常常在开会或用餐时无意间搔头，头皮屑坠落，造成尴尬局面。	洗发精能将头皮屑固定在发根。	头皮屑不容易看到，且不容易掉落。	头皮屑是困扰很多人的问题，但是目前还没有任何药物能消除或减少头皮屑。这种洗发精能清除污垢、滋润头发，还能使头皮屑附着发根，需要用水清洗才能掉落。
客户需要经常开车到各地洽谈业务，有时候需要在车上过夜或较长时间的休息。	车子的座椅能够 180 度平放	能躺下休息。	这个座椅能够 180 度平放，当您长途驾驶感到疲惫，想要休息片刻时，您能很舒适地躺下进行充分的休息，迅速消除疲劳，精神百倍。

三、产品演示的技巧

技巧 1：操作演示一定要熟练。推销员的演示是向顾客证明推销品值得购买。推销员在演示过程中因操作不熟练，总是出差错或笨手笨脚，就会引起顾客对推销品质量的怀疑，从而不相信推销员及推销品。

技巧 2：根据推销品的特点选择演示方法和演示地点。在进行演示之前，需要确认产品的质量和性能符合标准，并根据产品特性选择布置场地，最后针对客户的喜好和特殊需求规划有创意的演示方式。

技巧 3：操作演示要有针对性。演示成功的准则只有一条：针对客户的需求，以展示特性和功能的陈述，并以实际操作证明给客户看。不过演示常犯的错误也只有一条：只做产品功能的示范操作及说明。

【实训模块5】 顾客异议分析

练习

从给定的客户异议中分析所属类型和原因。

客户异议	所属类型（根据异议性质）	所属类别（根据异议内容）	产生的原因
客户："这种鞋设计得太古板，颜色也不好看。"			
客户："算了，连你（推销员）自己都不明白，不买了。"			
客户："我现在不需要。"			
客户（一中年妇女）："我这把年纪了买这么高档的化妆品干什么，一般的护肤品就可以了。"			
客户："某某公司是我们的老关系户，我们没理由中断和他们的购销关系，转而向你们公司购买这种产品。"			
客户："给我10%的折扣，我今天就下单。"			
客户："嗯，听起来很不错，但是我们店现在有7个品牌21种型号的牙膏，没有地方放你们的牙膏了。"			
客户："我现在没有时间。"			

【知识点】

顾客异议就是客户在推销过程中，产生与购买有关的任何问题，如怀疑性能、怀疑价格、怀疑售后服务、对推销员的不赞同、提出质疑或拒绝。只要不是重复购买，可以说从接近顾客、推销面谈直至成交签约的每一个阶段，顾客都有可能产生异议。顾客异议是交易障碍也是交易信号，推销员必须学会辨别顾客异议，并找到有效处理异议的方法。

一、顾客异议类型

（一）按照性质划分

按照性质划分：真实异议、虚假异议和隐藏异议。

真实异议是指对推销活动的真实意见和不同看法，面对真实异议，需要根据状况采取立刻处理或延后处理策略。

虚假异议是指顾客用来拒绝购买而编造的各种反对意见和看法。在实际推销活动中，虚假异议占顾客异议比例比较高，研究表明有近七成的顾客并没有什么明确的理由，只是随便找个理由来反对推销员的推销行为，不想真心介入销售活动。

隐藏异议是指顾客并不把真实的异议提出来，提出各种异议目的是借此假象达到隐藏异议解决的有利环境。如客户希望降价，但却提出产品品质、外观、颜色异议，以降低产品价值，而达到降价的目的。

（二）按客体划分

根据顾客异议指向的客体划分：需求异议、支付能力异议、决策权异议、产品异议、价格异议、购买时间异议、货源异议、服务异议。

1. 需求异议，即顾客提出不需要所推销的产品。如“我们已经有了”“我们已经有很多存货了”“这个东西有什么用”等。顾客提出这种异议，或许是借口，或许是对推销产品能给自己带来的利益缺乏认知，或许确实不需要推销品。

2. 支付能力异议，即顾客认为他支付不起购买产品所需的款项而产生的异议。

3. 决策权异议，即顾客表示无权对购买行为作出决策的异议。真实的权利异议说明推销员在顾客审查时出现差错，应及时纠正，重新接近有关决策人；对于虚假权利异议，应针对顾客拒绝推销人员和推销品的借口，采取适当的转化技术予以化解。

4. 产品异议，即顾客对产品不满而提出的异议。如对产品质量、规格、品种、设计样式、包装等方面提出反对意见，这是一种比较常见的异议。这些异议的产生具有主观色彩，主要由顾客认知水平、购买习惯及其他社会成见影响造成。

5. 价格异议，即顾客认为产品价格过高或过低而提出的异议。顾客最容易提出价格问题，属于比较常见的异议。对价格的异议包括价值异议、折扣异议、回扣异议、支付方式异议和支付能力异议。

6. 货源异议，即顾客对推销品来自哪个国家、哪个地区、哪个厂家、是何种品牌，甚至对推销品的来历提出异议。顾客可能对货源来路的真实性有所怀疑，或是不愿意接受信不过或不知名企业、品牌的推销品。

7. 服务异议，即顾客对推销品交易所附带的售前、售中和售后服务异议，如对服务方式、服务延续时间、服务实现的保证程度等多方面的意见。

二、顾客异议产生的原因

顾客异议产生的原因主要来自三方面，即顾客方面、推销员方面和推销产品本身。

来自顾客方面的异议原因包括顾客的固执、顾客的购买经验与成见、顾客缺乏支付能力、顾客的自我表现、顾客有比较固定的采购关系、顾客的私利与社会不正之风、顾客的偶然因素等。

来自推销方面的异议原因包括推销员无法赢得顾客的好感或信任、不良的仪表和礼仪、不当的沟通、展示失败、夸大不实的陈述等。

来自产品方面的原因包括产品质量、产品价格、产品的品牌及包装、产品的销售服务等。

【实训模块6】 破解顾客异议

练习

每组抽签选择一个假设的情景，你会怎样处理顾客的异议？由他组同学进行点评，再由教师点评和讲解。

客户异议	破解方法
客户："这种鞋设计得太古板，颜色也不好看。"	
客户："算了，连你（推销员）自己都不明白，不买了。"	
客户："我现在不需要。"	
客户（一中年妇女）："我这把年纪了买这么高档的化妆品干什么，一般的护肤品就可以了。"	
客户："某某公司是我们的老关系户，我们没理由中断和他们的购销关系，转而向你们公司购买这种产品。"	
客户："给我10%的折扣，我今天就下单。"	
客户："嗯，听起来很不错，但是我们店现在有7个品牌21种型号的牙膏，没有地方放你们的牙膏了。"	
客户："我现在没有时间。"	

【知识点】

顾客异议既是潜在顾客拒绝推销品的理由，又可能是推销活动的成交信号。只有当顾客开口说话，提出反对购买理由时，推销员才可能有针对性地介绍与解释，因此推销员需要正确处理顾客异议，克服顾客成交的障碍，并最终说服顾客，促成交易。

一、正确对待异议

（一）重视顾客异议

推销员应该重视与欢迎顾客异议，顾客产生疑问、抱怨和否定的意见，总有一定原因。推销员必须重视顾客异议，这不仅是推销员修养的表现，也可以从顾客异议中看出，发现推销活动中存在的问题。这要求推销员必须创造良好的氛围，耐心倾听顾客异议，在处理顾客异议之前沉思片刻，以示对顾客异议的重视并做了认真考虑。

（二）事前做好准备

应事前将客户可能会提出各种拒绝理由列出来，然后考虑一个完善的答复。只有事前有准备才能胸中有数，从容对付；事前没有准备，就可能不知所措，或是不能给客户一个圆满的答复，也无法说服客户。顾客异议既是推销的障碍，也为成交创造了机会。

（三）选择恰当的时间处理顾客异议

研究表明，优秀推销员对客户提出的异议不仅能给予一个比较圆满的答复，而且能够选择一个恰当时机进行答复。懂得在何时回答客户异议的推销员会取得更加大的成绩。推销员对客户异议答复的时机选择：

1. 提前处理。预测销售过程中可能会产生的异议，最好早在客户提出异议之前，就主动提出并给予解释，这样可先发制人，从而避免纠正客户看法或反驳客户的意见而引起的不快。

2. 即时处理。当客户提出的异议必须处理后才能继续进行推销时，最好立即进行处理，这样既可以促使客户购买，又是对客户的尊重。

3. 推迟处理。当顾客异议超越推销员权限或不确定时；当客户还没有完全了解产品特性及价值便提出价格问题；当顾客提出的一些异议在后面能够更加清楚证明时，可承认无法立刻回答但是保证会迅速找到答案。

4. 不予处理。当异议具有不可辩驳的正确性，或是明知故问的发难等，推销员可以采取沉默、装作没有听见、答非所问或插科打诨，最后不了了之。

（四）永不争辩

推销洽谈是一个人际交流的过程，与顾客保持融洽的关系是一个永恒的原则。在推销洽谈过程中，推销员应避免与顾客争论，更不允许争吵。首先，我们需要明确和牢记顾客是我们的合作伙伴而不是敌人，维持融洽的良好氛围是必要的。其次，要明确推销不是明辨是非，洽谈也不是澄清事实的讨论会，而在于达成交易，满足顾客需要。最后，永不争辩也是有效保留顾客面子的有效方法。

（五）强调顾客利益

顾客异议之所以会产生，主要是处于对交换过程中所要付出的价值和承受风险的顾虑。但是在只要有购买行为就会存在风险，推销员需要从顾客立场出发，理解顾客困惑，充分说明顾客所能获得的利益及其程度，有利于顾客重新考虑价值和风险，在比较利益的促进下完成交易。

【小案例】

两辆装满土豆的马车停在自由市场上。一位顾客走到第一辆马车前，问：“土豆多少钱一袋?”老板坐在车上不屑地回答：“55 元。”“太贵了，上周买时才 45 元。”顾客不满地说。老板懒懒地说：“那是上周的事情了，现在就是这个价。”顾客听了扭头就走。

他来到第二辆马车前，询问价格。老板立即从车上下来，热情地说：“大姐，你真有眼力，这是品种优良的土豆，是我们种的最好的一种土豆。您看，这种土豆的芽眼小，削皮时不会造成浪费；又大又圆，是我们挑选过的；另外您看这土豆多干净，这是我们在装袋之前已经处理过的，保证您不仅能放得住，而且不会弄脏干净的厨房。

我想，您不会花钱买一堆土吧？我这土豆只卖60元一袋。”顾客仔细看了看编织袋里的土豆，点了点头，老板又不失时机地问：“您要两袋还是三袋？我给您搬到车上。”顾客买了两袋土豆。

二、处理顾客异议的方法

顾客异议是多种多样的，处理的方法也是千差万别的，因此需要因人、因事、因地、因时而采取不同的方法，处理顾客异议的方法有以下几种：

第一，“如果”法。又称间接反驳法，是推销员根据有关的事实与理由来间接否定顾客异议的一种方法。运用这种方法应该选择好角度，并提供信息。正面反驳顾客，会让顾客恼羞成怒，因此推销员不要开门见山地直接提出意见，而尽量利用“是的……如果……”的句法，软化不同意见的口气。

第二，直接反驳法。推销员直接反驳顾客意见。这种处理方法要求反驳顾客必须有理有据、始终维持良好的推销气氛。当客户引用的资料不正确或对公司的服务、诚信有所怀疑就可以直接纠正顾客不正确的观点。如顾客说：“这座楼的公共设施比率比一般高出不少。”推销员：“您大概有所误解，这次推出来的大楼、公共设施所占比率为18.2%，一般的大厦公共设施平均达19%，我们要比平均值少0.8%。”

第三，太极法。取自太极拳中的借力打力，又称转化法、利用法、反戈法，是指推销员利用顾客的异议进行转化的方法。如经销商：“贵公司把太多的钱花在做广告上，为什么不把钱省下来，作为进货的折扣，让我们的利润提高一些?”推销员：“就是因为我们投入大量广告费用，顾客才会被吸引上门指定品牌购买，不但节省您销售的时间，同时还能顺便销售其他的产品，您的总利润还是最大的。”

第四，询问法。是指推销员通过对顾客异议提出疑问来处理异议的一种策略和方法。当推销员没有确认顾客反对意见的重点及程度前，直接回答客户的反对意见，往往会引出更多的异议，不如通过询问确认顾客真正的异议点，并通过对客户的反问，直接化解客户的异议。如，顾客：“我希望你的价格再降10%!”推销员：“××总经理，我相信您一定希望我们百分之百的服务，难道您希望我们给的服务也打折吗?”

第五，补偿法。当顾客提出的异议有事实依据时，可以承认并欣然接受，并给客户一些补偿，保持顾客心理平衡的方法。如客户说：“这个皮包的设计、颜色都非常棒，令人耳目一新，可惜皮料质量不是很好。”推销员就说：“您真是好眼力，这个皮料的确不是最好，若选用最好的皮料，价格恐怕要比现在高得多。”

第六，忽视法。也称装聋作哑法、沉默法，是指推销员有意不理睬顾客的异议的一种处理方法。如推销员拜访经销店老板时，老板一见到就开始抱怨说：“这次空调广告为什么不是找成龙拍的，而找×××，若是找成龙拍的话，我保证早就向你进货了。”你不需要详细告诉他为什么不找成龙拍而找×××，因为经销店的老板真正的异议的恐怕是别的原因，你要做的就是面带笑容、同意他就好。忽视法常用的方法如：微笑点头、“您真是幽默!”“您真是高见!”

三、处理各种顾客异议的策略

（一）关于产品异议

事例法。通过别人经销或者使用产品的案例，简便易行，较易说服客户。

比较法。销售人员可以采取现场比较的方式，来证明客户的说法站不住脚跟。

体验法。对于顾客有关产品质量的异议，也可以通过现身说法的形式，来佐证产品质量有保障。比如有的销售人员会组织客户到企业实地参观，让客户实地感受企业的规模、文化、生产采购流程等，从而消除客户的疑虑，建立合作关系。

（二）关于价格异议

比性价比。价格是客户最敏感的因素，要想让客户感觉到产品值，就要给客户分析产品性价比，比如包装、用料、性能等方面，让客户认为物有所值。如果是耐用品，还可以通过分析产品可以为客户带来的较大节省等，消除客户对于价格的敏感度。

对比核算。当客户提到价格高时，也可以通过对比竞争对手的品牌、原料、政策等，让客户真切地感觉到产品价格并不高，而自己认为的所谓的高价格，是因为有些自己不太了解的因素在里面。

突出品牌。品牌意味着安全；品牌意味着信誉；品牌意味着实力；品牌意味着号召力。优秀的品牌是具有静销力的，品牌名气大，就意味着定价的空间大。我们经常可以听到一些客户谈到对手价格时，总是一句“人家是名牌”来为竞品的高定价搪塞。

彰显服务。高规格、标准化的服务，也是削弱产品价格敏感度的方式之一。为什么海尔的家电产品价格高，但依然卖得好，除了产品质量好之外，其五星级的售后服务功不可没。因此，向客户充分阐述自己规范化、可以让客户高枕无忧的服务，也可以消除客户对于价格的异议。

彰显科技含量。向客户展示产品所蕴含的高科技含量，比如，产品所采用的领先或者进口技术，相比于竞争对手的较强的产品性能等，就可以让客户理解产品价格高一些的原因。

（三）关于促销异议

坚持原则。无论是价格政策，还是促销政策，销售人员在与客户沟通时，都要按照企业规定，保持一定的刚性，千万不可随意承诺客户。只有敢于向客户说不，才能在以后的合作当中，游刃有余，而不受客户摆布。

引导客户向市场要促销。真正优秀的经销商，一定不会“等”“靠”“要”。对于促销方面，向市场要资源，才是真正的高手。因此，在客户无止境地“要”政策时，销售人员要想方设法引导客户学会向市场要资源。

促销要用分解法。销售人员在跟客户沟通促销政策时，要学会拆分，即将促销政策分解得越细越好，比如，如果你手中有 8 个点的政策支配权，你可以把它拆分成月返、年奖、临促或即时激励等，在形式上，除了返利外，还可以给予人员促销、助销物料、旅游、培训进修等，形式越多，越有助于控制客户。

给政策要学会创造困难。解决客户异议，给客户促销政策，要学会创造困难。让客户懂得政策来之不易，从而倍加珍惜，让好钢用到刀刃上。

【实训模块 7】 处理客户异议 LSCPA 法运用

练习

用 LSCPA 法处理客户异议

组织 6 位同学两两结对分成 3 组进行练习。每组一个同学推销保险，另一位同学扮演客户。结束后角色互换。保险内容分别为意外保险、车辆保险、财产保险。方法按下表执行。每组限时 10 分钟。全体练习结束后，及时点评和总结。

理由：没有钱，买不起保险，我还年轻，不需要保险。

用心倾听	
尊重理解	
澄清事实	
提出方案	
要求行动	

【知识点】

LSCPA 法是处理顾客异议的一种有效方法，在很多领域都广泛运用。LSCPA 法处理顾客异议，有助于化解分歧，达成共识，促成交易的完成。

一、处理客户异议 LSCPA 法

L——用心倾听（Listen）。倾听客户的担忧，顾客的异议多种多样，顾客异议有真实异议或虚假异议，因此面对客户异议，必须认真倾听并确认顾客真正的反对理由。

S——尊重理解（Share）。表示自己对顾客的尊重和体恤，如“我很理解您的看法……”，或用“其实很多人也是这样想的……”来把顾客的异议一般化，表明自己愿意站在客户的角度为其分忧解难。

C——澄清事实（Clarity）。对于客户的担忧加以解释，用“除此之外，还有没有……”来确认问题的真正所在，随后用“是……但是……”来解释。

P——提出方案（Present）。针对客户的忧虑，提出解决异议的方法或约定解决方法的事情或承诺。

A——要求行动（Ask）：对于提出的建议，请求顾客的最终同意和完成交易，采用的请求技巧有：二选一、推定承诺、激励法、行动法等。

二、LSCPA 客户异议处理步骤

步骤一：认真倾听客户讲话，弄明白客户异议的真实意思。从而有的放矢地处理。在倾听的时候可以为顾客的讲话做一个记录：显示对顾客的重视；同时让顾客考虑自己多说的，更加清晰了解顾客异议；给自己处理顾客异议以时间。

步骤二：对顾客表示尊重和理解。当顾客述说完自己的异议时，从客户角度用语言表示对客户的尊重和同情，并为其分忧解难。

步骤三：将顾客意见归纳复述，以确认问题的真正所在。其好处就是归纳和复述可以帮助客户清晰自己的思路；通过归纳复述客户异议，也暗示客户异议得到解决就应该成交率。

步骤四：针对客户的忧虑，进行解释或提出合理的建议。

步骤五：提出的建议要征得客户的最终同意，并要求顾客成交。

【实训模块 8】 客户渗透

练习

假如你是一家知名巧克力生产公司的业务代表，你的销售对象是沃尔玛超市，你怎样进行客户渗透？以组为单位写出客户渗透的报告。

【知识点】

如果对客户陌生得不知道他们的需求，销售成功只是运气好，真正的销售需要进行客户渗透。客户渗透是对客户更加深入了解，定性定量地分析客户的需求、生意表现、财务状况等，从中发现生意机会，进而取得客户信任的一种途径。

一、客户渗透的重要性

让顾客感觉到推销员的重视，并建立两者之间的信任关系。推销员不是简单的销售代表，而是资深的客户顾问，通过了解顾客生意和现状，帮助顾客发展生意，共同发展。在帮助顾客发展的时候，与顾客建立信任关系，从而间接帮助自己的销售。

有助于了解客户的具体利益，促使企业发展具体和有意义的利益。不同客户的需求有差别，应充分了解客户的需求，并根据客户利益来打造产品利益，真正能够满足他们个人或生意上的需求，否则客户是不会购买产品的。

通过客户渗透可以提高核心推销技巧。客户渗透使推销员更加了解客户，在推销过程中，就会制订恰当拜访计划，并采用有效的沟通技巧，让顾客产生兴趣，采用针对性强的说服性方法有效处理反对意见，从而实现推销目标。

二、客户渗透的内容

了解客户的策略目标，OGMS（Objective（目标）、Goals（目的）、计划（Strategies）、策略（Measures））。

了解客户的组织架构，即系统或结构。当客户是一个大型企业，其规模越变越大，复杂的系统结构将在购买决策过程中起重要作用，推销员需要了解客户的规模、组织结构图、员工角色与职责、人员考核标准、工作流程等。如推销员想要客户快点付款，需要知道客户财务系统的运作、是财务经理还是行政管理文员作出付款时间的决策。

客户现在状况（数据）。客户有关数据主要包括客户现在的经营状况和影响经营状况的各种因素两个方面。具体为客户现在拥有的实力（流动资金、仓储能力、能力资源储备）、客户的竞争优势和劣势（销售量、存货标准、缺货比率、市场占有率、促销活动类型及效果）、客户所处的外部环境的冲击（经济形势、税收政策、财务政策等）。了解客户的具体数据有助于了解顾客多元化的利益，帮助推销员决定采用哪些销售技巧来促进交易的完成。

客户文化。无论是大客户还是小客户，运作内部都有一种文化。如果是一个单独的小客户，他可能是店主的文化习惯；如果是一个大客户，要了解客户内部文化及处理事物的方式方法，这样有利于缩短成功进程，或使你避免与某些公司文化习惯有所冲突。

客户客情关系。首先了解客户与哪些推销企业有合作关系；其次是了解采购决策人的喜好；再次是采购客户决策人持有什么样的观念；最后就是如何利用关系将你们的企业之间的采购关系转变为私人关系。

三、客户渗透的方法

重温客户记录。将有关客户的信息和客户所在行业的信息进行存档，并不断更新客户记录的系统和工具（如客户手册、客户档案和销售手册），通过整理和研究客户信息和行业信息，能够分析客户生意趋势和背后的原因，进而采取有效的对策。

个人观察技巧。用我们的眼睛观察客户及竞争对手在市场上的表现，观察客户办公室的进展图标和政策内容，观察客户生意运作的流程（仓库的工作流程）及工作氛围。

使用沟通技巧。在推销过程中，通过与客户面对面或与客户会谈中尽量提一些相关问题，尽量了解客户的信息。要做好评估工作，不断验证与客户交流过程中获得的信息的真实性和准确性。

四、客户渗透步骤

（1）客户关系分析。推销员的销售费用、时间和精力等资源有限，可是客户却是无限的，因此推销员必须全面完整地收集客户资料并进行分析，才可以找到真正目标客户并制订销售计划。

（2）建立客户信任。客户关系分成认识、约会、信赖和同盟四个阶段，当推销员发现客户存在明确销售计划时，采取销售组合迅速推进客户关系。

（3）挖掘客户需求。需求是客户采购中核心要素，推销员必须要全面、完整、深入和有共识地掌握客户需求，为后续的推销做好铺垫。

（4）呈现价值。推销目的是完成交易，满足顾客需求。顾客同意销售的前提是认可销售价值。呈现价值的关键是在于竞争策略，而正确的竞争策略则产生于竞争分析。

（5）赢取承诺。价格、服务和交货时间等承诺是顾客的关注焦点，在这个阶段推销员与顾客围绕承诺达成一致。对于简单的产品销售和复杂的销售，推销员应采取不同销售步骤。

（6）跟进服务。签订合同不是推销的最后一步，在这个阶段推销员还应该跟进其服务，确保顾客满意和留住老顾客。

【实训模块9】 销售推进与跟踪

练习

假如你是一位保险公司业务员，经过你的拜访，发现客户王先生35岁已经有购买健康保险的意向，请根据所掌握的情况制订一份销售跟踪计划表。

销售跟踪计划表

销售员：　　　　所属区域：　　　　　　填表时间：

起止时间	购买阶段	跟踪频率	跟踪目的	销售障碍	推动策略	备注
工作总结						

【知识点】

作为推销员，无论你如何安排方案或进行有说服力的介绍，还是可能会碰到各种各样的阻碍。当销售过程停滞不前时，怎样去探索隐藏在背后的障碍，并高效地消除这些障碍，使销售得以推进？80%的成功销售来源于4~11次的销售跟踪。同时还需要在推销中对客户不断地跟踪，让客户记住你，让客户采取购买行动时首先想到你。对于已经成交的客户，跟踪客户是一种保留顾客的有效方法。

一、销售推进程序

（1）分析客人犹豫不决的因素。可能会来自客户需求、产品、供货源、价格和时间。

（2）找到解决办法、推动推销工作。向客户证实自己理解需求，能提供高价值的方案，解决问题的能力优于对手，从而推动推销工作。面对不同障碍，推动策略有所不同，见下表：

障碍类型	销售障碍	推动策略
与消费需求有关	不需要	证明购买你的产品是最明智的。
与产品有关	产品知名度不高	1. 从满意使用者处得到第三方证词，消除顾客的疑虑。
		2. 进行有效的演示证实产品的优点，消除顾客的疑虑。
	产品不受欢迎	讲述其他公司的使用情况。
		使用后是怎样的效果。
	不喜欢该种产品	澄清客户所获得的任何有关你产品的误传信息。
	喜欢现有产品而不愿意接受新产品	陈述你的产品带来哪些利益，而这些利益与当前客户使用产品所带来的利益相比，有巨大的优越性。
		重新构造新产品，更好地满足客户的需求。
与货源有关（不在本推销员处购买）	不愿意与以往的采购商断绝关系	努力识别问题，通过很好地提问，也许能比竞争对手更好地理解客户存在的问题。
		指出客户会从另一货源处受益，但不要求客户与当前供应商断绝关系。
		指明客户的首要责任是对其所在企业负责，需要不断寻找维持或增加利润的方法。
		不要从客户视线中消失，与潜在客户保持联系。
与价格有关	能不能降价或降价多少就今天订货	提取产品优点来增加价值。
		不要把价格作为销售陈述的焦点。
		介绍价格时不要勉强。
与价值有关	价值不大或是否真的有效	把价格与价值联系起来。
		指出价格和质量的关系。
		要解释价格和成本的不同之处。
		当确实面临竞争压力的价格，可以考虑减少产品的特性。
与时间有关（销售延迟，暂不订货或推迟订货）	暂时还不没想好或没有时间	可以考虑提问，确定消极的情感。“你对我们公司的感觉怎样？”“你们是否关注我们的担保计划？”
		对潜在客户现在购买确实能从购买中获益进行劝说。
		及时与客户沟通。例如，如产品的价格马上会上升，或这种产品未来可能脱销。

（3）建立信任感。首先在情感上建立信任关系，如通过朋友介绍或利用自己的真诚和坚持来打动客户，或帮顾客做些对他来说具有价值的事情；其次可以在专业上建立信任感，如专业的提问、专业的语气语调等都可以帮助树立专业的销售形象。一旦与顾客建立信任感，顾客接受产品容易得多。

（4）兑现利益。当顾客接受提出的各种承诺方案，就必须兑现其承诺，如售后服务时间和服务的种类、成交价格、送货时间等，只要是推销人员承诺，就要不惜代价来兑现自己的承诺。如果不兑现自己的承诺，有可能造成顾客不满意，客户流失。

（5）取得订单。当所有工作完成需要进一步请求签单，这是前面工作的一种升华。

二、销售推进原则

销售推进的原则是快速让客户感受到可信任、有必要、紧迫性和价值感。

让顾客觉得购买所需要的信息是透明的，因此购买是安全的，没有很大的购买风险，值得信任。

让客户感觉对产品是有需要的。通过顾客能感知到的事实让客户间接或直接感觉到问题，并产生共鸣，意识到购买推销品的必要性。

当客户感觉到有问题时，要让客户感觉到问题比较严重不要等或不能等。增加顾客紧迫感的策略有图像法，即把问题深入剖析，如果不解决，接下来就会产生严重后果；还可以通过数字法，将问题不解决带来的损失以数字量化表现；还可以采用聚焦法，从客户现状出发，详细指出其存在的问题以及提供解决方案，让客户深刻体会到问题确实存在，而且可以很快解决。

让客户感觉物有所值，甚至是超值的。主要从以下几个方面考虑：成本核算，客户觉得不值的原因可能是产品透明度不够，客户没法判断价值，所以需要突出产品价值，如产品的做工、原材料、品牌和人工成本等方面来说明；解决问题的价值，产品是用来解决问题，一般推销员会介绍产品可以解决什么问题，但是客户买的不是解决问题的，而是解决问题的价值，这就需要推销员强调解决客户问题后的价值；超值部分价值要具体量化，通过数字使价值更加形象化；还可以根据客户习惯的方式塑造客户价值，并通过打折促销进一步提高客户价值。

三、销售跟踪

跟踪是在销售过程中或交易完成后的不断与客户联系，让客户记住你，并在与客户沟通过程中发现销售推进的方向与策略，还有可能在销售跟踪中获取新顾客和新订单。

制订跟踪计划。当工作比较忙的时候跟踪可能就会被忽略，因此有必要根据客户等级制订跟踪计划表，包括跟踪谁、谁跟踪、如何跟踪、跟踪频率。虽然只是时隔数日的电话联系或一封邮件，客户都喜欢受到注意和支持，你的跟踪可能会促使他们帮助你介绍新客户。

服务跟进。顾客不仅要购买产品，还要购买服务，主动与客户联系和沟通，进行回访工作有利于协助和监督服务部门做好工作，从而使客户更加满意，赢得客户的忠诚。

对客户购买后的期望作出反应。根据客户购买产品不同阶段反应进行预测，客户会提出哪些问题，预先想好应对策略。

监控客户满意度。推销企业越来越依赖推销员持续关注客户的需要、兴趣以及未来的打算。以前企业主要对推销员的业务量考核，但是越来越多的公司意识到客户满意的重要性。在销售过程中将客户满意度进行监控，提前了解和发现问题，在问题积累之前将问题解决掉，从而赢得客户更大的满意。

四、销售跟踪的策略

注意系统连续进行追踪。打电话（半月一问候）或短信（每日一笑）、特殊的日子给老客户寄亲笔信，这样保证跟踪的的系统性，而不是时断时续。

采取较为特殊的跟踪方式，加深顾客印象。很多竞争对手也会对顾客进行跟踪，但是顾客的记忆容量是有限的，要让顾客会记得住，这就要求你跟踪的方式与众不同，创造性地采用一些跟踪方式。

为每一跟踪找到漂亮的借口。可以巧妙利用免费赠品（包括礼品、服务）、个人交往、节假日拜访、促销活动等进行跟踪。

注意两次跟踪之间的间隔，不能太长或太短，推荐的间隔是 2~3 周。时间间隔过长顾客已经淡忘；间隔时间过短，顾客会产生厌烦心理，会得不偿失。

不要过分流露你强烈成交的渴望。调整自己的心态，试着帮助客户解决问题，了解客户最近在想些什么、做些什么，工作进行得如何。如果在跟踪过程中流露出签单的欲望，不仅不会加深顾客对你的印象，反而会产生一种消极心理。

【问题思考】

1. 销售推进与销售跟踪有什么异同？
2. 如何灵活选择合适的产品演示方法？
3. 怎样设计客户接近的开场白？
4. 如何有效破解客户异议？
5. 谈谈客户渗透的方法？
6. 如何克服推销过程中的心理障碍？
7. 如何更好地约见顾客和接近顾客？
8. 整个推销过程需要注意什么？

实训项目九 推销模式实训

【实训目的与要求】

1. 熟练掌握并学会运用推销顾客方格理论。
2. 熟练运用顾客体验营销方式。
3. 了解并熟悉会议推销的种类。
4. 准确掌握各种销售模式的概念及适用场合。

【实训学时】

本项目建议实训学时：4 学时。

【背景素材】

假设你是一名家用电器营销公司的销售员。夏天到了，公司要求你去调查和确定顾客对不同品牌家用经济型电扇的态度和看法。利用这些信息，你可以知道公司应该和哪些品牌生产商合作，同时向公司的销售人员提供建议，帮助他们，使其与光顾他们零售店的顾客一起讨论经济型电扇时，更能有的放矢。

你决定利用周日在一家坐落于高收入社区的商店里举办一场座谈会，同时借助广告宣传推出公司夏季的特别服务。在座谈期间，你请大家就座之后，感谢他们的光临，同时邀请他们谈谈对家用经济型电扇的看法。

有些人认为，购买家用经济型电扇无须考虑品牌，然而一旦选定了一种品牌，他们就会去经销这种品牌的各家商店了解行情，而后从价格最便宜的商店购买。有些人则认为，家里已有空调，并不打算买电扇，但也可以考虑考虑。

人们获得家用电扇信息的来源有个人关系（如朋友），商业渠道（如广告、销售人员、公司的广告传单），以及公共渠道（如消费者协会）。60%的人把选择电扇的范围缩小到三种品牌："钻石""万宝""红山花"，而且他们关心的是电扇的三种因素：价位、质量和样式。

综合本节知识，根据给出的信息假定当顾客走进商店时，销售人员应如何去做？

【实训内容】

熟练掌握各种推销模式，并学会在不同的情境下，如何选择运用合适的推销模式实现成功推销。

【实训模块1】 推销方格应用

推销方格理论是根据推销员在推销过程中对买卖成败及与顾客的沟通重视程度之间的差别，将推销员在推销中对待顾客与销售活动的心态划分为不同类型。推销方格显示了由于推销员对顾客与销售关心的不同程度而形成的不同的心理状态。

练习

推销方法自测

下列每题分A至E五个陈述句。先将六道题略看一遍，然后逐题回答，对每题的五个陈述句加以排列，对你认为最合适的陈述句给5分，次之给4分，再次给3分，依此类推，最后对不合适的给1分。

第1题

A. 我接受顾客的决定。

B. 我十分重视维持与顾客之间的良好关系。

C. 我善于寻找一种对客我双方均为可行的结果。

D. 我在任何困难下都要找出一个结果来。

E. 我希望在双方相互了解和同意的基础上获得结果。

第2题

A. 我能够接受顾客的全部意见和各种态度，并且避免提出反对意见。

B. 我乐于接受顾客的各种意见的态度，更善于表达自己的意见和态度。

C. 当顾客的意见和态度与我的意见和态度发生分歧时，我就采取折中办法。

D. 我总是坚持自己意见和态度。

E. 我愿意听取别人不同的意见和态度，我有自己独立的见解，但是当别人的意见更为完善时，我能改变自己原来的立场。

第3题

A. 我认为多一事不如少一事。

B. 我支持和鼓励别人做他想做的事情。

C. 我善于提出积极的合理化建议，以利于事业的顺利进行。

D. 我了解自己的真实追求，并且要求别人也接受我的追求。

E. 我把全部精力倾注在我从事的事业之中，并且也热爱、关心别人的事业。

第4题

A. 当冲突发生的时候，我总是保持中立，并且尽量避免惹是生非。

B. 我总是千方百计避免发生冲突，万一出现冲突，我也会设法去消除它。

C. 当冲突发生的时候，我会尽力保持镇定，不抱成见，并且设法找出一个公平合理的解决方法。

D. 当冲突发生的时候，我会设法击败对方，赢得胜利。

E. 当冲突发生的时候，我会设法找出冲突根源，并且有条不紊地寻求解决方法，消除冲突。

第 5 题

A. 为了保持中立，我很少被人激怒。

B. 为了避免个人情绪干扰，我常常以温和、友好的态度来对待别人。

C. 当情绪紧张时，我就不知所措，无法避免更进一步的压力。

D. 当情绪不对劲时，我会尽力保持冷静，抗拒外来的压力。

E. 当情绪不佳时，我会设法将它隐藏起来。

第 6 题

A. 我的幽默感常常让人觉得莫名其妙。

B. 我的幽默感主要是为了维持良好的人际关系，希望利用自己的幽默感来冲淡严肃的气氛。

C. 我希望我的幽默感具有一定的说服力，可以让别人接受我的意见。

D. 我的幽默感很难觉察。

E. 我的幽默感一针见血，别人很容易觉察到，即使在高度压力下，我仍然能够保持自己的幽默感。

答完以上各题后，请将每一题里每个方案的得分填写在表 9.1 的空格里，然后将纵列的分数相加，每列的总计最多 30 分，最少 6 分，哪一列的总计最高，你就属于（或者说接近于）哪一类型。例如，你在（1，1）列得分 30 分，而在（5，5）列得分 20 分，则表示你较接近于（1，1）型。

表 9.1　推销方格理论应用评分表

类型 / 得分 / 题目	（1，1）型	（1，9）型	（5，5）型	（9，1）型	（9，9）型
第 1 题	A1	B1	C1	D1	E1
第 2 题	A2	B2	C2	D2	E2
第 3 题	A3	B3	C3	D3	E3
第 4 题	A4	B4	C4	D4	E4
第 5 题	A5	B5	C5	D5	E5
第 6 题	A6	B6	C6	D6	E6
总分					

【知识点】推销方格图（见图 9-1）

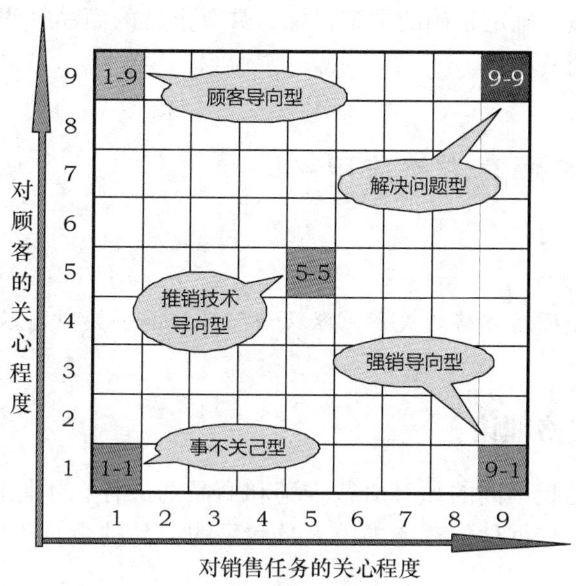

图 9-1 推销方格图

（一）（1-1）事不关己型（Take It or Leave It）

处于这种心态的推销人员既不关心顾客，也不关心销售。他们对本职工作态度冷漠，不负责任，没有明确的工作目的，缺乏成就感。

（二）（9-1）强力推销型（Push The Product Oriented）

处于这种心态的推销人员只知道关心推销效果，而不管顾客的实际需要和购买心理。

（三）（1-9）顾客导向型（Customer Relations Oriented）

处于这种心态的推销人员只关心顾客，而不关心销售。

（四）（5-5）推销技巧型（Sales Technique Oriented）

这种心态的推销人员既关心业绩完成程度，又关心顾客满意程度。当与顾客发生异议时，就采取折中立场，尽量避免出现不愉快的情况。这种推销心理实质上是在一种温和气氛中巧妙运用推销技巧，以达成交易，而不是从顾客角度出发设法满足其需要。

（五）（9-9）解决问题型（Problem Solving Oriented）

这类推销人员了解自己、了解顾客、了解推销品。了解推销环境，有强烈事业心和责任感，真诚关心顾客，能够把自己推销工作与顾客实际需要结合起来。处于这种心态的推销人员是最理想的推销专家，他们真正认识到推销工作的实际意义，认识到推销工作的社会责任，具有正确的推销观。

无论何种心态的推销员都要努力培养正确的推销心态。包括：努力提高自身的思想和业务素质；在推销中具有正确的指导思想和基本原则；树立良好的推销道德；熟悉并能充分认识环境；确定正确的推销目标；具有丰富的商品知识，熟悉推销的商品；善于掌握消费者的消费心理。

【实训模块 2】 顾客方格应用

练习

讨论推销方格与顾客方格的关系，以及如何针对不同类型顾客进行推销。

【知识点】顾客方格理论

顾客方格理论是指不同的顾客对待推销和商品购买存在不同的心态，这种心态在推销方格理论中，也依据他们对待推销人员和采购商品的重视程度而划分成不同的类型。见图 9-2。

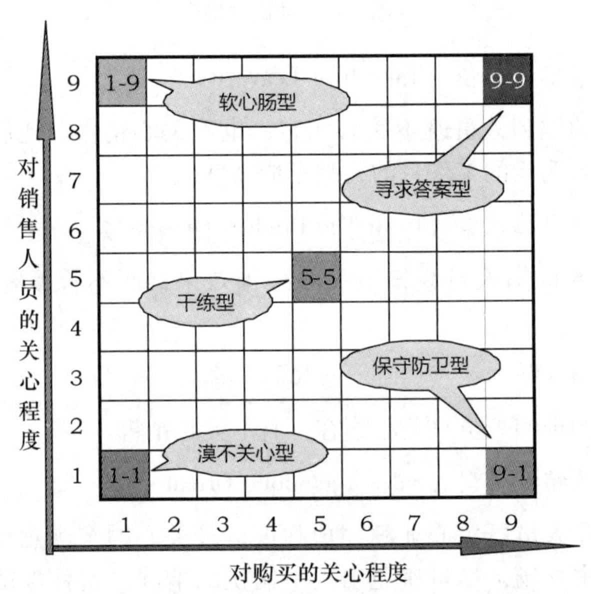

图 9-2 顾客方格图

（一）（1-1）漠不关心型（Couldn't Care Less）

持这种购买心理态度的人，对推销人员和购买行为都不关心。

（二）（1-9）软心肠型（Pushover）

持这种心理态度的顾客，重感情、轻利益，极容易被说服打动。

（三）（9-1）保守防卫型（Defensive Purchaser）

这种类型的购买者与上一类型正好相反，他们怀疑一切，不轻易相信别人，把推销人员看作不诚实、不可靠的人，对别人的友好态度存在强烈的抵触情绪，对推销人员采取防卫态度。

（四）（5-5）干练型（Reputation Buyer）

处于这种心态的顾客，既关心自己的购买行为，又关心推销人员，是一种比较合理的购买心理。

（五）（9-9）寻求答案型（Solution Purchaser）

这类顾客是最成熟的顾客，他们十分理智，不会凭感情办事。

【实训模块3】 顾客体验式推销

练习

甲：你一生从未如此幸运。上月你无意买了一张彩票，这周开奖了，你发现你的号码可以领到500万人民币。太开心啦……这样的狂喜来得太突然了，你在想，我现在最想做的三件事情是什么呢？

请大家用1分钟时间思考，用2分钟把你想做的事情写在白纸上，越详细越好！

乙：你在一家公司工作，这家公司的名字叫“甲方乙方”，公司的业务是帮助客人实现他们的梦想。这似乎是很平常的一天，眼看关门的时间就要到了，这时来了一位客人，他看起来是如此兴奋，好像刚刚中了500万似的……

请你用3分钟时间对这位客户进行询问，并将把信息记录在白纸上，越详细越好！

【知识点】

体验推销又称体验式推销，其理论基础来源于20世纪末在西方兴起的体验营销（Experiential Marketing），也称体验式营销。

体验推销应具备站在消费者的感官（Sense）、情感（Feel）、思考（Think）、行动（Act）、关联（Relate）五个方面，重新定义、设计营销的思考方式。此种思考方式突破传统上“理性消费者”的假设，认为消费者消费时是理性与感性兼具的，消费者在消费前、消费时、消费后的体验，才是研究消费者行为与企业品牌经营的关键。

一、体验式推销步骤

（一）尊贵连接（见图9-3）

1. 视觉：从仪容、仪态角度连接。
2. 感觉：从体验角度连接。

创造自由空间：给顾客一些自由的空间，可以让他放松下来；注意观察顾客的行为，以便为再次连接做准备。

再次连接的机会：通过观察，把握再次和顾客沟通的时机，如当顾客直接要求帮助时；当顾客长时间停下来看一款产品，并抬头有目光接触时；当顾客停下来，似乎在等待服务时；当顾客快离开时。

3. 听觉：从语言角度连接。

个性化的问候语：问候可以让顾客感到被关注和尊重；个性化的问候会让顾客感到更加放松和亲切。

称赞的方法：包括单纯型称赞、变更称呼型称赞、比喻型称赞、所有物型称赞。

称赞的原则=真诚×投其所好。

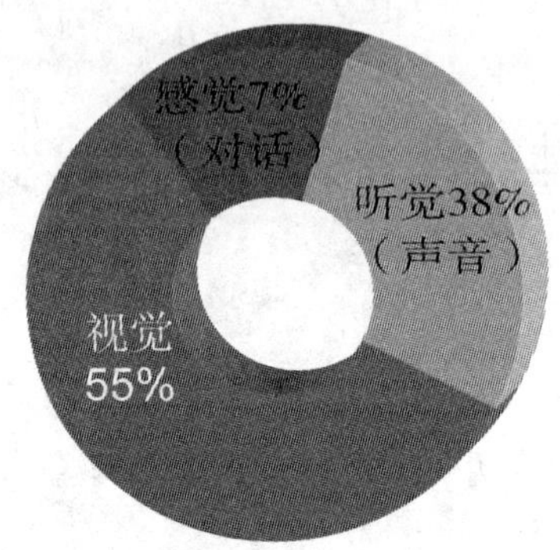

图 9-3　尊贵连接各要素及其所占比例

建立尊贵连接时，尽力做顾客的镜子，即模仿。如情绪同步、讲话速度同步、音量同步、语言文字同步、动作同步等。

（二）个性化体验

1. 引导顾客亲身体验。播放视频，关注顾客在店中的浏览视频表情等。

2. 创造顾客惊喜体验。从产品讲解、产品演示、引导顾客体验产品三个方面进行。

3. 与顾客确认其体验感受。从两个方面进行：

第一，引导顾客描述其体验感受、强调产品尊贵体验。

第二，注意倾听（BMW）。

Body——和客户对视的时候要有良好的接触，视线放到对方的鼻梁处；点头确认，在和顾客交谈时，讲到要点的时候一定要点头。

Mind——观察顾客：可以从年龄、服饰、语言、身体语言、行为、职业、喜好、生活习惯等方面进行，注意礼貌。聆听顾客没说的内容：聆听顾客没有说或者不知道要说，但是对他其实很重要的方面。揣摩顾客心理：不断问自己，顾客最需要的是什么？最吸引他的是什么？注重的是产品的哪些方面（至少三个）？

Word——重复重点（平时要多锻炼）。在与客户谈话中断后或谈话中，重复对方最后几个字。询问，并要说他们最喜欢听的话，尽量说他们的话。

（三）探询需求

运用开放式问题（Who、What、Why、Where、When、How，5W1H）探询顾客需求。包括：

1. 现状询问。了解客户的概况，帮助你有效发现客户潜在的需求。见图 9-4。

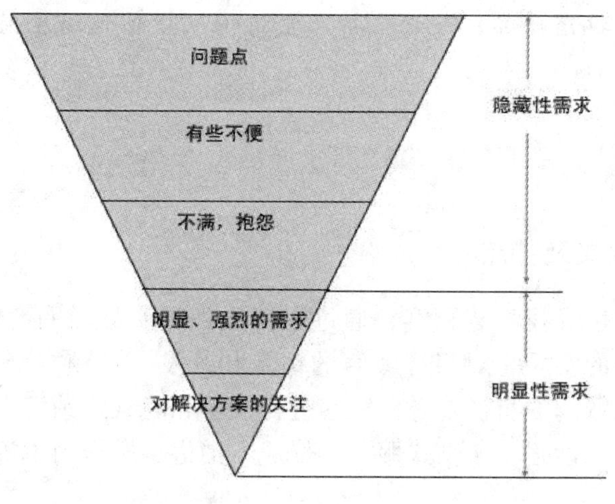

图 9-4 客户需求发现

2. 问题询问。针对客户的现状提问，引导客户说出隐藏性需求；确认客户的问题点，并开始与客户探讨共同关心的问题。

3. 暗示询问。对客户关心的问题产生的后果的询问；让客户明了问题点对其深刻的影响，是将客户隐藏性需求转化为明显性需求的工具。

（四）成交

1. 语言信号。包括：顾客对该产品的促销活动、价格、售后等进行咨询；征求同伴的意见；开始比较价格。

2. 行为信号。包括：目光停留在一款产品上；不停地仔细观察，操作产品；非常注意销售人员的言行；不住点头；第二次再来观看产品；观察产品有无瑕疵。

3. 促成顾客做决定。用一些语言引导顾客做出购买决定。如：二选一法、请求成交法、优惠成交法、假定成交法等。

（五）建立持久关系

1. 建立持久关系的目的。包括：保持与顾客建立永久关系，并给予顾客持久的尊贵印象；自始至终都让顾客感受到自己受重视，关系并不在顾客走出商店为止；让顾客有意愿再次光临。

2. 建立持久关系的三个关键因素。包括：感谢并赞美；如已成交，专业填写销售单据；记录客户档案信息，如：姓名、电话、家庭成员数量、兴趣点、成交明细、邮件地址等。

【实训模块4】 会议（会展）推销

练习

分小组确定会议推销商品，设计主持人主持词及模拟现场主持。其他同学点评，老师总结。

【知识点】

一、会议推销含义及特点

会议推销是指通过寻找特定顾客，通过亲情服务和产品说明会的方法销售产品的销售模式。会议推销的实质是对目标顾客的锁定和开发，对顾客全方位输出企业形象和产品知识，以专家顾问的身份对意向顾客进行关怀和隐藏式销售。

会议推销具有针对性强、亲情式服务、低成本销售、操作简单等特点。

二、会议推销的优势

会议推销具有可以低成本、低费用运作；可以实现资金快速周转；可以避免媒体浪费，合理使用资金；赢利模式容易复制操作使业绩倍增；可以更有效地开发潜在顾客；便于满足消费者个性化的需求；可以更快、更直接收集市场信息；可以运用环境营销有效引导消费者；可以隐蔽性操作；排他性强等优势。

三、会议推销的种类

（一）终端会议推销

终端会议推销主要是针对潜在的顾客消费群体，通过会议把潜在顾客组织起来，运用直接的产品知识介绍、试用、体验、沟通、交流、咨询等形式进行产品的销售，或采用科普讲座、联谊、娱乐、学习、教育等方式，寓销于乐、寓销于学，宣传公司形象、公司品牌，从而间接销售公司产品。典型的终端会有科普讲座、会员联谊、增值服务活动等。

（二）招商会议推销

招商会议推销主要是针对潜在的投资商、经销商、代理商、加盟商等进行宣传的一种会议推销模式。

（三）经销商会议推销

经销商会议推销主要是针对已经成为经销商的客户，为维护、锁定其成为长久经销商的一种会议推销模式。典型的经销商会议有新产品订货会、销售年会、经销商培训会、经销商表彰会。

（四）新产品发布会式会议推销

通过介绍新产品的新特点、新功能、新优惠政策吸引顾进行销售。通常一般公司推出新产品时为了迅速推广市场，占领份额，会出台一系列的促销优惠政策，而顾客“想占便宜、买便宜货的心态”往往容易实现推销效果。

（五）培训式会议推销

培训式会议推销是指企业以培训、讲座的形式来销售产品的一种营销活动。通过培训、讲座既可以销售产品，又可以获取顾客的详细数据，如姓名、地址、电话等个人及家庭详细资料。培训会议推销的几种形式：管理论坛、沙龙讨论、对话。

（六）旅游式会议推销

旅游营销是指企业通过以旅游为吸引点，用车辆将目标顾客送到事先选定安排好的旅游景点游玩，在游玩的过程中，培养营销员与顾客之间的感情，然后通过健康讨论、讲座和咨询等形式来达到产品销售的一种营销活动。

（七）顾客答谢式会议推销

其是指企业为了答谢广大客户长期以来对公司的支持与厚爱，用会议做载体，以回报社会、回报顾客为宗旨，通过抽奖、有奖问答等系列活动来促销产品的一种销售活动。

（八）顾客联谊式会议推销

其是指企业以举办联谊会为手段，在丰富多彩的节目表演中穿插产品知识讲座，达到销售产品的一种营销活动。

（九）慈善公益式会议推销

通过一系列爱心体验活动，在公众中树立起企业良好、健康、关爱社会等形象，使品牌深入人心。例如，某公司免费为医院患有癌症的顾客提供肿瘤保健食品的活动就使得公司在社会上取得了很好的影响。

（十）户外活动式会议推销

户外活动会议推销就是通过拓展训练、郊游、定向越野、野营等户外的群体活动方式进行的营销活动。

四、会议推销的 ABC 法则

ABC 法则被直销界称为黄金法则，具有极高的成功率。ABC 法则也叫借力使力法则。A 是 Adviser，代表顾问，你可以借力的第三方力量；B 是 Bridge，代表桥梁，就是你自己；C 是 Customer，代表顾客，你希望接纳你的产品的人。

在销售过程中，你作为 B 这个角色的使命就是在 C 和 A 之间建立一座桥梁，然后闭嘴。

常见 A（除你以外的第三方、第三者、第三物）的表现形式有：

公信力组织。组织、政府、大学、协会、出版社、媒体（包括报纸、互联网）、机构（包括认证、评比、检测）、团体等。

第三人。其他顾客、政府官员、教授、专家、学者、明星、名人、供应商、经常碰到的人等。

第三物。设施设备、环境、手册、实物、光碟、图片、名人评价、证书、奖章、证牌、证章、产品目录、产品介绍、公司报纸杂志、公司网站等。

五、会议推销的步骤

（一）会前准备

1. 会前策划。做好全盘准备工作，使整个策划过程有理有据。

2. 数据收集。包括：通过人际链收集；通过购买顾客档案收集；通过调查问卷收集；通过联盟收集；通过媒体广告收集；通过老顾客介绍收集。

3. 会前邀请。包括电话邀约，拜访邀约等方式。注意千万不能盲目邀请前期沟通不足的顾客，这样会造成顾客资源的严重浪费；千万不能超过预定的参会人数，超员的后果会使会议现场的局面失控，会在到会的顾客中产生负面效应，还会造成与顾客的沟通不充分、不到位，这样会降低成效率。

4. 预热与调查。顾客到会后，员工并不知道哪些顾客会在现场购买产品，因此在会前对顾客的调查和预热就显得十分重要，如果在会前能充分预热，当会议进行到售货环节时，员工便可以直接提出要求准顾客购买的信息。

5. 会前模拟。为了确保每个环节都能顺利进行，会议组（包括策划、主持人、专家、音响师、检查人员、销售代表等）应在会前进行模拟演练，发现漏洞及时调整。比如，销售代表应何时配合主持人鼓掌，何时音乐响起，何时专家出场，如何激励顾客互动等细节。

6. 会前动员。激励员工，让员工在联谊会中积极主动；确定明确的会议目标，让大家为之努力；做好分工，将联谊会中每个环节都责任落实到人。

7. 会场选择与布置。会场应尽量选择在当地知名度较高的场所；会场的容量较大，能给顾客提供一个宽松、愉悦的购物环境；配套设施应完善、服务应周到；视听的效果应良好。

8. 做好物品准备。必须准备好请柬，检测设备、顾客档案表、条幅、展板、证书复印件、照片、抽奖券、奖抽箱、签到本、礼品、抽奖奖品、人员分工表、奖励机制、老顾客的发言前期约定、音响、备货、水果、员工统一服装、公司宣传资料、迎宾绶带等。

9. 签到和迎宾。登记准顾客详细资料，员工与顾客间并不认识或熟悉时最好登记两次电话，以便核准。同时也要利用语气、态度和肢体语言加深与准顾客的交流，尽快熟悉。

10. 引导入场。将准顾客领到指定位置上。在会前邀约时就已经提到会为准顾客留一个位置，所以在准顾客到达会场后，一定要根据准顾客邀请函上销售代表的名字，由专人将准顾客领到该代表负责的座位上。

（二）会中组织

1. 会前提醒。按照预定时间对应邀的人员进行提醒，确认实际到场人数，将准备工作落实。

2. 情绪调动。包括员工情绪调动、顾客情绪调动、游戏活动、产品讲解、有奖问答、顾客发言、宣布喜讯、区分顾客、销售产品、结束送宾等。

（三）会后管理

会议推销会后的管理工作主要是回访工作，要通过回访掌握购买产品的消费者在使用产品中出现的情况，挖掘潜在顾客，促使他们购买。包括会后回访、回访劝购、顾客数据库建立、会后总结等。

其目的在于积累经验，引导员工以良好、积极的心态去面对成绩和失误，营造积极向上的团队氛围。

六、会议推销的策划

该部分要明确会议推销的主题、目的、形式和对象；选准会议推销的时机、日期和地点；预算费用、营销政策，通过上级部门的组织、协调，获得其他相关部门人员及其他资源等各方面的支持；充分且合理的分工；关注会议推销的相关细节。

【实训模块5】艾达（AIDI）模式

练习

某百货商场老板曾多次拒绝见一位服饰推销员，原因是该店多年来经营另一家公司的服饰，老板认为没有理由改变这固有的关系。后来这位服饰推销员在一次推销访问时，首先递给老板一张便笺，上面写着："你能否给我十分钟就一个经营问题提一点建议？"这张便条引起了老板的好奇心，推销员被请进门来。他拿出一批新式领带给老板看，并要求老板为这种产品报一个公道的价格。老板仔细地检查了产品，然后做出了认真的答复。

推销员也进行了一番讲解。眼看十分钟时间快到，推销员拎起皮包要走。然而老板要求再看看那些领带，并且按照推销员自己所报价格订购了一大批货，这个价格略低于老板本人所报价格。

思考：

1. 该推销员是如何赢得老板的会见的？

2. 该推销员采用了哪种推销模式？请具体谈谈。

3. 原本可以按顾客自己报的较高价格成交，可推销员为什么以略低于他的报价签约呢？

【知识点】

艾达模式是世界著名的推销专家海因兹·姆·戈德曼（Heinz M Goldmann）在《推销技巧——怎样赢得顾客》一书中首次总结出来的。艾达是四个英文字母 AIDA 的音译，也是四个英文单词的首字母：A 为 Attention，即引起注意；I 为 Interest，即唤起兴趣；D 为 Desire，即激发欲望；最后一个字母 A 为 Action，即促成购买。

艾达模式的具体内容可以用一句话来概括：一个成功的推销员必须把顾客的注意力吸引或者转移到所推销的产品上，使顾客对所推销的产品产生兴趣。这样，顾客的购买欲望也就随之产生，然后再促使顾客做出购买行动。

艾达（AIDI）模式主要适用于店堂的销售、易于携带的生活用品、办公用品的销售及销售人员面对陌生顾客的销售。

每一个销售人员都根据艾达模式检查自己的销售谈话内容，并向自己提出以下四个问题：①我的销售谈话是否能立即引起顾客的注意；②我的销售谈话能否使顾客感兴趣；③我的销售谈话能否使顾客意识到他需要我所推销的产品，从而促使顾客产生购买的欲望；④我的销售谈话是否使顾客最终采取了购买行动。

1. 引起顾客的兴趣

包括形象吸引法、语言口才吸引法、动作吸引法、产品吸引法。

2. 唤起顾客兴趣

包括向顾客展示销售的产品、了解顾客的基本情况。

3. 激起顾客的购买欲望

在这一阶段，销售人员要向顾客充分说理，即摆事实讲道理，为顾客提供充分的购买理由。销售人员应当将准备好的证据提供给顾客。这些证据包括：有关权威部门的鉴定、验证文件；有关技术与职能部门提供的资料、数据、认可证书；有关权威人士的指示、意见等；有关消费者的验证或鉴定文件、心得体会、来信来函等；有关部门颁发的证书、奖状、奖章等；各种统计资料、图表、订货单据等；各种大众媒介的宣传、报道与评论；若干真实的消费者购买事例。同时，销售人员还应向顾客充分说明购买产品的利益，通过与顾客的仔细盘算，把顾客可能得到的利益一一摆出来，仔细算出来，并且记录在案，使顾客对购买产品后可以得到的利益具体化、现实化。销售人员还可提出一些颇有吸引力的建议，使顾客确认这种购买是必需的、合理的，从而产生购买的念头。

4. 促成顾客的购买行动

在一般情况下，顾客即使对所销售的产品有兴趣并且有意购买，也支处于犹豫不决的状态。这时销售人员不应该悉听客便，而应不失时机地促使顾客进行关于购买的实质性思考，进一步说服顾客，帮助顾客强化购买意识，促使顾客实际进行购买。

【实训模块6】 迪伯达（DIPADA）模式

练习

好几年前，马却克自告奋勇去会见一名粗暴顽固的装运商。这位装运商一向以拒绝接见销售人员著称。当马却克先生到达这位装运商办公室时，果然不得其门而入。“我一直坐在门外等候，他的秘书好几次想把我请出去。”马却克先生回忆道，“后来，他终于让我进到办公室，却只是很粗暴无礼地对我说：‘你再等下去也没什么用处，反正我不会听你说话。’”这位年轻的业务代表回答：“你根本没有资格坐这个职位！因为你居然不想花一点时间，听别人告诉你怎么为公司省钱！”装运商显然被这一番说辞慑住了。于是马却克紧接着提出事实与数据来。十分钟之后，马却克离开装运商的办公室，并且为公司做了一笔交易。

思考：

1. 面对漠不关心型顾客，推销员应如何引起对方的兴趣？
2. 运用迪伯达推销模式理论谈谈推销员应如何证实所推销的产品符合顾客需求？

【知识点】

迪伯达模式是海因兹·姆·戈德曼根据自身推销经验总结出来的新模式，被认为是一种创造性的推销方法。迪伯达是六个英文字母 DIPADA 的音译。这六个英文字母分别为六个英文单词的第一个字母。它们表达了迪伯达模式的六个推销步骤：

1. 准确地发现顾客的需要与愿望（Definition）。
2. 把推销品与顾客需要结合起来（Identification）。
3. 证实所推销的产品符合顾客的需要（Proof）。
4. 促进顾客接受所推销的产品（Acceptance）。
5. 激起顾客的购买欲望（Desire）。
6. 促成顾客的购买行动（Action）。

迪伯达模式适用于生产资料市场、老顾客及熟悉的顾客、无形产品等，一般其顾客都有着明显的购买愿望和购买目标。无论是中间商的小批量进货、批发商的大批量进货，还是厂矿企业的进货；也无论是采购人员亲自上门求购，还是通过电话、网络等通信工具询问报价，只要是顾客主动与销售人员接洽，都是带有明确的需求目的的。

（一）准确地发现顾客的需求与愿望

常用的方法包括：市场调查预测法，推销人员可以利用科学深入的调查技术与预测技术以预测市场需求；市场咨询法，推销人员可以利用各种情报咨询机构或商业性咨询公司了解与发现市场需求；资料查找法；社交发现法；同行了解法；推销人员参观发现法；推销人员个人经验观察法，借鉴“望”“闻”“问”“切”“诊”等中医诊病的方法去了解顾客的需求；请教发现法；引导需求法；推销洽谈发现法；提问了解法等。

（二）把推销产品与顾客需要结合起来

常用的结合方法包括：

1. 物的结合。是指所推销产品的物理特征上的结合，是最根本、最直接、最有效的结合方式。

2. 信息结合法。如信息：棉制品受欢迎——产品：多销棉花、棉纱。

3. 关系结合法。包括：上行关系结合法，如银行、上级主管部门、资源提供者等；下行关系结合法，顾客的顾客即顾客产品的购买者；平行关系结合法，同行或其他业务关联单位。

4. 适当需求结合法。当顾客需求合理时采用该法。

5. 调整需求结合法。当顾客需求苛刻时采用该法。

6. 教育与引导需求结合法。当顾客无需求时采用该法。

（三）证实所推销产品符合顾客需求

按证据的提供者分类：人证、物证、例证；按证据的获取渠道分类：生产现场证据、销售与使用者现场证据、顾客体验证据；按证据的载体分类：文字证据、图片证据、电子证据。

（四）促进顾客接受所推销的产品

常用的方法包括顾客试用促进法、诱导促进法、询问促进法、示范检查促进法、等待接受法、总结促进法、确认书促进法。

激发顾客购买欲望以及促成顾客购买行动，和艾达模式类似。

【实训模块7】 费比（FABE）模式

FABE 模式是通过介绍和比较产品的特征（Feature）、优点（Advantage）、陈述产品给顾客带来的利益（Benefit）、提供令顾客信服的证据（Evidence），以便顺利实现销售目标的一种销售模式。

练习

运用费比模式推销法推销书海牌 SD-125 电子词典，将内容填入表格。

【背景资料】公司研发力量雄厚，拥有包括 8 名博士在内 50 多人的研发团队；在职员工 3000 多人，年产值 6000 多万元。

【特点】①该款电子词典词汇容量大，收录单词、词汇近 20 万条；分类方法科学，查找方便；②兼有英汉、汉英双向查找功能，为本品所独有；③标准真人发音，可设跟读、复读功能，学习方便；④拥有国家两项发明专利，系国家高等教育指导会重点推荐产品。

分组	F	A	B	E
A 组				
B 组				
……				

【知识点】费比（FABE）模式

1. Feature——把产品特征详细地介绍给顾客

销售人员见到顾客后，应以准确的语言向顾客介绍产品的特征。产品的特征一般包括产品的性能、构造、作用、使用的简易及方便程度、耐久性、经济性、外观特点及价格等。如果是新产品则更应该做详细的介绍。如果上述内容多且难记，销售人员可事先打印成广告式的宣传材料与卡片，以便向顾客介绍产品的特征时将材料与卡送给顾客，这样就能使顾客详细了解产品的特征。

2. Advantage——充分分析产品的优点

销售人员应在第一个步骤中介绍产品的特征，寻找出其特殊功能等。如果是新产品，务必说明该产品开发的背景、目的、设计的思想、开发的必要性以及相对于老产品的差别优势等。当面对的是具有较多专业知识的顾客，则应用专业术语进行介绍，并力求语言简练准确。

3. Benefit——阐述产品给顾客带来的利益

销售人员应在了解顾客需求的基础上，把产品所能带给顾客的利益，尽可能地向顾客列举出来。不仅要讲产品外表的、实体上的利益，更要讲产品给顾客带来的内在的、实质的及附加的利益。在对顾客需求了解不多的情况下，应边讲解边观察顾客的专注程度与表情变化，在顾客关注的方面要特别注意多介绍一下。

4. Evidence——以“证据”说服顾客购买

费比模式要求销售人员在销售中要避免用“最便宜”“最合算”“最耐用”等字眼，因为这些话已经令顾客反感而没有说服力了。销售人员应以真实的数字、案例、实物等证据，排除顾客的各种异议与疑虑，减少顾客的风险感，促成顾客购买。

【实训模块8】埃德帕（IDEPA）模式

练习

根据模块7提供素材，采用埃德帕（IDEPA）模式进行推销。分组进行，讨论后填表并阐述。

分组	I	D	E	P	A
A 组					
B 组					

【知识点】

IDEPA 模式是国际推销专家海英兹·姆·戈得曼（Heinz M Goldmann）总结的五个推销步骤，根据自己的推销经验总结出来的迪伯达模式的简化形式。

埃德帕（IDEPA）模式具体内容：

1. Identification：把推销的产品与顾客的愿望结合起来

在向顾客展示利益时，推销人员应该注意下述问题：商品利益必须符合实际，不可浮夸。在正式接近顾客之前，推销人员应该进行市场行情和用户情况调查，科学预测购买和使用产品可以使顾客获得的效益，并且要留有一定余地。

2. Demonstration：示范产品

所谓示范就是当着顾客的面展示并使用商品，以显示出你推销的商品确实具备能给顾客带来某些好处的功能，以便使顾客产生兴趣和信任。熟练地示范你推销的产品，不仅能吸引顾客的注意力，而且更能使顾客直接对产品发生兴趣。示范最能给人以直观的印象，示范效果如何将决定推销成功与否。因而，示范之前必须周密计划。

3. Elimination：淘汰不合适的产品

有些产品不符合顾客的愿望，我们称之为不合格产品。需要强调指出，推销人员在向顾客推销产品的时候，应及时筛选那些与顾客需要不吻合的产品，使顾客尽量买到合适的产品，但也不能轻易淘汰产品，要做一些客观的市场调研及分析。

4. Proof：证实顾客的选择是正确的

用案例证明顾客已选择的产品是合适的，该产品能满足消费者的需要。

5. Acceptance：接受某产品，作出购买决定

推销人员应针对顾客的具体特点和需要进行促销工作，并提供优惠的条件，以促使顾客购买推销的产品。

【实训模块 9】 吉姆（GEM）模式

练习

利用模块 7 素材，采用 GEM 模式进行推销模拟，分组讨论并填表阐述。

分组	G	E	M
A 组			
B 组			
C 组			

【知识点】吉姆模式

吉姆模式又称 GEM 模式，吉姆是英文单词推销品（Goods）、企业（Enterprise）、推销人员（Man）的第一个字母的组合 GEM 的音译。该模式旨在帮助培养推销人员的自信心，相信推销品、相信企业、相信自己，提高说服能力。见图 9-6。

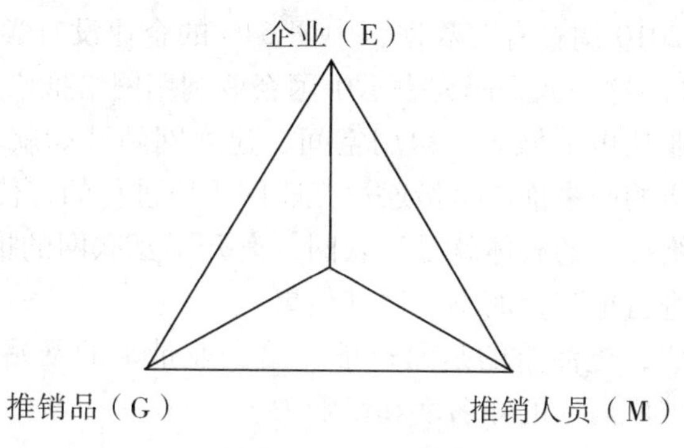

图 9-6　GEM 模式

1. Goods——相信推销品

推销人员应对推销品有全面、深刻的了解，同时要把推销品与竞争产品做比较，看到推销品的长处，对其充满信心。推销人员对产品的信心会感染顾客。

2. Enterprise——相信自己所代表的企业

要使推销人员相信自己的企业和产品，企业和产品的信誉是基础。信誉是依靠推销人员与企业的全体职工共同创造的。企业和产品的良好信誉能激发推销员自信和顾客的购买动机。

3. Man——相信自己

推销人员要有自信。推销人员应正确认识推销职业的重要性和自己的工作意义，以及未来的发展前景，使自己充满信心，这是推销成功的基础。

总之，推销人员在推销过程中应深入研究顾客对推销的心理认识过程，同时十分注重自己的态度与表现，才能成功地进行推销。

【实训模块10】 网络（论坛、社区）推广模式

练习

4~5人一组，每个小组选取一类产品，为其策划网络推广方案，不得重复题目。

【知识点】

一、网络推广含义

网络推广就是利用互联网进行宣传推广活动。被推广对象可以是企业、产品、政府以及个人等。根据2010调查有关数据，中国64%的企业没有尝试过网络推广，而在国外发达国家只有6%。这一调查研究表示中国企业利用网络推广还处于萌芽阶段。

从广义上讲，企业从申请域名、租用空间、建立网站开始就算是介入了网络推广活动，而通常我们所指的网络推广是指通过互联网手段进行的宣传推广等活动。

从狭义上讲，网络推广的载体就是互联网，离开了互联网的推广就不是网络推广，而且利用互联网必须进行推广，而不是做其他事。

网络推广重在推广，更注重的是通过推广给企业带来的网站流量、访问量、注册量等，目的是扩大被推广对象的知名度和影响力。

二、网络推广分类

（一）按范围分

对外推广。指针对站外潜在用户的推广。主要是通过一系列手段针对潜在用户进行营销推广，以达到增加网站PV、IP、会员数或收入的目的。

对内推广。专门针对网站内部的推广。比如如何增加用户浏览频率、如何激活流失用户、如何增加频道之间的互动等。

（二）按投入分

付费推广。就是需要花钱才能进行的推广。比如各种网络付费广告、竞价排名、杂志广告、CPM、CPC广告等。做付费推广，一定要考虑性价比，即使有钱也不能乱花，要让钱花出效果。

免费推广。是指在不用额外付费的情况下就能进行的推广。这样的方法很多，比如论坛推广、资源互换、软文推广、邮件群发等。

（三）按渠道分

常规手段。是指一些良性的、非常友好的推广方式。比如正常的广告、软文等。不过随着竞争的加剧，这种方式的效果越来越不明显了，通常需要开发新的方法，或是在细节上狠下功夫才能达到更好的效果。

非常规手段。就是指一些恶性的、非常不友好的方式。比如群发邮件、骗点、恶意网页代码，甚至在软件里插入病毒等。通常这种方法效果都很明显，但对于品牌形象可能会有负面影响，所以使用时，要把握好尺度。

（四）按目的分

品牌推广。以建立品牌形象为主的推广。这类推广一般都用非常规的方法进行，而且通常都会考虑付费广告。品牌推广有两个重要任务，一是树立良好的企业和产品形象，提高品牌知名度、美誉度和特色度；二是最终要将有相应品牌名称的产品销售出去。

流量推广。以提升流量为主的推广。

销售推广。以增加收入为主的推广，通常会配合销售人员来做。

会员推广。以增加会员注册量为主的推广，一般都以有奖注册，或是其他激励手段为主进行推广。

三、网络推广的方法

网络推广方法包括搜索引擎、友情链接、线下推广、信息发布、QQ 群、水印、群发以及微博等。

四、网络推广的产品

互联网上进行推广的产品可以是任何产品或者任何服务。随着网络的普及程度，几乎所有的行业都有专业的网络推广平台，所以这就涉及要针对自己产品特征，销售地区特征等，来选择适合自己的推广平台。

【实训模块 11】 佛伯纳斯（FOIPONAS）模式

练习

由有兼职经验的同学完成该练习，请对照“拜访前准备表”及“留下良好印象自我检查表”检查自己是否做好了拜访前的准备。对此前经历过的拜访前准备工作你有什么感想？与同学们分享。

【知识点】

一、寻找准顾客（Finding The Suspect）

寻找准顾客的方法包括地毯式拜访法、连锁式介绍法、中心开花法、委托助手法、资料查询法等。

二、接近准顾客（Opening The Interview）

接近准顾客包括间接接近和直接接近。直接接近即拜访，需要做好三项工作。

（一）拜访前准备

拜访前的准备自我检查表

项目	准备内容	自我检查	
		合格	不合格
1. 约定面谈	1. 事先约好访问的时间		
2. 面谈对象	2. 约好面谈对象		
3. 谈判计划	3. 参考上一次的面谈记录，决定这一次面谈的程序		
4. 服装	4. 检查一下服装仪容		
5. 销售工具	5. 准备好所需的销售工具及资料		
6. 话题	6. 从客户的兴趣或商业界中，事先选好话题		
7. 称赞用语	7. 事先准备好适合客户的称赞语		
8. 下次访问的机会	8. 事先想好如何制造下一次回访的机会		
9. 问题内容	9. 整理出想要知道的事情并且准备好问题		
10. 决定事项	10. 解决上次未完成的事项		
11. 车辆整理	11. 准备好营业车辆，并事先清洗干净		
12. 检查携带物品	12. 检查一下销售员必备的随身物品		

留下良好第一印象的自我检查表

项目	准备内容	自我检查	
		合格	不合格
1. 自信	1. 对公司及商品好好研究一番并充满自信		
	2. 对销售活动充满自信和自尊		
	3. 好好地做好访问的心理准备		
2. 服装	4. 整理好自己的服装仪容		
	5. 随身携带的物品必须清洁整齐		
	6. 箱包内物井然有序		
3. 仪表	7. 保持良好的体能状态		
	8. 努力去发掘对方的长处所在		
	9. 在镜子前面检阅一下自己的仪表		

续表

项目	准备内容	自我检查	
		合格	不合格
4. 打招呼	10. 使用适宜的寒暄词		
	11. 自我介绍必须简洁有力，才能留给对方深刻的印象		
	12. 介绍公司时必须简洁，富有魅力		
5. 感谢	13. 由衷感谢对方与你会面		
	14. 称赞对方或公司的长处		
	15. 用明朗的声音、清晰的口齿说话		
6. 动作	16. 熟悉基本动作		
	17. 留心机敏的动作		
	18. 对客户要抱着尊敬之心		

（二）拜访前预约

（三）见面时开场白

建立一个和谐的气氛；建立一个积极的处境；制造兴趣获取信任；弄清楚时间安排；进入你需要说的话题；解释全部会面的目的。

三、确认需求和问题（Identifying The Need And Problem）

（一）问题及困难

包括客户不愿倾听、客户带着消极的态度、客户说话太多、对销售拜访目的的错误理解、恶劣的经历、时间不足等。

（二）确定需要的技巧

包括激励合作、用公开中立型问题去获取无偏见的客户资料，用公开引导型问题能发掘更深，用肯定型问题去达到精简要求、总结、保险等问题。

四、介绍说明（Presentation And Demonstration）

推销过程中通常需要介绍至少四个方面内容：①产品特性。特性是产品和服务所包含的事实，产品的特性必须与客户的需求紧密挂钩。②利益。利益是客户从产品中获得的一种好处。③配合需要。将产品或服务的利益连接客户的需要。④用证明来说服。证明给客户知道其产品或服务的利益符合他的需要。

五、处理异议（Objections Dealing）

处理异议时需考虑的因素包括客户有两个选择要素：理性与感性；抗拒的根源在于个人价值观、经验；销售代表往往忽略感性的重要性；竞争对手能抄袭你的策略，但无法抄袭你与客户的关系；列举我们产品的特性及服务；将其给予客户的利益列出；列出客户的需要，并将其联系至有关利益；列出有关的问题以引发出客户的需要等。

六、协商谈判（Negotiation）

谈判就是要争取最有利的条件，客户购买决定往往是基于其理性分析产品、服务及感性受到销售员的影响。

七、促成交易（Action）

促成交易的方法包括问题法、签章法、选择法、假定法、利害分析法、警戒法、起死回生法、排除法、唯一障碍法等。

八、售后服务（Satisfaction）

售后服务往往被很多推销员忽略，良好的售后服务可以延长顾客的好感滞留期，为下一次推销打下基础，否则就成了一锤子买卖，自断后路。

【实训模块 12】 斯波恩（SPIN）模式

练习

按下表要求完成 SPIN 模式训练，最好两两相对，一人模拟推销员，一人模拟顾客。体会 SPIN 模式中不同的问题询问方式，并谈谈自己的体会。

项目	S	P	I	N
向学生推销化妆品				
向教师推销某品牌 SUV 轿车				

【知识点】

SPIN 模式主要是通过有效判断顾客的隐藏性需求，将隐藏性需求引导到明显性需求，再将明显性需求与产品或方案的利益相关联，最终有效地将顾客的明显性需求转化成对解决方案的渴望。

一、情景性（Situation）——状况询问

通过状况询问收集客户信息，如：你的意见如何；你从事什么行业；你的年销售额是多少；你们公司有多少员工；你用它多长时间了；哪些部门在用它等。

二、探究性（Problem）——问题询问

针对客户的提问，引导客户说出隐藏性需求，如：对你现在的设备是否满意；你

们正在使用的方案有什么缺陷；你现在使用的系统在负荷高峰时是不是很难承受；有没有考虑过供应商的信用问题等。目的是确认客户的问题点，并开始与客户探讨共同关心的问题。

三、暗示性（Implication）——暗示询问

询问客户关心的问题产生的后果。如：你说它们比较难操作，那么对你们的产量有什么影响；如果只培训三个人使用这设备，那不会产生工作瓶颈问题吗；这种人事变动对培训费用来说意味着什么；这样是否会导致成本增加等。目的是让客户明了问题点对其深刻的影响，是将客户隐藏性需求转化为明显性需求。

四、解决性（Need-Payoff）——需求满足询问

揭示自己产品的价值和意义，鼓励客户积极提出解决对策。如：解决这个问题对你很重要吗；你为什么觉得这个对策如此重要；还有没有其他可以帮助你的方法等。目的是将客户的明显性需求转化成对利益的渴望，同客户共同商议解决方案。

【问题思考】

1. 如何同时运用推销方格和顾客方格理论进行思考？
2. 如何采用顾客体验式推销？
3. 如何进行会议（会展）推销？会议推销有哪些步骤？
4. 艾达（AIDI）模式、迪伯达（DIPADA）模式有什么异同？
5. 如何运用费比（FABE）模式？
6. 如何运用吉姆（GEM）模式？
7. 如何运用网络（论坛、社区）推广模式？
8. 如何运用佛伯纳斯（FOIPONAS）模式？
9. 如何运用斯波恩（SPIN）模式？

实训项目十　推销方式与技巧实训

【实训目的与要求】

1. 掌握电话销售技巧。
2. 明确网络销售信息发布的方式，学会利用网络收集客户群信息。
3. 掌握 SMART 原则，学会运用该原则合理设定销售目标。
4. 灵活运用推销成交技巧。
5. 掌握销售团队建设及管理的方法。
6. 学会科学管理推销费用。
7. 注重细节，提高推销成功率。
8. 掌握销售信息的种类及来源，学会利用信息系统管理销售信息。
9. 学会科学管理促销物资、节约成本。
10. 了解客户资源管理系统。

【实训学时】

本项目建议实训学时：4 学时。

【实训内容】

通过对本章知识点的学习，要求学生能够熟练掌握电话、网络销售技巧。建设销售团队，合理设定销售目标；科学管理促销物资；学会收集客户信息。

【实训模块 1】 电话推销

练习

每学期期末时，与教材征订相关的教师几乎都会收到出版社业务员推销教材的电话，但大多数会被婉拒，其被拒绝语言常见的有 4 类：①“不，谢谢，我对我们现有教材很满意。”②“我不感兴趣。”③“我很忙。”④“把资料寄过来吧，先看看再联系。”

思考：

如果你是业务员，应如何避免以及如何应付此类回答？

【知识点】

一、电话推销前的准备

（一）熟悉商品

销售人员要对商品的销售程序，商品性能、优点、特点，使用方式和注意事项，是否获得什么荣誉或认证，商品价格，知名客户对该商品使用的良性反馈，市场占有率，优惠程度，与市场上同类商品相比的优势与不足，如何运输（大件商品），等等。对这些都要有充分了解并熟悉，在电话介绍时才能说得专业、适度而到位，并对客户提问能够自如回答，才有可能对客户产生吸引力。

（二）明确目的

根据不同目的，在电话沟通中就要进行不同的交流。如果向客户寒暄拜年，纯粹是为了交流感情，就不应再多提及销售的事；如果是想确认是否收到你的资料，就问一下对方是否已经收到，然后再通过交流获得当面介绍的机会；如果想找主要负责人，又该怎样和电话接待者表达；如果是第一次联系，想判断是否是目标客户，就必须要对客户的情况有所了解。

（三）精神准备

很多电话销售人员在打重要电话时，往往十分紧张，害怕客户说“不”。被拒绝没有关系，可以总结一下原因，调整好情绪再继续电话拜访下一家。

二、电话销售的六个关键成功因素

六个关键因素包括：①准确定义你的目标客户。这是六个关键成功因素中非常重要的一点。你的客户到底在哪里？哪些客户才最有可能使用你的产品？在目标客户集中的地方，去寻找客户，你能取得的效果才会更好，效率才会提高，所以一定要准确地定义你的目标客户。②准确的营销数据库。③良好的系统支持。如果有一个客户关系管理系统来做支持，企业很多资源都可以实现共享，销售效率和管理效率也都会有很大的提高。④各种媒体的支持。通过广告、直邮方面市场的支持，尽可能地扩大产品品牌影响力。通过产品品牌影响力的扩大吸引客户主动与企业联系，提高销售代表的销售效率。⑤明确的、多方参与的电话销售流程。没有一个明确的销售流程，会造成销售人员相互牵扯不清的局面。⑥高效专业的电话销售队伍。

三、电话销售流程图（见图 10-1）

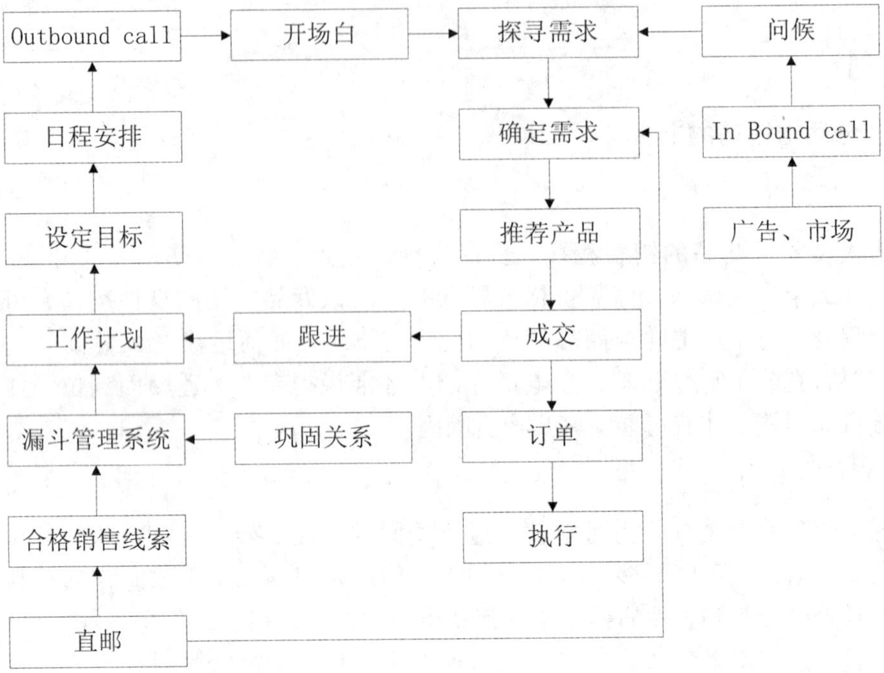

图 10-1　电话销售系统流程图

四、电话销售的沟通技巧

（一）增强声音感染力

声音的构成要素包括语调、语速、音调、语气等，不同的构成要素组成不同的声音，不同的声音留给人不同的印象。增强声音感染力，就需要做到：①与客户的语速、语调相协调。②自然而不生硬。③语言富有感染力。④语速要有变化。语速的变化会让人有一种抑扬顿挫的感觉，听着更有声音的美感，更容易让人集中精力倾听。⑤音量大小有别。在重要的词语、数字，及转折词上应适当加大音量，以示强调。在向客户表达祝贺类的话语时，也同样要适当加大音量，以表达喜悦的心情。⑥话语要有停顿。话语的适时停顿，可以留给对方思考和发表意见的机会，特别是表述重要的内容时，在表达重要的词语、数字时适当停顿，无疑是在提醒对方注意。⑦一些不好的肢体语言，会影响声音效果，对方能在电话中明显地感觉到。所以即使是接打电话，对一些影响声音效果的肢体语言也必须杜绝。

（二）语言表达

寻找共同点。亲和力源于共同点。寻找共同点的切入口很多，比如姓名、籍贯、爱好等。电话沟通中，仿效是获得双方共同点的重要来源。即客户表达一个观点时，自己也表示赞同、认可，并围绕客户思路发表意见。

谈论没有争议的事情。谈论中要多使用中性词汇（如：比较、可以、应该、等等），不宜用绝对性的词汇（如：很、绝对、就是、保证、不管……都……、只要……就……），这类词汇容易引起人的逆反心理。中性的词汇更容易使谈论的话题避免争议，容易让人接受。

真诚赞扬。电话沟通和当面沟通，都需要通过真诚地赞扬客户，获得客户的好感与认同，拉近彼此的距离。客户表达的一个观点、工作得比较早或者比较晚、使用某种品牌的商品，甚至客户的拒绝，都可以作为赞扬的内容。要注意的是赞扬要适可而止，不能变成赤裸裸的“溜须拍马”，甚至客户的行为明明是错误的或有违社会道德的，还一味地赞扬，效果只能适得其反。

多问多听。销售人员要明确：问和听的部分应当占到沟通80%的分量，而说的部分只应占到20%。销售人员在电话中问得越多，客户回答得就越多，销售人员对客户就越有亲和力，同时对客户的情况和需求也就越了解。

巧妙对待抗拒。巧妙对待客户的抗拒，可以帮助销售人员在电话沟通中不断吸引客户的注意力。这种方式常用“我很理解（了解），同时……”的句式。每当客户提出抗拒时，销售人员首先要表达接受，以示对客户思路和见解的认同，然后再提出新问题，解除该抗拒。而如果直接拒绝，可能会导致客户反感。在语言习惯上，销售人员应当尽量避免使用“但是”“可是”等对抗性、反驳性的转折词，而代之以“同时”，以避免引起客户的反感。

【实训模块2】 网络推销

练习

某药品公司是一家经营药品、医疗器械及中成药的综合批发机构，成立于2001年，拥有员工200多人。多年来，公司秉承诚信经营理念，以确保药品质量、供应品种齐全、价格适宜优惠、服务及时满意为营销导向，营销业务不断向经营的广度与深度拓展，获得了基层药店与诊所、卫生院的惠顾与好评。现因业务扩展招聘药品销售员若干名。

要求：将学生分成若干组，每组撰写一则招聘广告，并讨论：若采用网络招聘，哪些网站可发布此招聘广告，说明选择这些网站的依据。

【知识点】

一、创建网站

创建网站需要注意：了解产品所面向的主要消费群体并明确产品的推广方式；详细了解所销售产品的基本信息、价格浮动范围；寻找销售产品所属的行业性网站，做到可以独立建设网站；拟定理想的网站建设规划，如：公司简介填写、主营产品填写；公司简介填写务必做到不言语拖沓，直观简单介绍公司实力，语言简单明了；慎重选定主营产品，主营产品所包括的关键词关乎网站被百度谷歌等搜索引擎收录的几率及范围。

二、发布信息

收集、分析客户信息、行业信息、竞争对手信息、政策信息以及公司内部信息；统计收集到的信息，将收集到的信息辨别、筛选，选择有用的信息关键词、信息标题，自己做一个关键词提交表；按照对应的产品，将关键词排列组合，制作产品标题，做好统计工作；完善产品供应信息，包括一个吸引人的标题，数张美观精致的图片，完备的产品数据报告，齐全的产品介绍，合理的价格定位，产品的精确使用建议，咨询联系电话等。每种产品的供应信息最少发布五条，每类产品的信息做到海量发布，宁滥勿缺。信息每日定期重发，三天为一个重发周期。

三、寻找客户求购信息

（一）网络销售的主要客户群来源

各种平台型网站：平行类平台网站（即综合型网站，如阿里巴巴、慧聪网、中国供应商等）和垂直类网站（只涉及单类产品供产销，例如中国水泥网）。

黄页类网站：电信黄页类网站只有电话和联系方式，在条件允许的情况下，可以给客户打电话，可以结合发邮件的方式（邮件不要过于频繁，否则客户认为是骚扰，邮件的内容要简明扼要）。

各类论坛：行业类论坛，综合类论坛。

（二）建立自己的客户求购信息记录表

每一名客户询单的跟踪时间以 2-3-7-12 为一个周期，例如：客户当天询价玻璃棉，但没有立即下订单，第 2 天可以给客户打电话询问项目进度，采购意向，如果客户称还没有考虑好，那第 3 天继续电话跟踪，如果还没有下订单，那就不要频繁地催促了，等第 7 天之后再打电话试探，如果第 12 天之后，打电话给客户，客户还没有确定计划，那就可以把这个询单加入自己的信息库，留作备用。

每日定期整理自己的客户信息记录表，做到详查、详问、详看、详记。

四、报价方式

因为网络销售并不一定是生产厂家，厂家产品销售的报价方式并不笼统适合于网络销售公司部门的报价，所以在这方面，网络销售要另辟蹊径，寻求另外的报价方式。①对于代理类一次性拿货的客户，按最高报价为准，长期合作的可以少一点。②对于大量拿货，但又急需库存的客户，按标准报价为准；整单整型号的客户，可以适当优惠一点；型号比较杂，但量又大的客户，也有库存，可以稍高报价，灵活掌握。③对于拿货少，但又批量拿货的客户，遵循量大从优的原则。④对于挑型号的客户和不挑型号的客户报价不同。挑型号的客户，价格偏高；不挑型号的客户，价格偏低。

【实训模块3】 目标设定（SMART原则）

练习

1. 你平时是如何设定学习目标的?

2. 请举一个你设定不成功的目标，将设定该目标的步骤写下，在学习本节内容后试着寻找原因，然后重新设定，避免以后再次发生。

表10.1　目标设定表

设定目标	寻找原因	改进计划
步骤①		
步骤②		
步骤③		
步骤④		
步骤⑤		
步骤⑥		

3. 如果在目标执行工作中发现偏差，你将采取哪些调整方式?

【知识点】

美国管理大师彼得·德鲁克（Peter Drucker）于1954年在其名著《管理实践》中最先提出了“目标管理”的概念。德鲁克认为，并不是有了工作才有目标，而是相反，有了目标才能确定每个人的工作。

目标管理是以目标为导向，以人为中心，以成果为标准，而使组织和个人取得最佳业绩的现代管理方法。目标管理亦称成果管理，俗称责任制，是指在企业个体职工的积极参与下，自上而下地确定工作目标，并在工作中实行自我控制，自下而上地保证目标实现的一种管理办法。

一、目标管理SMART原则

S（Specific）——明确性。所谓明确就是要用具体的语言清楚地说明要达成的行为标准，目标要清晰、明确，让考核者与被考核者能够准确地理解目标。

M（Measurable）——衡量性。衡量性就是指目标应该是明确的，而不是模糊的。应该有一组明确的数据，作为衡量是否达成目标的依据。目标要量化，考核时可以采用相同的标准准确衡量。

A（Attainable）——可实现性。目标要根据企业的资源、人员技能和管理流程配备程度来设计，要保证目标是可以达成的，能够被执行人所接受的。

R（Relevant）——相关性。目标的相关性是指各项目标之间有关联，相互支持、符合实际。实现此目标与其他目标、目标和工作都要有相关性。

T（Time-based）——时限性。时限性就是指目标的完成是有时间限制的，要在规定的时间内完成。

二、销售目标的内容

（一）销售额指标

销售额指标包括部门、地区、区域销售额，销售产品的数量，销售收入和市场份额。

（二）销售费用的估计

其内容包括旅行费用、运输费用和招待费用等，费用占净销售额的比例，各种损失。

（三）利润目标

其内容包括每一个销售人员所创造的利润，顾客的类型与利润，区域利润和产品利润等。

（四）销售活动目标

其内容包括访问新顾客数，营业推广活动，访问顾客总数，商务洽谈等。销售目标又可按地区、人员、时段来分成各个子目标，在设定这些目标时，必须结合企业的销售策略。企业销售经理可根据以上内容设定部门销售目标。

【实训模块4】 推销成交方法

练习

假设你是某房地产公司售楼业务员，现面对形形色色的顾客，将采用不同方法。请讨论并完成下表，选几种方法分组两两演练：

推销成交方法	特点	适用顾客条件	举例
二选一法			
总结利益成交法			
优惠成交法			
激将法			
惜失成交法			
步步紧逼成交法			

续表

推销成交方法	特点	适用顾客条件	举例
欲擒故纵法			
订单成交法			
特殊待遇法			
对比成交法			
异议成交法			

【知识点】

推销成交方法与技巧众多，仅选其中15种常用方法学习。

1. 直接要求法

销售人员得到客户的购买信号后，直接提出交易。使用直接要求法时要尽可能地避免操之过急，关键是要得到客户明确的购买信号。当你提出成交的要求后，就要保持缄默，静待客户反应，切忌再说任何一句话，因为你的一句话很可能会立刻引开客户的注意力，使成交功亏一篑。

2. 二选一法

销售人员为客户提供两种解决问题的方案，无论客户选择哪一种，都是我们想要达成的一种效果。运用这种方法，应使客户避开“要还是不要”的问题，而是让客户回答“要A还是要B”的问题。注意，在引导客户成交时，不要提出两个以上的选择，因为选择太多反而令客户无所适从。

3. 总结利益成交法

把交易所带来的所有实际利益都展示在客户面前，把客户关心的事项排序，然后把产品的特点与客户关心点密切地结合起来，总结客户所有最关心的利益，促使客户最终达成协议。

4. 优惠成交法

又称让步成交法，是指销售人员通过提供优惠条件促使客户立即购买的一种方法。在使用这些优惠政策时，销售人员要注意三点：①让客户感觉他是特别的，你的优惠只针对他一个人，让客户感觉到自己很受尊重。②千万不要随便给予优惠，否则客户会提出更进一步的要求，直到你不能接受的底线。③表现出自己的权力有限。这样客户的期望值不会太高，即使得不到优惠，他也会感到你已经尽力而为，不会怪你。

5. 激将法

激将法是利用客户的好胜心、自尊心而敦促他们购买产品。销售员在激将对方时，要显得平静、自然，以免对方看出你在“激”他。

6. 惜失成交法

利用“怕买不到”的心理。人对越是得不到、买不到的东西，越想得到它，买到它，这是人性的弱点。惜失成交法是抓住客户“得之以喜，失之以苦”的心理，通过给客户施加一定的压力来敦促对方及时作出购买决定。

一般可以从这几方面去做：①限数量。主要是类似于“购买数量有限，欲购从速”。②限时间。主要是在指定时间内享有优惠。③限服务。主要是在指定的数量内会享有更好的服务。④限价格。主要是针对于要涨价的商品。总之，要仔细考虑消费对象、消费心理，再设置最为有效的惜失成交法。当然这种方法不能随便滥用、无中生有，否则最终会失去客户。

7. 步步紧逼成交法

利用层层逼近的技巧，不断发问，最后让对方说出他所担心的问题。你只要解决客户的疑问，成交也就成为很自然的事。

8. 对比成交法

写出正反两方面的意见。这是利用书面比较利弊，促使客户下决心购买的方法。销售人员准备纸笔，在纸上画出一张“T”字的表格。左面写出正面即该买的理由，右边写出负面即不该买的理由，在销售人员的设计下，必定正面该买的理由多于不该买的理由，这样，就可趁机说服客户下决心作出购买的决定。

9. 欲擒故纵法

有些客户天生优柔寡断，他虽然对产品有兴趣，可是拖拖拉拉，迟迟不做决定，这时，你故意收拾东西，做出要离开的样子，这种假装告辞的举动，有时会促使对方下决心购买。

10. 订单成交法

在销售即将结束的时候，拿出订单或合约并开始在上面填写资料，假如客户没有制止，就表示他已经决定购买了。如果客户说还没有决定购买，你可以说：“没关系，我只是先把订单填好，如果你明天有改变，我会把订单撕掉，你会有充分的考虑时间。”

11. 特殊待遇法

有不少客户要求特殊待遇，例如他个人独享的最低价格。你可以说：“王先生，您是我们的大客户，这样吧……”这个技巧，最适合这种类型的客户。

12. 讲故事成交法

大家都爱听故事。如果客户想买你的产品，又担心你的产品某方面有问题，你就可以对他说：“先生，我了解您的感受。换成是我，我也会担心这一点。去年有一位王先生，情况和您一样，他也担心这个问题。不过他决定先租用我们的车，试开半年再说。但是没过几个星期，他就发现这个问题根本不算什么……”

13. 假定成交法

假定成交法也可以称为假设成交法，是指销售人员在假定客户已经接受销售建议，同意购买的基础上，通过提出一些具体的成交问题，直接要求客户购买销售品的一种方法。

例如，“张总您看，假设有了这样设备，你们是不是省了很多电，而且成本也有所降低，效率也提高了，不是很好吗？”就是把拥有以后那种感受描述出来。

14. 保证成交法

保证成交法是指销售人员直接向客户提出成交保证，使客户立即成交的一种方法。所谓成交保证就是指销售人员对客户所允诺担负交易后的某种行为，例如，“您放心，这个机器我们3月4号给您送到，全程的安装由我亲自来监督。等没有问题以后，我再向总经理报告。”“您放心，您这个服务完全是由我负责，我在公司已经有5年的时间了。我们有很多客户，他们都是接受我的服务。”让顾客感觉你是直接参与的，这是保证成交法。

15. 异议成交法

异议成交法就是销售人员利用处理顾客异议的机会直接要求客户成交的方法。也可称为大点成交法。因为凡是客户提出了异议，大多是购买的主要障碍，异议处理完毕如果立即请求成交，往往收到趁热打铁的效果。

【实训模块5】 推销团队管理

练习

1. 对面试合格者设计一份录用通知书。
2. 针对以下情景设计主持开场白：

邀请某知名公司营销经理王明达来本校做营销谈判专题报告。听众以本校经济管理系大二学生为主，该系部分老师出席。

【知识点】

一、推销团队的构成要素

（一）目标（Purpose）

为什么要建立销售团队？你希望它是什么样的？它们是基于工作关系形成的天然团队、项目团队，还是仅仅为完成某项具体销售任务而组成的团队？它们能够发展成自我管理的团队吗？这些团队将短期存在，还是持续存在多年？

（二）定位（Place）

由谁选择和决定销售团队的组成人员？销售团队对谁负责？如何采取措施激励团队及其成员？

在对销售团队目标、定位和其他相关问题进行讨论，做出回答后，制订相关规范，规定团队任务，确定团队应如何融入现有的销售组织结构中。在形成销售团队规划书或任务书时，应该尽可能多地传递公司的价值观及团队预期等重要信息。

（三）职权（Power）

销售经理划分职权类似于制订一套职位说明书，确定销售团队中每位成员的职责和权限。

（四）计划（Plan）

计划包括销售团队应如何具体分配和行使组织赋予的职责和权限？每个团队配备多少成员才合适？各团队都要有一位领导吗？团队领导职位是常设的，还是由成员轮流担任？领导者的权限与职责分别是什么？应该赋予其他团队成员特定的职责与权限吗？各团队应定期开会吗？会议期间要完成哪些工作任务？

（五）人员（People）

如果采取自愿原则，可选择的人员相对比较少；如果团队是跨部门的，就必须选择不同部门较有代表性的成员。在选择团队成员时，销售经理或团队领导都应该尽可能多地去了解候选者。他们每个人都有哪些技能、学识、经验和才华？更重要的是，这些资源在多大程度上符合团队的目标、定位、职权和计划的要求？这些都是在选择和决定团队成员时必须认真了解的因素。

二、招聘推销员的渠道

推销员渠道来源包括大中专院校及职业技工学校、人才交流会、职业介绍所、各种广告、内部职员介绍、行业协会、业务接触、网络招聘、猎头招聘等。

三、推销人员培训

（一）分析培训需求

其内容包括组织分析（价值、重点、规模效应、连续性）；经营分析；销售人员分析；顾客分析；进行需求评价；收集培训信息等。

（二）制订培训计划

其内容通常包括培训目的、培训时间、培训地点、培训方式、培训师资、培训内容、培训方法等。而培训方法又包括课堂讲授法、销售会议法、角色模拟法、岗位培训法、案例研讨法等。

（三）实施培训计划

按计划实施，注意关注计划性与变化性协调平衡。

（四）评估培训效果

评估培训效果所需要的信息，可通过以下五种方法获得：问卷调查法、面谈法、测试法、观察法、公司数据法（包括绩效评估结果、顾客满意度、销售数据等）。

【实训模块6】 销售费用管理

练习

先就下表内容进行讨论，然后列举你认为能够合理控制推销费用的方法，并说明理由。

项目		利	弊
销售费用	纯佣金制		
	无限制报销法		
	限额报销法		
交通费用	实报实销法		
	实报实销扣除自用里程		
	固定津贴法		
	混合津贴法		
	里程津贴法		

【知识点】

销售费用是指为了促进销售而产生的各类策划推广费、广告设计制作费、媒体发布费、代理费、手续费、公关费、活动费、卖场布置（维护）费、销售人员工资等。

一、销售费用控制

（一）销售费用控制原则

销售费用的控制是企业销售管理中的重要问题。为了控制好费用，企业往往将销售人员的报酬与销售人员的销售费用挂钩，因此，应将两者联系起来进行管理。费用管制应遵循下面几个基本原则：

公平合理原则。费用是销售员因推广业务之需所产生的开支，而不是销售员薪酬的一部分。因此，一方面不能使销售人员从费用的报支中获取个人得益；另一方面也不能让销售员因为公务而自掏腰包。费用的审核必须公平合理，不能有所偏袒，也不能随心所欲地变成是主管个人的施舍。

拓展业务原则。费用支出的目的是为了业务拓展，因此审核费用的人不要将费用视为是一种浪费，更不要因为要节省开支而限制了销售员活动，致使其工作效率降低。

简单易行原则。费用的管制办法必须简单易行，不要制订太复杂的管理办法，否则会导致不必要的误会或曲解。费用报销和支用应该有一定流程和固定系统，这一套流程和系统应该越简明越好，所流经的单位也应该简化，同时应该避免因费用报支而和公司管理单位、稽核单位或出纳单位产生纷争。

（二）一般费用控制办法

1. 费用由销售员自行负担

这种方法适用于纯佣金制的销售员。销售部门在制订佣金比率时，就把销售费用的支出考虑在内，一并归到佣金比率下发给销售员销售员，必须在其佣金项下开支销售费用，不得再向公司另外申请。

2. 无限制报销法

无限制报销法分为两种，即逐项列举报销法和荣誉制报销法。

逐项列举报销法是允许销售员就其所支出的业务费用逐项列举，不限额度地予以报销。通常都是由销售员定期填写支出报告，将所开销之费用逐项填写，并附必要单据，呈报主管审核，然后到出纳单位领取该项费用。这种费用管制法对于销售员的支用额度没有限制，因此销售员可以斟酌其业务需要，做最灵活、最有效的运用；相对地，销售主管也可以对销售员的行动进行管理。

3. 限额报销法

限额报销法是就销售员可能开支的费用规定一个最高限额给予报销的方法。这种方法最大的特点是让业务主管能够精确地预测其直接推销费用，而且也可防止销售员过度浪费。限额报销法可分成两种，即逐项限制法和总额限制法。

逐项限制法是就销售员所可能开支的费用，逐项规定一个最高限额。

总额限制法是规定在一定期间内，如每日、每周或每月销售员报支的费用总额不得超过某一限额，至于各项费用的额度则不予以硬性规定，以使销售人员有适当的自主权。

（三）交通费管制法

在所有费用管制问题中，交通费管制一直是一个棘手问题。一般根据交通工具性质不同及所有权不同来决定交通费用的管制。

1. 由公司提供交通工具

（1）实报实销法。一般而言，如果是公司提供交通工具，大都采取实报实销，由公司负责一切修理费用、保养费用、税捐及燃料费。

（2）实报实销，但扣除自用里程。销售员用公司提供的交通工具及燃料来上下班，节假日也用于私人用途，这些费用如果也由公司负担，显然有失公允。因此有些公司规定这一部分应予以扣除。

（3）固定津贴法。有些公司虽然提供交通工具给员工，但其燃料费则采用固定津贴法，按月或按实际工作日数给予固定金额的津贴。这种方法的特点是简单方便，但却会对销售员的拜访活动产生负面影响，因为访问越少，则其津贴“盈余”就会越多。

2. 自备交通工具

（1）固定津贴法。即给予销售人员固定额度的津贴，津贴的范围包括折旧、修理、维护、税捐及燃料。

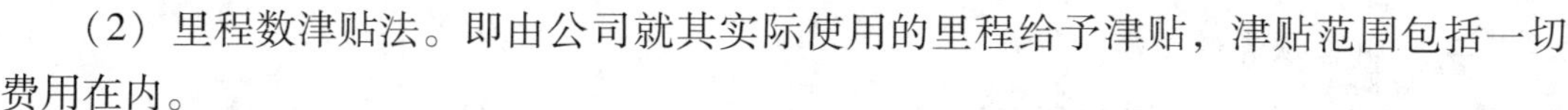

（2）里程数津贴法。即由公司就其实际使用的里程给予津贴，津贴范围包括一切费用在内。

3. 混合津贴法

混合津贴法是按月给予固定的津贴，以贴补车辆的修理、保养、维护及税捐等费用，而燃料则采用实报实销法或按里程数给予津贴。这种方法比较合理，而且简单易行，所以为企业广泛采用。

二、应收账款控制

只有在货款收回后才算完成销售。因此，企业应加强对应收账款的控制。货款的回收既可由专人处理，也可由销售人员直接承担。有效的应收账款控制方法，可以避免呆账、烂账和挪用公款等不良现象。

（一）及时与客户对账

可采用信函对账和面对面对账。信函对账在实际上的结果是回函率很低。若对信函对账不回复的客户采取紧逼盯人的追踪态度，其信函对账的回函率则可以提高到九成左右。除信函对账之外，企业可以对客户采取面对面的对账制度。在与客户面对面地对账之前，应将对账的效果和目的告知客户，并约定时间，使客户乐于配合达到对账的效果。

（二）现金折让核准

所谓现金折让的核准，是指因客户愿意提早付款而给予的价格优待。由于提早付款时间不同，客户所得到的价格优待也有差异，因此，给予客户折让时，宜先将条件定出来，以便实施。

（三）逾期未收款跟催

应收而未收到的账款，属于逾期未收款。稍有不慎，逾期未收款可能会进一步演变为呆账或烂账。企业每个月都应将应收账款排列出来，以便分析该期间应收账款的情况。对于逾期账款，宜将其列为专案处理，并查明该批账款逾期的原因，进而设法在一定期间内予以全部清除。

（四）实施应收账款专核制度

要设立货款回收的绩效评估标准，如收款率、应收账款周转、逾期率、呆账率等，要对销售人员进行考核，奖优罚劣。

三、销售预算

（一）销售预算的含义及其作用

销售预算属于财务计划，它包括完成销售计划的每一个目标所需要的费用，以保证公司销售利润实现。销售预算一方面为其他预算提供基础，另一方面，销售预算本身就可以起到对企业销售活动进行约束和控制的作用。

（二）销售预算的步骤

1. 确定公司销售目标和利润目标

通常，公司的销售目标和利润目标由最高管理层决定。公司的营销总监和销售经理的责任就是创造能达到公司最高层目标的销售额。

2. 销售预测

销售预测包括地区销售预测、产品销售预测和销售人员销售预测三部分。公司销售和利润目标一旦确定，预测者就必须确定在公司目标市场上能否实现这个目标。

3. 预算固定成本与变动成本

固定成本是在一定销售额范围内不随销售额增减而变化的成本，它主要包括销售经理和销售人员的工资、销售办公费用、培训师的工资、被培训销售人员的工资、例行的销售展示费用、保险、一些固定税收、固定交通费用、固定娱乐费用、折旧等。变动成本是随销售产品数量增减而同步变化的成本。它通常包括提成和奖金、邮寄费、运输费、部分税收（增值税）、交通费、广告和销售促进费等。

4. 预算盈亏平衡点

盈亏平衡点是指使收入能够弥补成本（包括固定成本和变动成本）的最低销售量。

5. 预算销售成本和利润

根据销售预测和盈亏平衡点所确定的销售配额预算销售成本和利润，为销售成本和利润的约束和控制提供依据。

6. 用销售预算来控制销售工作

销售预算只是对各项销售配额预计的总成本和总利润的一个测算，在实际销售中，产品价格和各种成本费用都有可能发生变化，销售管理人员必须根据实际不断对预算的成本和利润进行调整，及时对销售工作进行指导和控制。

（三）编制预算方法

1. 最大费用法

这种方法是用公司总费用减去其他部门的费用，余下的全部作为销售预算。这个方法的缺点在于费用偏差太大，在不同的计划年度里，销售预算也不同，不利于销售经理稳步地开展工作。

2. 销售百分比法

最常用的一种做法是根据上年的销售费用占公司总费用的百分比，结合预算年度的预测销售量来确定销售预算。另外一种做法是把最近几年的销售费用的百分比进行加权平均，将其结果作为预算年度的销售预算。

3. 同业竞争法

同业竞争法是在行业内，主要以竞争对手的销售费用为基础来制订销售预算。用这种方法必须对行业及竞争对手有充分的了解，这就需要及时得到大量的行业竞争对手的资料，但通常情况下，得到的资料只反映以往年度的市场及竞争状况。

4. 边际收益法

这里的边际收益指每增加一名销售人员所获得的效益。由于销售潜力是有限的，随着销售人员的增加，其收益会越来越少，而每个销售人员的费用是大致不变的，因此，存在一个平衡点，再增加一名销售人员，其收益和费用接近，再增加销售人员，费用反而比收益要大。边际收益法要求销售人员的边际收益大于零。边际收益法的缺陷在于在销售水平、竞争状况和市场其他因素变化的情况下，确定销售人员的边际收益很困难。

5. 零基预算法

在一个预算期内每一项活动都从零开始。销售经理提出销售活动必需的费用，并且对这些活动进行投入产出分析，优先选择那些对企业目标贡献大的活动。这样反复分析，直到把所有的活动贡献大小排序，然后将费用按照这个序列进行分配。其缺陷是贡献小的项目可能得不到费用。另外，使用这种方法需经过反复论证才能确定所需的预算。

【实训模块7】 推销细节管理

练习

运用所学知识，讨论在推销中还有哪些细节容易被推销员忽视?

【知识点】

华尔街有一句俗语："不和皮鞋不亮的人谈生意。"也就是说，连自己形象都不在意的人，在他人看来，工作上是不严谨并且难以值得信任的。销售管理至少需要注意六个重要细节：

细节一：着装是"客户+1"

销售人员穿得西装革履，再加上一个公文包，在任何时候都是一个不错的选择，而且还能体现公司形象。但有时候还需要看被拜访的对象，如果双方着装反差太大，会使对方感觉不自在，无形中就会拉开双方的距离。据专家建议，最好的着装方案是"客户+1"，也就是只要能够比客户穿得好一点就可以了，这样既能体现对客户的尊重，又不会拉开双方的距离。

细节二：比客户晚放下电话

由于销售人员工作压力比较大，时间也很宝贵，所以很多销售人员在与比较熟悉的客户通电话时，往往还没等客户挂电话，自己就先把电话挂了。可想而知，客户心理肯定会不太高兴。所以销售人员一定要记着永远都要比客户晚放下电话，这体现了你对客户的尊重。

细节三：与客户交谈中不接电话

由于业务需要，销售人员的电话往往比较多，所以，当你在与客户交谈时有电话打进是很正常的事情。一般情况下，销售人员都会在接电话前，很礼貌地向对方示意一下，对方也会大度地表示没问题。其实，对方心里在想，电话里的人像是比我重要，为什么他会讲那么久？因此应该尽量避免这种情况。

细节四：多说“我们”少说“我”

销售人员在与客户交谈的过程中，如果说“我们”会给对方一个心理暗示，销售人员是与其在一起的，是站在客户的角度想问题的。虽然“我们”仅仅比“我”多一个字，但是却与客户拉近了距离。

细节五：随身携带记事本

在拜访客户时，要随手记下拜访时间、地点以及客户头衔、需求，这种敬业、虔诚的心不仅能够鼓励客户说出更多需求，还会给客户一种受尊重的感觉，进而有利于以后工作顺利开展。同时对销售员来说，还能培养成一个好的习惯。

细节六：保持相同的谈话方式

一些销售人员的工作能力很强，但是其在与客户谈话时，总是喜欢以自己的说话方式去表达，进而引起客户的反感，给客户留下一个不好的印象。尤其一些年轻的销售人员，其思路敏捷、反应较快，总喜欢快节奏地谈话，但如果是在和年纪大的客户谈话，这种谈话方式就很容易引起客户反感。因此，一定要保持和客户相同的谈话方式。

虽然这些细节很常见，但却是销售人员最容易犯的错误。如果销售人员在销售过程中能够稍加留意，就会避免其发生，给客户留下好的印象。

【实训模块8】 推销信息管理

练习

讨论企业推销信息化管理要求的必要性和重要性，并填写下表：

推销信息化管理要求	必要性	重要性
规范化		
实时性		
实用性		
系统性		
保密性		
计算机化		

【知识点】

一、推销信息管理概念

推销信息管理由推销计划制订、执行和推销业绩的评价及控制三部分组成，其核心是动态地管理推销活动，在实现企业营销战略的基础上，获取源源不断的销售利润。推销信息管理是为了更好地进行销售管理，最终实现企业的目标，对推销过程中产生的各种信息进行收集、处理、加工的过程。

二、企业销售信息管理的要求

（一）规范化

规范化就是指推销信息标准化。企业在整个推销过程中必然会产生或形成海量信息，如果这些信息杂乱无章，没有任何标准，那么就很难对这些信息进行加工和处理，这样无疑就加大了信息管理的难度和成本。因此企业要对所收集到的各种推销信息按照同一模式、同一单位进行计算。比较实际的做法是制订各种标准化的统计报表，让推销员根据要求进行填写，然后由专人负责统一进行汇总和处理。实际上，要求推销员如实填写各类统计报表也是对推销活动的监控与管理过程。为了保障销售人员按制度规范收集信息，企业应该把信息的规范化收集定为一项制度，以给予足够的重视。

（二）实时性

商场如战场，市场变化莫测，为了保证企业能够制订出有效的销售决策，首先要求企业必须收集实时的推销员第一手销售信息，其次要求企业对所收集到的信息及时整理分析，以便能够为决策提供高质量的参考资料并不断提供反馈意见。

（三）实用性

虽然有效的决策要基于足够的信息量，但是只有有用的信息——具有实用性的信息才有价值，无效的信息量再多也没有用。因此，信息并非越多越好。由于信息大多是由推销员提供的，因此可以说信息实用的前提是推销员要如实汇报各类信息，绝不能为了夸大自己的能力，取得企业或管理人员的信任而提供失实信息。

（四）系统性

系统性是指整个销售信息要有足够的相关性，即使推销员收集的信息量很大，有效性也不错，如果不具有系统性，而是将一些互不关联的信息放在一起，仍然没有多少价值；所以不仅要保证信息量足够、信息有效，还要保证信息的系统性。

（五）保密性

在激烈的市场竞争中，保密是任何信息管理的重要环节，任何时候都不能放松。如信用卡的账号和用户名被人知悉，就可能被盗用，订货和付款的信息被竞争对手获悉，就可能丧失商机。为了保证销售信息的安全，企业需要对各类信息标示秘密等级，并针对不同的人设定不同的信息处理权限，使不同层级的员工接触到其工作岗位所需的保密信息，采取信息屏蔽措施。

（六）计算机化

计算机能极大地解放大脑，信息化管理越来越受到企业青睐。企业拥有大量的销售信息，并且随着销售活动的延续，销售信息会越来越多，因此，需要借助计算机来辅助企业的销售信息管理。推销员可以通过 E-mail、传真、电话随时为企业提供信息，更好的选择是在 B/S 结构上借助网络来实时传递信息。

三、推销信息管理过程

推销信息管理过程一般包括信息收集、信息筛选及整理和信息注释及归档、信息应用及信息反馈。推销员应将推销信息资料进行分类管理，包括刊物索引类、期刊类、剪报类、目录与说明书类、报表类、视听资料类、专利类、外部机构的调查资料等。

为了保证销售信息系统能够向决策人员提供及时有效的信息，在应用销售信息系统时要注意防范以下问题：①信息冗余，②输入不准，③语言障碍，④需求变化。

【实训模块 9】 促销物资管理

练习 1

请根据知识点及查询相关材料，绘制出促销物资管理规范流程图。

练习 2

讨论促销物资管理不当会为企业带来哪些损失?

【知识点】

促销物资是指促销活动正常进行所涉及的所有物资。

一、促销物资的分类

（一）试饮品（试吃品）

试饮品（试吃品）是指商家在市场上推出新产品时，通过让消费者免费品尝产品的方式来让新产品更快地被消费者接受，或者迅速地进入某市场，被免费品尝的产品就是试饮品（试吃品）。

（二）赠品

赠品是当顾客的购买活动符合商家的要求时，商家赠送礼品给消费者，达到吸引消费者同时给品牌做广告的目的，具体包括玻璃保鲜盒、收纳盒、陶瓷杯、弯曲笔、饭盒、卡包、马克杯、不锈钢小盆、抽纸等。

（三）固定物品

固定物品是指商家做促销活动中的固定资产，是促销活动正常进行的必需物资，在促销活动结束后，这些物资会被回收，用于下次的促销活动，直到整个项目结束。

（四）消耗品

消耗品是指只能使用一次的塑料制品或木制品等。

二、促销物资管理的规范流程

（一）明确活动流程

项目负责督导和客户取得联系，了解活动流程；督导明确活动流程，口头告知直接上级、其他督导以及促销物资管理者等与活动相关的人员，并随后补发电子邮件。

（二）列出活动物资清单

督导联系客户，确认活动所需要的物资清单；确认所提取物资的具体数量；确认所提取物资的提货时间、地点；确认提货对接人。

（三）提取物资

督导将客户给的提货信息填写在物资提货单上，交给促销物资管理者；促销物资管理者按照清单提取货物。

（四）入库

促销物资放置遵循“整齐、美观、纵横成行成线”的原则，包装箱正面向上，摆放前应将包装箱内产品均匀平整堆放；促销物资管理者对照清单，再次清点物资；促销物资管理者当天更新仓库进出表和物资提货单，并发送给督导和直接上级；促销物资管理者提取的物资若与物资提货单上的数据有出入，立即联系该活动负责的督导，告知情况。

（五）联系售点

督导根据售点的人流量和购买能力制订物资配送单，提前 24 小时将表交至促销物资管理者和直接上级；促销物资管理者收到督导的物资配送单之后，联系各个售点的负责人，并说明大概活动形式以确定是否能够接收物资；促销物资管理者将电话询问的结果以口头和邮件形式反馈给督导，督导立即与客户取得联系，告知情况和原因确定最终可参与活动的售点。

（六）联系司机

最终的物资配送单确定之后，促销物资者根据售点数量和活动具体物资的情况来联系司机；告知司机到达仓库的具体时间；填写促销员物资领取表。

（七）配送及出库

物资管理者打印多份物资配送单，去仓库准备需要的物资，每个司机发一份物资配送单，同时自己至少拥有两份，一份做记录，一份备用；司机根据物资配送单上的售点，可自行进行售点划分；促销物资管理者按照活动的紧急程度或者司机的先后顺序，依次装货；货物装好之后，检查所装货物是否齐全，若齐全，司机签字确认，假若司机签字确认之后，物资数量仍出现差错，司机必须承担责任，同时司机必须告知售点签收人活动结束后，物资会被回收；促销物资管理者当天更新物资配送单和仓库进出表，注明运输司机，并发送给督导和直接上级。

（八）物资配送单签收

促销物资管理者回收店老板或者督导签字的物资配送单原件；将签名版物资配送单复印，保留好原件，复印件交与司机；填写门店总控表。

（九）补货

督导巡店时，了解各个店面的物资使用和剩余情况，并要求促销员每天下班后，将物资的使用情况和剩余情况报告给督导；督导根据售点的销售、人流量以及剩余物资的情况，确定是否需要补货；若需要补货，督导填写物资配送单并交至促销物资管理者；次日更新仓库进出表和物资配送单并发送给督导和直接上级。

（十）回收

督导提前24小时制订物资回收单交给促销物资管理者；促销物资管理者联系需要回收物资的售点，根据最终售点数据以及预估回收的物资量来安排司机；物资回收单上必须要有最后在售点工作的促销员的电话号码，方便回收物资时，既容易找到售点，也容易找到促销物资；物资回收时，促销物资管理者或者督导必须跟车；回收数据与理论数据差额较大的，促销物资管理者应立即告知负责活动的督导；促销物资管理者当天更新仓库进出表和物资回收单，并发送给督导和直接上级。

（十一）整理、入库

对回收的物资进行分类、整理，散装的物资若有包装箱，应在包装箱上标注出具体数目。

（十二）盘点

为保证各物资数据更准确，以及为下次活动提供准确的物资信息，每月的后一天，对仓库物资进行全面盘点，直到盘点结束；完成盘点，当天更新仓库进出表，并发送给督导和直接上级。

（十三）返还

在项目结束之后，促销物资管理者向直接上级咨询返还物资的时间和清单。同时回收促销员手上的物资，更新促销员物资领取表；直接上交填写物资返还单，交至促销物资管理者；联系司机和返还物资的接收人，当天更新仓库进出表和物资返还单，发送给督导和直接上级。

三、促销物资在门店的管理

（一）促销活动开始之前

促销物资在促销活动开始的前一两天送到门店，将物资放置在门店物资仓内（或门店人员指定区域），由门店人员进行验收，签字确认；督导或者促销物资管理者告知门店人员，活动结束之后，物资将严格按照配送量与促销员在活动期间的使用量之间的差额来回收；督导将该门店所放置的促销物资告知促销员，并指导促销员正确使用物资。

（二）促销活动进行之中

可循环使用的物资在每次使用后，促销员需将物资存放于门店物资仓内，同时对物资进行清点；督导确定各个区域使用促销物资的名称、数量及放置位置。

（三）促销活动结束之后

门店促销员将促销活动剩下的物资清单发送给督导，督导于当天制订物资回收单；促销物资管理者收到物资回收单，次日安排司机回收物资，当日入库。

四、促销物资摆放原则

1. 物品摆放遵循“整齐、美观、纵横成行成线”的原则。包装箱正面向上，摆放前应将袋内产品均匀平整堆放。

2. 分类摆放。按照试饮品（或试吃品）、赠品、固定物品以及消耗品的分类来摆放。

3. 消费器材和暂存的其他物资要摆放整齐。定期检查消防器材，仓库作业完之后，应将工作现场清理整洁。

4. 利于作业优化。仓库作业优化是指提高作业的连续性，实现一次性作业，减少装卸次数，缩短搬运距离。两个或两个以上相关联的物资经常被同时使用，如果放在相邻的位置，就可以缩短分拣人员的移动距离，提高工作效率。

5. 灭火措施不同的货物不能混存。

6. 以库存周转率为排序依据。出入库频次高且出入量比较大的品种应放在离物流出口最近的固定货位上；当然，随着产品的生命周期、季节等因素的变化，库存周转率也会变化，同时货位也再重新排序。

7. 上轻下重原则。楼上或上层货位摆放重量小的物资，楼下或者下层货位摆放重量大的物资，这样可以减轻搬运强度，保证易耗品、非易耗品以及人员的安全。

五、注意事项

1. 安全第一。仓库内要设有防水、防火、防盗等设施，以保证人员和物资安全。

2. 要注意仓储区的温湿度，保持通风良好，干燥、不潮湿。

3. 物品应轻拿轻放。货物存放整齐，防止货物掉下货架损坏，注意货物堆放的极限高度、数量、层数等，防止压损货物。

4. 仓库严禁烟火，外来人员不得随便入内。

5. 对于在工作中使用的办公设备、工具必须妥善保管，细心维护，如造成遗失或人为损坏，则按公司规定进行赔偿。

6. 对库存时间较长的物资，发现霉变、破损或超过保持期的物资应及时告知直接上级。

7. 若发现异常问题应及时向直接上级反馈。

8. 在仓库墙壁上挂一个笔记本，将每一天的物流信息记录在笔记本上。

【实训模块 10】 客户资源管理

练习

结合客户关系管理课程相关内容，上机操作 CRM 系统，熟悉其管理模块；通过操作，熟悉客户信息的构成要素。

【知识点】

一、客户来源主要途径

包括老客户介绍；展会、广告；E-mail 营销；搜索引擎营销；博客软文等其他的营销方式。

二、实施 CRM 的观念转变

1. 观念转变。实施 CRM，实现从产品中心到客户中心的转变。要实现“客户中心”的观念转变，如果没有 CRM 往往只能停留在愿望和口号上，而无法真正落实到日常经营行为之中。

2. 营销方式转变。传统的营销方式往往注重对商机的获得而忽略对客户价值的管理和客户的保持。实施 CRM，有条件实现对客户完整生命周期的管理和客户价值的管理，从而真正实现营销重心从“获得商机”转向“获得客户”。

3. 管理方式转变。实施 CRM，实现管理方式从“粗放”到“精准”，从依靠“经验”到依靠“数据”的转变。

4. 工作方式转变。实施 CRM，实现工作方式从依赖个人能力到依靠企业资源的转变。

【问题思考】

1. 电话销售有哪些技巧？
2. 网络销售信息有哪些发布方式，如何利用网络收集客户群信息？
3. 如何在工作中使用目标管理 SMART 原则？
4. 推销成交有哪些方法与技巧？
5. 推销团队有哪些构成要素？
6. 如何对推销费用进行管理？
7. 在推销中还有哪些细节容易被推销员忽视？
8. 促销物资管理有什么规范流程？
9. 如何对客户资源进行管理？

第三部分
综合模拟实训

综合实训 1　模拟商务谈判大赛

【实训目的与要求】

1. 检验学生对商务谈判相关知识的掌握程度。
2. 学会组织商务谈判，提高组织能力。
3. 检验学生对商务谈判各种策略、技巧的掌握程度。
4. 学会换位思考，从学习者变成组织者，从被动者变为主动者。

【实训学时】

本项目建议实训学时：4 学时。

【实训内容】

模拟谈判大赛是对学生整个商务谈判课程学习状况的一个总结。检验内容包括谈判前期规划、谈判准备、资料收集分析、谈判计划制订、谈判各阶段策略运用、谈判技巧、讨价还价技巧、把握交易机会以及签约等。模拟谈判大赛不局限于工商管理类专业，可以在该大类专业基础上，向全校铺开，因为无论是何种专业的学生，都可能在未来参与到商务谈判中。

一、前期工作安排

（一）赛前教育动员

为了提高学生对商务谈判综合实训的认识和重视程度，召开动员大会，明确大赛实训的重要性、目的和意义，提出要求。

（二）赛前培训

为了帮助学生顺利完成任务，更好地准备参赛，要对学生进行必要的培训，由任课老师承担。整个培训内容根据比赛项目灵活确定，特别是针对有非管理类专业同学参与的比赛，更需要补充相关商务谈判知识，注意突出重点和难点，教导学生在谈判现场的操作及流程。

（三）模拟大赛筹备计划

1. 决定大赛时间、地点、流程、预算。

2. 草拟邀请参加大赛的领导、评委、赞助商（如果有）以及相关来宾。

3. 召集筹备组确认相关事宜

（1）确认参赛组别和队员专业、姓名。

（2）确定主持人、颁奖人、开闭幕式讲话领导。

（3）制订大赛项目计划书。

（4）明确筹备组分工。

（四）模拟大赛赛前准备

1. 给相关人员发邀请函。

2. 随时就大赛筹备事宜与主管领导沟通汇报。

3. 大赛物品采购，包括获奖证书、矿泉水、纸杯、座签牌、便笺纸、引导路牌标志等。

4. 大赛主持人及参赛队员形象准备

（1）服装、化妆。

（2）照相、录像。

（3）主持人主持词及与部分队员互动安排。

5. 场地布置

（1）标语、横幅、宣传彩旗、广告等。

（2）场地卫生，安全保障。

（3）设备试用，包括话筒、音响、投影等。

（4）嘉宾座位牌。

6. 流程准备

（1）主持人、评委、学生代表、嘉宾或领导发言准备情况。

（2）流程的各个环节可能遇到的问题预案。

（3）将程序交各个参赛队反复熟悉，再次确认给定的背景资料。

（4）各组相应的 PPT 展示流程检测。

（5）迎宾人员安排。

（6）背景音乐测试。

二、大赛流程

（一）开场介绍

1. 到场人员介绍。主要包括主持人介绍大赛主办、协办、赞助单位，到场评委嘉宾、领导和参赛队及所在部门或专业等信息。

2. 领导宣布大赛正式开始。

3. 主持人介绍谈判的议题及背景资料。

（二）背对背演讲

1. 背对背演讲（共6分钟）

一方首先上场，利用演讲的方式，向观众和评委充分展示己方对谈判的前期调查结论、对谈判案例的理解、切入点以及准备采用的谈判策略，提出谈判所希望达到的目标，同时充分展示己方的风采。一方演讲之后退场回避，另一方上场演讲。

要求：

（1）必须按演讲的方式进行，控制时间，声情并茂，力求打动评委。

（2）双方抽签决定谁先上场。

（3）每一方演讲时间不得超过3分钟，还剩30秒时有提示，时间到了不得延时。

（4）演讲由参赛成员中的1位来完成，但演讲者不能是己方主谈。

（5）在演讲中，演讲者应完成以下几个方面的阐述：介绍本方代表队的名称、队伍构成和队员的分工（每个队取一个有特色的名字以增加效果）；本方对谈判案例的理解和解释；对谈判的问题进行背景分析，初步展示和分析己方的态势和优劣势；阐述本方谈判的可接受的条件底线和希望达到的目标；介绍本方本次谈判的战略安排；介绍本方拟在谈判中使用的战术。

2. 分组分工

依据给定背景材料，由大赛组委会（可以由任课教师和商务谈判协会成员组成）把参赛学生分为不超过8人一组共同完成模拟谈判任务。

根据分配的实训任务背景材料，确定信息调查的渠道、方法；进行信息调查、撰写谈判计划；确定谈判角色分配；确定谈判策略；小组内模拟谈判。此阶段要完成以下工作：

（1）确定信息调查的渠道、方法。

（2）根据分配案例进行调查获取信息。

（3）根据商务谈判策划的基本步骤进行策划，确定目标策略、谈判议程、交易条件或合同条款、价格谈判的幅度。

（4）撰写谈判计划，制作PPT。

（三）正式谈判

1. 开局阶段（3~5分钟）

此阶段为谈判的开局阶段，双方面对面，但一方发言时，另一方不得抢话发言或以行为进行干扰。开局可以由一位组员来完成，也可以由多位组员共同完成。发言时，可以展示支持本方观点的数据、图表、小件道具和PPT等。

（1）入场、落座、寒暄都要符合商业礼节，相互介绍己方成员。

（2）有策略地向对方介绍己方的谈判条件。

（3）试探对方的谈判条件和目标。

（4）对谈判内容进行初步交锋。

（5）不要轻易暴露己方底线，但也不能隐瞒过多信息而延缓谈判进程。

（6）在开局结束的时候最好能够获得对方的关键性信息。

（7）可以先声夺人，但不能以势压人或者一边倒。

（8）适当运用谈判前期的策略和技巧。

2. 磋商阶段（10~15 分钟）

磋商阶段为谈判的主体阶段，双方随意发言，但要注意礼节。一方发言的时候另一方不得随意打断，等对方说完话之后己方再说话。既不能喋喋不休而让对方没有说话机会，也不能寡言少语任凭对方表现。

此阶段双方应完成以下工作：

（1）对谈判的关键问题进行深入谈判。

（2）使用各种策略和技巧进行谈判，但不得提供不实、编造的信息。

（3）寻找对方的不合理方面以及可就要求对方让步的方面进行谈判。

（4）为达成交易寻找共识。

（5）获得己方的利益最大化。

（6）解决谈判议题中的主要问题，就主要方面达成意向性共识。

（7）出现僵局时，双方可转换话题继续谈判，但不得退场或冷场超过 1 分钟。

（8）双方不得过多纠缠与议题无关的话题或就知识性问题进行过多追问。

（9）注意运用谈判中期的各种策略和技巧。

3. 休会阶段（3 分钟）

在休会中，双方应当总结前面的谈判成果；与组员分析对方开出的条件和可能的讨价还价空间；与组员讨论收局阶段的策略，如有必要，对原本设定的目标进行修改。

4. 谈判结束阶段（3~5 分钟）

此阶段为谈判最后阶段，双方回到谈判桌，随意发言，但应注意礼节。

本阶段双方应完成如下工作：

（1）对谈判条件进行最后交锋，争取达成交易。

（2）在最后阶段尽量争取对己方有利的交易条件。

（3）谈判结果应该着眼于保持良好的长期关系。

（4）进行符合商业礼节的道别，对对方表示感谢。

（5）如果这一阶段双方因各种原因没有达成协议，安排机动时间，但双方均要被扣分。

5. 签约阶段（3~5 分钟）

本阶段双方拟订并签订合同，双方应完成如下工作：

（1）协商合同样本。

（2）双方审核确认。

（3）正式签订协议合同，在协议签订时要符合商务礼仪要求。

（4）协议签订后进行符合商业礼节的道别，并向对方表示感谢。

（四）评委提问（共 3 分钟）

1. 针对谈判议题本身、谈判过程的表现、选手知识底蕴和商务谈判常识进行提问。

2. 进一步考察谈判双方的知识储备、理解、应变及语言组织能力。

3. 评委依次向每个参赛队提 1~3 个问题。

4. 问题不一定有标准答案，但要具有挑战性和现场性，主要是考查选手的应变能力。

5. 每个问题的提问时间不超过 1 分钟，每个问题的回答时间不超过 1 分钟。

注：不同学校不同专业的参赛者，人数不同，可以根据具体情况对参赛流程细节及时间等进行调整。

综合实训2 模拟推销大赛

【实训目的与要求】

1. 检验学生对推销相关知识的掌握程度。
2. 提高学生组织推销活动的能力。
3. 检验学生对各种推销策略、技巧的掌握程度。
4. 使学生学会换位思考，从学习者变成组织者，从被动者变为主动者。
5. 鼓励学生勇于展现自己，挑战自我，拓宽思维，增长见识，从而成功地推销自己。

【实训学时】

本项目建议实训学时：4学时。

【实训内容】

一、活动目的

首先，为了鼓励在校大学生勇于展现自己、挑战自我，通过模拟推销这一有效途径拓宽思维，增长见识，从而成功地推销自己，以应对今后日益激烈的市场竞争。

其次，帮助广大同学明确学习目标，端正学习态度，增强学习动力，树立和提高人际交往和社会实践的能力。

再次，提高学生们对营销实践经验的积累，增强其团队精神和合作意识，为自己将来踏上社会积累丰富的社会经验和人生阅历。

二、活动背景

随着经济全球化的加剧，市场竞争日趋激烈，大学生的就业压力也在不断地加强，如何把自己推销出去、怎样把自己的产品推销出去似乎成了衡量一个推销人员优秀与否的重要标准之一。基于此，建议开设商务谈判与推销技巧课程的学校每年组织一次大学生模拟推销大赛，旨在提高大学生与人交际的能力和语言表达能力，提高如何把自己以及自己的产品推销出去的本领，增强学生就业紧迫感和自信心，提升学习动力，为将来真正参加工作、步入社会奠定基础，同时也为提高大学生的综合素质提供一个

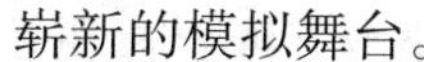

崭新的模拟舞台。

三、活动流程

（一）前期准备

1. 召集并动员市场营销协会（销售协会）全体成员召开大会，由协会主要负责人向大家详细介绍活动的内容、流程和各个细节部分，务必让每一个成员对活动过程都了如指掌，充分调动每一个成员的积极性。会长负责给相关人员分配相应任务。

2. 由协会在全校范围内进行宣传组织工作，将活动的影响力扩展到整个学校。

3. 赛前应向所有代表队介绍比赛细则，必要时可提前召集选手开相关会议介绍比赛事宜。

4. 由宣传部负责活动的宣传工作，通过出宣传板和海报的方式在学校各人流密集处宣传本次活动，并发动所有协会成员向同学、室友等宣传本次活动，最大限度扩展其影响力，使广大学生了解并关注本次活动。

5. 由外联部组织成员出校门拉赞助，筹集本次活动的经费，最好拉到一些物质上的赞助用于决赛，处理好与校外赞助商合作关系。

根据协会构成，参考任务分配如下：

人员责任表	
宣传部	1. 初赛宣传事项（包括悬挂条幅，宣传板、宣传栏海报设计，张贴宣传单）。 2. 现场拍照。
办公室	1. 报名登记，通知进入复赛、决赛的选手。 2. 制作预赛评选条件及决赛的评分表。 3. 制作初赛前供选手选择的用于参赛的商品卡片，封于信封之中。 4. 准备选手入场号，抽签。 5. 会场布置。
策划部	1. 决赛 PPT 制作。 2. 安排计时人员。 3. 维持现场秩序。
外联部	1. 拉赞助。 2. 维持现场秩序。 3. 清理会场。 4. 安排电脑操作人员。
共同合作	安排彩排事宜，现场人员调动，控制整个参赛流程等。

（二）具体流程

1. 初赛流程

（1）选手上台做简单的自我介绍。可随意发挥，有无才艺表演均可。

（2）准备专门的抽题箱，把事先写好的物品名称（供选物品不能太抽象化，必须是常见的而且容易把握联想的）放在里面，选手去抽题，选手根据抽到的题目即兴推销，有1~3分钟思考时间。该环节可忽视对产品性能的了解，注重对营销技能和营销理念的把握，考验选手的临时反应能力、联想力、逻辑力、语言表达能力等综合素质。当前一个选手即兴推销时，后一个选手抽题准备，推销时长 1~3 分钟。

（3）请一些有经验的营销人员和学长在台下做评委，提问，为选手打分，最终决定晋级名单。

（4）晋级名单大约限制在 12 人左右，然后协调这些人自行分组，最多分为 5 组准备进行决赛。通知初步定好的决赛规则、时间地点。

2. 决赛阶段

（1）场外决赛准备：外联部联系超市或商家，确定决赛所需的推销产品。比赛要求：推销出的产品数量不与场内决赛成绩挂钩，只做参考数据，以体验真正的营销为目的，所获利润按比例给选手一定酬劳，推销过程中可以同时为自己拉选票。场内决赛时汇报成果及心得。

（2）场内决赛：将本环节与场外环节结合起来，场外环节录制的视频现场播出，作为评委评分的一个参考标准。

① 走秀环节：该环节选手以走秀的形式依次走到台前，以合适的方式把自己和产品展现在台前。这个环节是自己和产品第一次在观众面前亮相，充分展现模拟推销员的风采，有利于让大家在视觉上更加真切地感受到模拟推销这场盛宴。

② 推销环节：该环节选手上台先简单介绍自己团体的名称，然后开始推销产品，在这个环节选手可以充分展现自己的营销技能、营销理念，在推销这个舞台充分展示自己。推销时间把握在 8 分钟之内。

③ 总结环节：选手总结其推销构想与现场模拟推销的差距、收获、反思等心得。

④ 评委老师为活动做总结。

3. 颁奖阶段

颁奖之后，活动结束。

四、注意事项

1. 比赛之前注意事项

（1）在比赛开始前一周联系好指导老师，向其申报和详细阐述本次活动，并请指导老师和相关专业人士、企业代表担任本次比赛活动的评委。

（2）由外联部负责向学校申请借教室，由办公室负责赛前午打扫和布置比赛场所，并在活动期间负责赞助商的宣传工作。

（3）活动开始前，策划部和办公室负责维护现场秩序，安排评委和所有参赛队就座。由主持人宣布比赛开始，向大家介绍评委以及嘉宾，并介绍活动流程及规则。

2. 决赛之前准备工作

（1）召集进入决赛的选手，详细交代比赛的相关事宜和彩排环节，尤其注意走秀环节。

（2）比赛开始前宣传部进行场地布置，摆放条幅和比赛用具。策划部协助宣传部。

（3）办公室要清点资助商品数量和负责比赛得分记录。

（4）外联部和策划部在比赛期间维护现场秩序。

五、奖项设置

略。

六、活动预算

略。

七、活动总结

召集协会成员开会，对活动中出现的不足进行讨论，及早发现不足，为接下来的活动积累更多的经验，为提高大赛的质量做出更大的努力。

参考文献

[1] 龚荒. 商务谈判与推销技巧 [M]. 北京：清华大学出版社，2008.
[2] 董原. 商务谈判与推销技巧 [M]. 广州：中山大学出版社，2009.
[3] 卢润德. 商务谈判 [M]. 重庆：重庆大学出版社，2003.
[4] 吴建安. 现代推销理论与技巧 [M]. 北京：高等教育出版社，2005.
[5] 邓有佐. 商务谈判实训 [M]. 成都：电子科技大学出版社，2007.
[6] 张守刚. 商务谈判实训 [M]. 北京：科学出版社，2009.
[7] 赵立民. 国际商务谈判实训 [M]. 北京：首都经济贸易大学出版社，2012.
[8] 王方. 商务谈判实训 [M]. 大连：东北财经大学出版社，2009.
[9] 张亚军. 商务谈判与推销技巧实训 [M]. 北京：科学出版社，2007.
[10] 吴金法，李海琼. 现代推销理论与实务 [M]. 大连：东北财经大学出版社，2008.
[11] 吴玺玫. 推销与谈判 [M]. 北京：科学出版社，2009.
[12] 安贺新. 推销与谈判技巧 [M]. 北京：中国人民大学出版社，2006.
[13] 王晓. 现代商务谈判 [M]. 北京：高等教育出版社，2007.
[14] 袁其刚. 国际商务谈判 [M]. 北京：高等教育出版社，2007.
[15] 王洪耘. 商务谈判 [M]. 北京：首都经贸大学出版社，2005.
[16] 刘园. 国际商务谈判 [M]. 北京：首都经贸大学出版社，2004.
[17] 仰书纲. 商务谈判理论与实务 [M]. 北京：北京师范大学出版社，2007.
[18] 汤秀莲. 国际商务谈判 [M]. 天津：南开大学出版社，2003.
[19] 贾蔚，栾秀云. 现代商务谈判理论与实务 [M]. 北京：中国经济出版社，2006.
[20] 韩玉珍. 国际商务谈判实务 [M]. 北京：北京大学出版社，2006.
[21] 郭红生. 商务谈判 [M]. 北京：中国人民大学出版社，2011.
[22] 姚凤云. 商务谈判与管理沟通 [M]. 北京：清华大学出版社，2013.